곽선희 목사 설교집

60

한 순례자가 들은 복음

곽선희 지음

계몽문화사

머 리 말

‘복음은 들음에서’—이는 진리이며 우리의 경험입니다. 하나님께서 우리에게 주신 복 가운데 가장 큰 복은 말씀을 주신 것입니다. ‘말씀이 육신을 입어서 오신 것’입니다. 말씀을 주셨고 들을 수 있게 하셨고 마음문을 열고 받아 믿게 하신 것, 참 놀라운 은혜입니다.

말씀은 단순한 지식이 아닙니다. 추상적인 이론이 아닙니다. 말씀은 선포되는 하나님의 계시적 능력인 것입니다. 말씀의 권능, 그 능력을 알고 체험하면서 비로소 ‘말씀 안에서 태어나는 생명적 기적’이 나타나게 됩니다. 오늘도 그 말씀이 증거되고 새롭게 선포되고 있습니다. 설교가 곧 말씀입니다. 성령의 역사와 함께 끊임없이 이루어지는 생명의 역사입니다. 이 선포되는 말씀, 증거되는 진리를 통하여 구원의 능력은 항상 새로워집니다. 말씀 안에서 새 생명이 탄생하고 말씀 안에서 영혼이 소생하며, 그 큰 능력 안에서 우리는 강건해집니다. 우상을 이기는 능력의 사람으로 성장해가는 신비롭고 놀라운 사건을 강단에서 늘 경험하고 있습니다.

여기에 또다시 설교말씀을 모아 책자로 내어놓습니다. 예수소망교회 강단을 통하여 하나님께서 우리에게 주신 말씀입니다. 이제 그 말씀을 책자로 엮어 내어놓음으로써 우리가 시간과 공간을 초월하여 개별적으로 하나님을 만나게 되는 ‘말씀의 역사’에 귀중한 방편이 되고자 합니다. 책자라는 그릇에 담긴 이 말씀들은 읽는 자의 마음 안에서 또다른 ‘말씀의 신비한 기적’을 낳게 되리라 확신합니다.

한 시간 한 시간의 설교를 위하여 간절히 기도해주신 모든 성도들과 이 책자를 출간하기까지 수고해주신 여러분께 진심으로 감사를 드립니다. 그리고 또다시 영광을 오직 하나님께 돌리면서……

곽선희

차 례

곽선희 목사
장로회 신학대학 졸업
프린스턴 신학석사
풀러신학 선교신학박사
인천제일교회 목사
장로회 신학대학 교수 역임
숭의여자전문대학 학장 역임
서울장로회신학교 교장 역임
소망교회 원로목사
예수소망교회 동사목사

곽선희 목사 설교집 제60권

한 순례자가 들은 복음

인쇄 · 2018년 8월 5일
발행 · 2018년 8월 10일
지은이 · 곽선희
펴낸이 · 김정수
펴낸곳 · 계몽문화사
등록일 · 1993년 10월 11일
등록번호 · 제2016-2호
전화 · (02)995-8261
정가 · 23,000원
총판 · 비전북 / (031)907-3927
ISBN 978-89-89628-43-9 03230

한 순례자가 들은 복음

오늘날 섬길 자를 택하라

그러므로 이제는 여호와를 경외하며 온전함과 진실함으로 그를 섬기라 너희의 조상들이 강 저쪽과 애굽에서 섬기던 신들을 치워 버리고 여호와만 섬기라 만일 여호와를 섬기는 것이 너희에게 좋지 않게 보이거든 너희 조상들이 강 저쪽에서 섬기던 신들이든지 또는 너희가 거주하는 땅에 있는 아모리 족속의 신들이든지 너희가 섬길 자를 오늘 택하라 오직 나와 내 집은 여호와를 섬기겠노라 하니 백성이 대답하여 이르되 우리가 결단코 여호와를 버리고 다른 신들을 섬기기를 하지 아니하오리니 이는 우리 하나님 여호와께서 친히 우리와 우리 조상들을 인도하여 애굽 땅 종 되었던 집에서 올라오게 하시고 우리 목전에서 그 큰 이적들을 행하시고 우리가 행한 모든 길과 우리가 지나온 모든 백성들 중에서 우리를 보호하셨음이며 여호와께서 또 모든 백성들과 이 땅에 거주하던 아모리 족속을 우리 앞에서 쫓아내셨음이라 그러므로 우리도 여호와를 섬기리니 그는 우리 하나님이심이니이다 하니라

(여호수아 24 : 14 - 18)

오늘날 섬길 자를 택하라

세계적인 베스트셀러 작가인 알랭 드 보통의 저서에 유명한 「불안」이라는 책이 있습니다. 우리 인간의 마음속에는 누구한테나 불안이라는 것이 있습니다. 불안은 일상적인 감성입니다. 우리가 불안을 무슨 있어서는 안 될 일처럼 생각하고, 하나의 병인 것처럼 착각하지만, 불안은 인간이라면 누구나 가지고 있는 기본적인 감정의 하나입니다. 알랭 드 보통은 그 원인을 이렇게 분석합니다. 첫째, 불안은 사랑의 결핍 때문에 온다는 것입니다. 어린아이들이 그렇지 않습니까. 어린아이들은 매순간 어머니의 사랑을 확인하려 듭니다. 그래서 어머니를 쳐다보다가 잠깐이라도 어머니의 생각이 자기를 떠난다 싶으면 바로 울어버립니다. 사랑받아야 하니까요. 사랑을 많이 받는 느낌일 때는 활짝 웃으면서 행복해합니다. 하지만 잠깐만 어두운 그림자가 스쳐 지나가면 아이들은 못 견뎌합니다. 무엇을 말합니까? 반드시 사랑을 받아야 한다는 것입니다. 나는 꼭 사랑을 받아야 할 존재다, 이것이지요. 자식의 사랑, 남편의 사랑, 이웃의 사랑, 심지어는 지나가는 사람의 사랑도 받아야 한다는 것입니다. 하지만 이 사랑은 항상 모자랍니다. 왜요? 욕심이 많아서입니다. 사랑을 너무 많이 받고 싶어 하기 때문입니다. 적당히 받으십시오. 적당한 선에서 끊으십시오.

자기존재의식, 자기사랑의 확실한 정체의식이 강해지면 다른 사람들이 나를 어떻게 대하는가 하는 데 대해서는 별로 신경이 안 쓰입니다. 그래야 불안에서 벗어날 수 있습니다. '다른 사람들이 나를 어떻게 보나?' 이렇게 눈치를 보고 사는 것, 참 힘든 일입니다. 그래서 예수님께서는 말씀하셨습니다. "사람에게 보이려고 하지 마라!" 무슨 말씀입니까? 사람들한테서 듣는 반응, 평판(Reputation)에 대해서 신경을 쓰는 것입니다. 그래서 기도를 해도 '다른 사람들이 나를 어떻게 보나?', 선행을 해도 '다른 사람들이 어떻게 보나?'에만 마음을 씁니다. 겉으로는 아닌 척하지만, 실은 좀처럼 벗어나지 못하는 것입니다. 신경이 너무 예민하고, 욕심이 너무 많은 것입니다. 이런 사람은 불안에서 헤어날 수 없다, 이것입니다.

또 한 가지는 속물근성입니다. 우리 인간은 속물이 아닙니다. 동물이면서 동물 아닌 것으로 생각합니다. 아니기를 바랍니다. 몸부림칩니다. 아마 동물들은 우리 인간을 보고 웃을 것입니다. 우리가 어쩌다 못된 사람을 보면 "이 개 같은 놈!" 하지 않습니까. 개가 말을 한다면 뭐라고 할 것 같습니까? '우리만 해봐라.' 이러지 않겠습니까. 요새 보면 개만도 못한 사람들 많지 않습니까. 사람도 분명히 동물인데, 우리는 엄연히 동물이 아니라는 정체의식을 가지고 삽니다. 하지만 가끔 속물근성이 튀어나오는 것을 어쩌지 못합니다. 그래서 사람답지 않은 실수를 하는 것입니다. 그래놓고는 뉘우치면서 생각합니다. '아이고, 내가 사람이냐? 내가 속물이 아니냐?' 이 속물근성에 붙들릴 때마다 우리마음은 죄책감에 매이고, 자기정체감이 무너지면서 불안하게 되는 것입니다. 속물이면서 속물 아닌 것으로 인정받기를 바라는 이 모순 속에 인간의 불안이 있다는 것입니다.

그 다음에는 능력의 한계를 느끼는 것입니다. 여러분, 나름대로 일찍 일어나야겠다, 많이 먹지 말아야겠다, 운동해야겠다…… 이렇게 여러 가지로 결심하는 일이 있을 것입니다마는, 그대로 실천하기가 참 어렵지 않습니까. 작심삼일이라는 말이 왜 있겠습니까. 일생토록 어려운 일입니다. 내 능력이 고작 이 정도인가 싶습니다. 내 능력의 한계를 느끼는 것입니다. 불안합니다.

또 하나는 불확실성입니다. 세상에 확실한 일은 하나도 없거든요. 점점 더 불확실해집니다. 여러분이 오늘도 이 자리에 나와 계십니다마는, 오늘 하루도 우리가 보장을 못하지 않습니까. 무슨 일이 일어날지 알 수가 없습니다. 그러면서도 기대를 버리지 못합니다. 기대감은 여전히 높습니다. 그래서 인간은 불안에 떨 수밖에 없습니다. 사실입니다. 인간은 자기모순에 빠져 있는 존재입니다. 스스로 속고 있습니다. 요새 젊은이들이 참 고생이 많습니다. 직장을 얻을 때도, 결혼을 할 때도, 집을 얻을 때도 늘 불안합니다. 행복이 웬말입니까. 도대체 어느 정도라야 만족할 수 있겠습니까?

그런가 하면 지식이라는 것도 끝이 없습니다. 알면 알수록 모르는 게 점점 더 많아집니다. 그래서 이런 유명한 말이 있지 않습니까. '박사가 뭐냐? 아무것도 모르는 것을 아는 것이 박사다.' 뭘 알아서 박사가 아닙니다. 모르는 것이 무언인지를 아는 것이 박사입니다. 우리 지식의 한계입니다. 공부하면 할수록 점점 더 모르는 세계가 커집니다. 인간의 지식이 하잘것없음을 알게 됩니다. 이것이 인간입니다. 그러나 아직도 여전히 지식에 기대를 걸고 있습니다. 이 얼마나 어리석은 일입니까.

또 하나는 자기감성입니다. 내 느낌을 내가 안다고 합니다마는, 내가 내 느낌을 책임질 수 있습니까? 조변석개입니다. 어디로 기울어질는지 알 수 없습니다. 자기 마음을 자기가 다스릴 수도 없거니와 보장할 수도 없습니다.

그런가하면 우리가 가지고 있는 권세니 명예니 지식이니 하는 것도 다 허무하기 짝이 없습니다. 그렇다면 우리는 무엇으로 살아야 합니까? 무엇에 근거를 두고 살아야 합니까? 나의 믿음, 지식과 감정, 의지를 다 버렸다면 이제 내게 남는 것은 무엇입니까? 바로 의지적 결단입니다. 여기에 문제가 있습니다.

이스라엘 백성들은 애굽에서 무려 430년 동안이나 노예생활을 했습니다. 그들의 소원이 뭐였겠습니까? '노예생활에서 벗어날 수만 있다면, 출애굽만 할 수 있다면 더는 아무 소원도 없다.' 그러니 출애굽 할 때 그들이 얼마나 감격했겠습니까. 한데 막상 출애굽을 하고 나니 홍해가 앞을 딱 가로막고 있습니다. '홍해만 열리면 아무 소원도 없겠다.' 이러지 않았겠습니까? 홍해를 건너갔습니다. 그리고 불과 열나흘도 못 되어 물이 떨어졌습니다. '물만 있으면 좋겠다.' 이랬겠지요. 물을 얻었습니다. 그러고 나니 이번에는 '식량이 없어서 못 살겠다!' 했습니다. 하늘에서 떡가루가 내려오고 만나가 내려왔습니다. 해결된 것입니다.

더 놀라운 것은 광야 40년 동안 그들은 농사를 지은 일이 없습니다. 하나님께서 늘 넉넉하게 주셨습니다. 계속적으로 만나와 물을 주셔서 먹고 살게 해주셨고, 어떤 때는 고기가 먹고 싶다고 난리를 치니 메추라기를 보내주셔서 고기도 코에서 냄새가 날 정도로 먹게 해주셨습니다. 이렇게 하나님께서는 이스라엘을 인도해주십니다. 놀라운 것은 때마다 그들이 하나님을 원망했다는 것입니다. 이렇게 세밀하게 하나님께서 인도해주시건만, 애굽에서 나온 수많은 이스라엘 백성이 광야에서 죽었습니다. 그냥 병사한 것이 아닙니다. 하나님의 징계를 받아서 땅에 엎드러져 죽었습니다. 하나님의 징계로 죽은 것입니다. 왜요? 죄목은 하나, 원망입니다. 원망죄입니다. 하나님을 원망하다가 죽었다는 것이 성경말씀입니다.

광야 40년 동안 수많은 기적들, 수많은 사건들을 몸소 체험하면서도 그들은 하나님께 온전히 의지하지 못하고 계속 휘청거렸습니다. 그럴 때마다 그들 사이에 애굽으로 돌아가자는 운동이 있었고, 그들은 애굽의 노예생활을 오히려 그리워했습니다. '아, 그때가 좋았다!' 이게 말이 됩니까. 이스라엘 백성들이라면 적어도 '이 자유를 얻고, 이 능력을 얻고, 하나님의 백성으로 살다가 이 광야에서 죽어도 좋다!' 해야 하지 않겠습니까. 그저 조금만 어려운 일이 생기면 '애굽으로 돌아가자. 비록 노예생활은 했지마는, 고기갈마에서 고기를 굽다가 훔쳐 먹는 재미가 좋았는데……' 하니, 이게 말이 됩니까. 노예생활을 오히려 동경하고 있었더라는 말입니다. 그런고로 하나님께서 그들을 징계하십니다.

이제 제2의 지도자 여호수아는 40년이 지난 오늘의 백성들 앞에서 말합니다. "여러분, 40년 동안 출애굽 해가지고 여기에 살면서 휘청, 휘청했습니다. 하나님의 진노를 많이 샀고, 너무 많은 은혜를 입고 살면서도 너무 많은 배신행위를 했고, 너무 많은 불신앙적 소행으로 말미암아 하나님을 원망하던 백성들이 다 죽고, 지금 새로운 민족을 이루어 가나안을 들어가게 됩니다. 이 중요한 시점에서 여러분들에게 외칩니다. 섬길 자를 택하라!" 이 '택하라'는 말에 중요한 의미가 있습니다. 인간의 지식으로 만족할 때까지 생각한다고 될 것 같습니까? 공부 많이 한다고 될 것 같습니까? 돈이 많으면 될 것 같습니까? 권세를 얻으면 될 것 같습니까? 천만에요.

요새 젊은이들이 이런 말을 곧잘 합니다. "직장만 얻으면……"

직장만 얻으면 되겠다, 이것입니다. 과연 그럴까요? 정말 직장만 얻으면 모든 문제가 해결될까요? 아니거든요. 이것이냐 저것이냐, 잘 생각해보십시오. 생각으로는 이것이 옳고, 감성으로는 저것이 옳고, 느낌으로는 이것이 옳고, 욕심으로는 저것이 옳고…… 도대체 언제까지 이렇게 휘청거리고, 허우적거릴 것입니까? 그래서 인간이 어려운 것입니다.

요새 젊은사람들, 결혼문제로 시달리고 고생을 많이 합니다. 인물은 좋은데 돈이 없고, 돈은 많은데 인물이 부족하고…… 늘 이런 식입니다. 뭐가 부족하고, 뭐가 부족하고…… 세상에 백프로 마음에 드는 사람이 어디 있습니까. 뱅뱅 돌다가 노처녀, 노총각 되는 것입니다. 그리고 끝나는 것입니다. 왜요? 솔직히 말합시다. 내가 나 자신에 대해서도 만족하지 못하는데, 어찌 다른 사람한테서 만족을 바라겠습니까. 그러니까 결국은 인간의 지식, 인간의 판단의식을 포기해야 된다, 이것입니다. 어느 한계에서는 믿을 수가 없습니다. 이것을 헬라사람들이 쓰는 철학용어로는 '에포케'라고 합니다. '판단중지'라는 뜻입니다. 어느 시점에서는 판단중지명령을 내려야 됩니다. 여기까지만 판단하기로 하고 땡, 끝내야 됩니다. 그리고 만일 젊은 사람들이라면 이 사람으로 할까, 저 사람으로 할까, 하다가 마지막에는 부모님께 여쭈어봐서 결정하는 게 옳습니다. 끝까지 내가 정하겠다고 어디 해보십시오. 죽을 때까지 가도 만족하지 못합니다. 아니, 결혼을 하고도 만족하지 못합니다. 이게 문제입니다. 어느 순간에는 반드시 결단이 필요합니다. 판단중지령을 내려야 됩니다.

그래서 여호수아가 이스라엘 백성을 앞에 놓고 말합니다. "너희는 이제 결단하라. 생각 좀 그만하고, 욕망에 매이지 말라. 언제까지

휘청거릴 것이냐? 40년이 지났다. 이제는 결단하라!" 그리고 두 가지 결단을 요구합니다. 첫째는 우상을 버리는 결단입니다. 우리 마음속에 우상이 있습니다. 옛 습관이 있습니다. 옛것을 좋아하는 마음이 있습니다. 버려야 됩니다. 요새는 책들이 참 많이 나옵니다. 그 가운데 이런 하나의 흐름이 있습니다. '정리가 살 길이다. 그래서 버리는 것이다.' 정리라는 것은 버리는 것입니다. 옷도 버리고, 살림도 줄이고…… 남편만 말고 다 버려야 된다, 이것입니다. 그래서 휑하게 해놓고 살아야 되는데, 너무 많은 것입니다.

여러분, 아침에 옷 입을 때 옛날 피난 다닐 때처럼 옷 한 벌밖에 없으면 간단하잖아요? 그런데 옷이 너무 많습니다. 이걸 입을까, 저걸 입을까? 가끔 TV드라마에서도 보니까 등장인물이 어디 외출할 때마다 입고 나갈 옷 선택하느라고 한 스무 가지는 꺼내놓고 고민합디다. 그럼 어떻게 선택하겠습니까? 저도 고민이 하나 있습니다. 아침마다 넥타이 고르는 게 참 어려운 일입니다. 옛날에는 넥타이가 하나밖에 없었기 때문에 그런 고민이 없었는데, 요새는 넥타이가 너무 많아가지고 아침마다 이걸 맬까, 저걸 맬까 고민이 많습니다. 그래도 이 정도까지는 괜찮은데, 이 여자를 만날까, 저 여자를 만날까, 하는 고민은 정말 어렵습니다. 결국 마지막에 무엇입니까? 결단을 요구합니다. 그래서 우상을 버려야 된다는 것입니다. 옛 습관을 버려야 됩니다. 문화화된 고정관념을 버려야 됩니다. 사람은 누구나 자기도 모르는 마음속 우상이 있습니다. 지식이 우상이요, 돈이 우상이요, 기술이 우상이요, 권세가 우상입니다. 가장 무서운 우상은 자기경험입니다. 우리가 뭘 좀 경험했다고 '내가 해봐서 다 안다!' 하는 것처럼 무서운 일이 없습니다. 얼마나 해봤습니까? 얼마나 경험했습니까? 젊은 사람들이 제일 싫어하는 말이 이것입니다. 부모님들이 '얘야, 얘야, 내가 다 해봤다.' 어디까지 해봤습니까? 말이 안 되지요. 그것도 그때뿐입니다. 수 십 년 전 그때뿐입니다. 안 됩니다. 고정관념, 자기경험이 우상입니다. 아무리 잘난 척해도 아무것도 아닙니다.

제가 가끔 손님들을 만나면, 그들 가운데서 저한테 명함을 주는 분이 있습니다. 거기에는 흔히 '전(前) 국회의원', '전(前) 장관'이라고 되어 있습니다. 그러니 어쩌라는 말입니까? 지금은 국회의원도 아니고, 장관도 아니지 않습니까. 그러니 이제는 그걸 버려야지요. 명함에서 지워버려야 합니다. 그래야 당신이 자유할 수 있다고 말해 주고 싶습니다. 실은 그거 할 때도 시원치 않았습니다. 제가 아는 사람도 알아보니까 고작 일주일 장관을 했습디다. 그런데 그 명함을 아직도 가지고 다닙니다. 찢어버려야 합니다. 그것이 바로 자기우상입니다. 꼭 신상을 만들어놓고 섬기는 것만이 우상숭배가 아닙니다. 마음속에 우상이 있는 것입니다. 그런고로 우상을 버리는 결단이 필요합니다. 과감하게 버려야 됩니다. 가장 무서운 우상은 잠재의식 속에 있습니다. 우리의 문화 속에 있습니다. 지금 알게 모르게 다들 우상을 섬기고 있습니다. 우상을 버려야 됩니다. 버리는 결단이 있어야 됩니다. 내 마음을 빼앗는 모든 것을 버려야 됩니다.

예전에 제가 소망교회에 있을 때 한번은 낮에 어느 여집사님이 저를 찾아왔습니다. 손에 뭘 들고 왔는데, 보니까 보석입니다. 다이아몬드 반지, 목걸이, 팔찌 따위를 잔뜩 가져온 것입니다. 그걸 제 앞에다 딱 내놓고 그 여집사님이 하는 말이 이랬습니다. "목사님, 이거 팔아서 좋은 일에 쓰세요!" 제가 그거 팔아가지고 저 성남에 '소망의 집'이라는 조그마한 아파트를 하나 지었습니다. 모두 스물두 세대입니다. 내외분이 다 시각장애인인 분들이 가는 곳입니다. 그런 곳을 제가 만들어놨습니다. 그 보석들을 팔아가지고요. 그분, 왜 갑자기 보석을 가지고 왔을까요? 그게 다 우상이기 때문입니다. 자기는 다이아몬드 마니아라서 길을 지나가다가 쇼윈도에 다이아몬드 좋은 거 하나 있으면 그 자리에 딱 발이 얼어붙습니다. 한번 그러면 두 번 다시는 발이 안 떨어진답니다. 움직일 수가 없답니다. 그래서 집에 돌아가서 남편보고 사달라고 하면 안 사준답니다. 그러면 남편한테 그거 사주기 전에는 가까이 오지도 말라고 한답니다. 그래 결국은 사게 되는 것입니다. 그렇게 해서 모아놓은 것들이랍니다. 예수를 믿고, 신앙으로 중생하고 보니 그게 다 우상이라는 것을 안 것입니다. 그게 집에 있을 때는 외출했다가 집에 돌아오면 맨 먼저 그것부터 살피게 된답니다. 안녕히 잘 있나 하고요. 누가 가져가지 않았나 하고요. 누가 훔쳐가지 않았나 하고요. 심지어는 자식들까지 의심한답니다. 그래서 많이 생각하다가 '아, 이 우상들을 치워버려야 내가 자유할 수 있겠다!' 싶어서 저한테 가져왔고, 저는 그것으로 아파트 하나를 지어서 좋은 일 한 것입니다. 지금 성남에 가면 아직도 있습니다. 내 마음속에 있는 우상을 버리는 결단이 필요합니다. 스스로 판단하십시오.

그런가하면 하나님만 섬기는 결단, 좌우 돌아보지 않고, 지식에 의지하지도 말고, 자기 철학에 의지하지도 말고, 오직 하나님만 섬기는 것입니다. 전적으로 하나님만 섬기고, 그의 능력, 그의 지혜, 그의 결단에만 의지하는 것입니다. 그리고 중요한 것은 하나님께서 인도하시는 대로만 가기로 하는 것입니다. 그것을 감사하고, 그것을 받아들이고, 그것을 따라가고, 그것을 즐기고, 그것을 행복하게 여겨야 합니다. 때로는 마음에 안 드는 경우도 있겠지요. 사망의 음침한 골짜기로 갈 때도 있고, 실패도 있고, 질병도 있지마는, 이것은 다 내게 필요한 것이라 받아들이기로, 여호와 하나님만 섬기기로, 하나님만 찬양하기로 결단하라는 것입니다. 원망 없이 하나님을 섬기기로 하는 결단을 요구하는 것입니다.

그리고 오늘본문에는 가장 중요하고 의미심장한 말씀이 있습니다. '나와 내 집은, 많은 사람이 이 모양, 저 모양으로 흩어진다고 하더라도 나와 내 집은 여호와만 섬기겠노라.' 외롭습니다. 많은 사람의 지지를 못 받을 수도 있습니다. 그래도 나와 내 집은 여호와만 섬기겠노라, 하고 여호수아가 말합니다. 그럴 때 다른 사람들도 '우리도 섬기겠습니다!' 하고 나오게 됩니다. 진리의 길은 고독합니다. 내가 선두에 있어야 됩니다. 남의 뒤를 따르려고 하지 마십시오. 나 먼저 우상을 버리고 깨끗하게, 나 먼저 여호와만 섬기려고 해야 합니다. '나와 내 집은 여호와만 섬기겠노라!' 이것이 여호수아의 결단입니다.

예전에 제가 미국에서 공부할 때입니다. 백낙준 박사님이 예일대학에서 박사논문으로 제출한 「한국교회사」라고 하는 유명한 논문이 있었습니다. 그 책을 읽다가 깊이 감동받은 바가 하나 있습니다. 한국에서 기독교를 받아들이게 된 유래에 대한 설명입니다. 아주 마음에 듭니다. 한국에서 기독교를 받아들일 때 두 종류의 기독교인이 있었다는 것입니다. 하나가 개화교인이고, 또 하나가 기독교인입니다. 뭐냐 하면, 기독교의 신앙을 받아들인 것이 아니고, 기독교가 가지고 오는 서양문화를 받아들인 것입니다. 좋은 서양문화를 받아들이기 위해서 기독교를 받아들인 것입니다. 그런 교인들이 많았다는 것입니다. 심지어는 독립운동을 하기 위해서 교회에 들어온 사람도 있습니다. 그렇게 서양문화를 배우기 위해서 교회에 미어터지게 모인 것입니다. 그것이 교회였습니다. 그런데 이런 때는 잘 되어나가는 것 같지요? 천만에, 아닙니다. '105인 사건'이 한번 흔들어놓습니다. 그때 기독교인들 105명이 순교합니다. 백낙준 박사는 말합니다. '여기서 개화교인은 물러가고, 기독교인만 남았다.' 참 중요한 이야기 아닙니까. 환난과 핍박을 통해서 우상이 제거되어 순수한 믿음으로 가게 되었다는 것입니다.

한국교회가 이렇게 부흥된 데에는 두 가지 은총적 계기가 있습니다. 첫째가 3·1운동이요, 둘째가 6·25입니다. 둘 다 우리민족에게 주어진 큰 환난입니다. 그러나 이 환난을 통해서 은총적 계기가 마련됩니다. 무엇입니까? 우상을 버리게 되었습니다. 미신을 버리게 되었습니다. 전에 가지고 있던 종교도 버리게 되었습니다. 쉽게 버렸습니다. 아니, 협소한 민족주의까지 버려버렸습니다. 그리고 기독교를 영접했습니다. 이것이 한국교회입니다. 일본사람들이 예수를 잘 안 믿습니다. 왜요? 자기 종교에 메여 있기 때문입니다. 우상을 섬기는 것은 우리 종교요, 예수 믿는 것은 서양종교라는 것이지요. 이걸 깨지 못하고 있습니다.

우리는 민족적으로 큰 환난을 겪었습니다. 은총입니다. 그래서 3·1운동이 중요한 의미를 가집니다. 3·1운동을 통해서 기독교가 우리 종교가 됩니다. 기독교가 애국종교가 됩니다. '예수를 믿어야 애국자다. 애국자가 되려면 예수를 믿어라. 나라를 건지려면 예수를 믿어라.' 그리고 6·25라는 환난을 통해서 우리가 다시 한 번 거듭나면서 한국교회가 부흥하게 됩니다. 이걸 잊지 말아야 합니다.

하나님께서는 오늘도 우리에게 말씀하고 계십니다. 주의 귀한 종을 통해서 말씀하십니다. '우상을 버리라. 결단하라. 하나님만 섬기기로 결단하라. 순수한 마음으로 하나님만 사랑하기로 결단하라.' 이 결단 뒤에 하나님과의 약속과 하나님의 축복이 이 민족에게 함께 하는 것입니다. △

의롭다 함을 얻은 죄인

또 자기를 의롭다고 믿고 다른 사람을 멸시하는 자들에게 이 비유로 말씀하시되 두 사람이 기도하러 성전에 올라가니 하나는 바리새인이요 하나는 세리라 바리새인은 서서 따로 기도하여 이르되 하나님이여 나는 다른 사람들 곧 토색, 불의, 간음을 하는 자들과 같지 아니하고 이 세리와도 같지 아니함을 감사하나이다 나는 이레에 두 번씩 금식하고 또 소득의 십일조를 드리나이다 하고 세리는 멀리 서서 감히 눈을 들어 하늘을 쳐다보지도 못하고 다만 가슴을 치며 이르되 하나님이여 불쌍히 여기소서 나는 죄인이로소이다 하였느니라 내가 너희에게 이르노니 이에 저 바리새인이 아니고 이 사람이 의롭다 하심을 받고 그의 집으로 내려갔느니라 무릇 자기를 높이는 자는 낮아지고 자기를 낮추는 자는 높아지리라 하시니라

(누가복음 18 : 9 - 14)

의롭다 함을 얻은 죄인

이스라엘 사람들의 지혜를 모았다는 「탈무드」에 이런 이야기가 나옵니다. 아주 명망 높은 어느 랍비가 그의 제자 한 사람을 자기 저녁식사에 초대했더랍니다. 이스라엘 사람들은 많은 예식에 매여서 삽니다. 식사할 때 입는 옷이 다르고, 기도할 때 입는 옷이 다릅니다. 시간, 시간 여러 가지 규례에 매여 사는 가운데에도 그들에게는 기도문이 많습니다. 우리처럼 자유롭게 기도하는 것이 아니고, 따로 정해진 기도문이 있습니다. 잘 때 하는 기도문, 식사 때 하는 기도문, 아침에 깰 때 하는 기도문이 다 따로 있는 것입니다. 이렇게 정해진 기도문이 있어서 그 기도문을 외움으로써 경건하게 하나님 앞에 기도하는 풍속이 있습니다. 그래 식사시간에 음식이 나올 때 기도문을 외워야 되는데, 제자가 기도문을 제대로 외우지를 못합니다. 또 식사 끝에 포도주를 마시는데, 포도주 마실 때 기도문이 또 다릅니다. 그 기도문을 외워야 되는데, 이 제자가 기도문을 제대로 못 외우고 쩔쩔맵니다. 참다못해서 랍비가 이렇게 한마디 책망의 말을 합니다. "도대체 너는 지금까지 무엇을 배웠느냐? 식사할 때 하는 기도문 하나도 제대로 못 외우고, 이래서야 어디 신앙생활이 되겠느냐?" 식탁 앞에서 꾸중을 듣고 나니 이 제자, 입맛이 뚝 떨어집니다. 도무지 마음이 편치 않아서 밥을 코로 먹었는지 입으로 먹었는지 알 수 없도록 식사 분위기가 엉망이 되어버렸습니다. 그리고 집으로 돌아갔는데, 며칠 뒤에 이 랍비가 자기가 호통을 친 그 제자에 대한 소식을 듣게 되었습니다. 이 제자는 막노동을 하는 사람입니다. 아주 힘들고 거친 일을 수고롭게 해서 돈을 버는데, 그걸 전부 가난한 사람들과 병자들을 위해서 쓴다는 것이었습니다. 이 랍비가 부끄러워서 이제 하늘을 쳐다보지 못했다, 하는 이야기입니다.

유명한 정신위생 전문가인 데이빗 핑크(David Fink) 교수의 「안정을 위한 네 박자 균형」이라는 아주 중요한 논문이 있습니다. 여기서 그는 이렇게 주장합니다. '정신적 안정, 누구에게나 필요한 정신적 안정을 위해서는 네 박자 균형이 맞아야 한다.' 세상이 놀랐습니다. Work, Play, Love and Worship. 일과 놀이와 사랑과 예배, 이 네 가지가 박자를 맞추어야 한다는 것입니다. 이 교수는 목사가 아닙니다. 물론 신학교 교수도 아닙니다. 그런데도 정신위생상 절대 필요한 이 네 가지를 우리에게 가르쳐주고 있습니다.

첫째는 Work, 일입니다. 일을 즐겁게 해야 됩니다. 일이 노동이 되고, 피곤하게 되고, 일이 저주가 되면 그때부터 정신은 망가집니다. 무슨 일을 하든, 돈을 많이 벌건 적게 벌건, 그것은 중요하지 않습니다. 일을 즐겨야 합니다. 즐기는 것이 중요합니다. 여러분도 잘 아시는 가수가 얼마 전에 가수생활 58년이 됐다고 하지요? 기가 막힌 일 아닙니까. 57년 동안 가수를 했습니다. 그리고 이제 70이 넘은 분이 아직도 노래를 부릅니다. 얼마나 잘 부르는지요? 또 얼마나 건강한지요? 제가 보고 놀랐습니다. '저분은 어찌 저렇게 건강할까?' 이유는 간단합니다. 일을 즐기니까요. 노래를 즐기니까요. 한평생 노래만 불렀습니다. 아무 생각이 없습니다. 그에게는 노래 부르는 것이 그냥 좋은 일입니다. 대개 이래서 예술계에 종사하는 분들이 장수합니다. 일을 즐겨야 됩니다. 죽지 못해서, 할 수 없어서 일을 해서는 안 됩니다. 일의 의미를 알고, 일의 목적을 알고, 일 자체를 스스로 즐기는 사람이 정신적으로 건강하다는 것입니다.

둘째는 Play, 놀이입니다. 놀이가 중요합니다. 왜냐하면 지금 우리가 사는 세상이 점점 더 과학화되고, 문명화되어가면서 앞으로는 손으로, 몸으로 하는 일이 별로 없을 것이기 때문입니다. 2020년이 되면 전체 인구의 7퍼센트만이 생산직에 종사하고, 나머지는 다 할 일이 없습니다. 93퍼센트는 그럼 무엇을 합니까? 놀아야 됩니다. 그래서 요새 와서 문화산업이라는 말을 하지 않습니까. 문화산업, 쉽게 말하면 잘 놀자는 것입니다. 노는 것을 통해서 인생을 찾고, 노는 것을 통해서 의미를 찾고, 노는 것을 이용해서 돈도 버는 것입니다. 이것이 미래로 향하는 길이다, 이것입니다. 잘 놀아야 됩니다.

어떤 통계에 따르면 일본에서 한 해 동안 골프를 치다가 죽는 사람이 160명이나 된답니다. 우리나라에서도 아마 한 100명은 그런 꼴을 당하지 않을까요? 하면 왜 골프를 치다가 죽을까요? 이런 것입니다. 골프채를 들고 마지막에 퍼팅을 한다고 자세를 잡다가 그만 '아이고, 머리야!' 하고 쓰러져 죽는 것입니다. 이유는 간단합니다. 골프를 치는 것이 아니라, 자기자랑을 하고 싶은 것입니다. 주위에서 있는 캐디들한테서 '아, 선생님! 참 잘 하십니다!' 하는 말을 듣고 싶은데, 이게 마음대로 안 되는 것입니다. 그 신경을 쓰다가 '아이고, 머리야!' 하고 죽는 것입니다. 생각해보십시오. 왜 이랬을 것 같습니까? Play가 잘못된 것입니다. 놀이를 승부욕으로 해서는 안 됩니다. 그래서 고스톱, 안 되는 것입니다. 도박도 안 됩니다. 왜요? 앉아가지고 남을 속이겠다고 들고, 남이 가진 패를 보려고 신경을 쓰고 앉아 있는데, 그 사람 살겠습니까. Play가 잘못된 것입니다. 놀이를 잘 선택해야 됩니다. 넉넉한 마음이라야 합니다. 그저 남이 어떤 패를 가지고 있는지에만 신경을 쓰고 앉아서 '이기나, 지나?' 하니, 사람 못 쓰게 되는 것입니다. 어떤 놀이를 하느냐가 중요합니다. 정말로 놀이를 즐기는 그 사람이 건강하다, 이것입니다.

셋째는 Love, 사랑입니다. 질투 없는 사랑, 무조건적인 사랑, 얼마나 확실한 사랑을 하고 사느냐가 중요합니다. 사랑의 질에 따라 내 정신위생이, 내 운명이 좌우된다, 그 말입니다.

넷째가 가장 중요합니다. Worship, 예배입니다. 하나님을 만나는 예배, 이 예배의 자세가 바로 되어야 정신위생적으로 건강하다는 것이 그의 주장입니다. 정말입니다. 안정된 삶을 위해서는 일, 놀이, 사랑, 예배, 이 네 박자의 균형이 잡혀야 되는데, 이 가운데 예배의 자세가 아주 중요합니다. 예배하는 마음이 중요합니다. 이것이 바로 정신위생적으로도 절대 필요하다고 학자는 말하고 있습니다. 하나님께 예배한다는 것, 하나님과 나와의 관계입니다. 그 자세가 아주 중요합니다.

오늘본문에서 두 예배자가 하나님 앞에 나아옵니다. 하나는 대표적인 사람으로 바리새인입니다. 이 사람은 사람을 무시하고, 돈도 많고, 교만한 사람인 것 같습니다. 오늘본문을 잘 상고해보면 '나'라고 하는 말이 나옵니다. 나는, 나는, 나는…… 우리말성경에는 '나는'이라는 말이 두 번 나오는데, 영어성경에는 세 번 나옵니다. 의미상으로 세 번입니다. 나는…… 자기에게 집중하고 있습니다.

유명한 종교개혁자 칼뱅은 그의 「기독교 강요」 1장 1절에서 이렇게 말합니다. '하나님에 대한 지식이 없이는 사람에 대한 지식이 없다. 하나님을 알기까지는 나 자신을 알 수 없다.' 이것이 이 책 전체의 주제입니다. 하나님을 알기까지는 자기가 누구인지를 알지 못합니다. 인생이 무엇인지를 모릅니다. 이걸 잊지 말아야 합니다. 그런데 순서가 있습니다. 하나님을 알고, 나를 알고, 그리고 이웃을 아는 것입니다. 하지만 이 바리새인은 자기부터 먼저 알았습니다. 나를 알고 그 다음에 이웃을 보았습니다. '이웃과 나는 다르다. 나는 특별한 사람이다.' 이런 교만한 마음으로, 또 사람을 멸시하는 마음으로 하나님 앞에 나아왔습니다. 그에게는 예배가 없습니다. 하나님을 만나지 못했고, 하나님 앞에 바른 자세로 예배를 드리지 못합니다.

성경에 재미있는 표현이 있습니다. "서서 따로……(11절)" 바리새인이 따로 서 있다고 말합니다. 무슨 말입니까? 다른 사람하고 같이 앉지를 못하는 것입니다. '나는 특별한 사람이니까 이런 사람하고 같이 앉을 수가 없다.' 이런 마음입니다. 자기를 아주 특별한 사람으로 생각하는 것입니다. 그런가하면 또 기도할 때도 특별한 기도를 합니다. '하나님, 감사합니다. 제가 이 사람과 같지 아니함을 감사합니다.' 참 교만하고 오만한 기도 아닙니까. 사람들에게는 그런 나름대로의 자기 자존심이 있지요. '지적인 나는 더 많이 안다.' 인종적인, 사회학적인, 경제적인, 영적인 교만이 있는 것입니다. '나는 더 잘 믿는다.' '나는 특별하다.' '나는 보통사람이 아니다.' '나는 저 사람과 다르다.' 이 얼마나 교만한 마음입니까. 이런 마음으로 기도해서 되겠습니까. 이런 기도가 하나님께 상달되겠습니까. 이런 사람은 종교를 액세서리로 생각합니다. 하나님께 나아와서 자기자랑을 하는 것입니다. '저는 십일조를 드립니다.' '저는 금식하는 사람입니다.' '저는 경건합니다.' 많은 사람들 앞에서 자기자랑을 하고 있더라는 말입니다. 그러니까 하나님과는 상관이 없습니다. 그는 예배가 없는 사람입니다. 하나님을 바로 만나지 못한 사람입니다. 하나님의 음성을 들을 수 없는 사람입니다. 그런고로 그 인생은 망가지고 의롭다 함을 얻지 못합니다. 교만 속에 살다가 죽어갈 것입니다.

그런가하면 오늘본문에는 세리라는 사람이 나오는데, 이 세리는 특별한 신분입니다. 당시로서는 최하의 신분입니다. 세금을 받는다고 해서가 아니라, 로마사람들의 앞잡이로, 로마사람들을 위해서 세금을 받는 사람입니다. 게다가 성격이 아주 특별히 포악하여 세금을 강제로 징수해서 부자가 되었습니다. 로마사람들도 법을 참 특별하게 만들었습니다. '얼마는 걷어서 로마정부에 내고, 얼마는 걷어서 네가 가져라.' 이랬다는 말입니다. 그러니 세리들이 얼마나 포악하겠습니까. 그래서 성경에서는 늘 '세리와 죄인'이라고 표현합니다. 이렇듯 세리를 죄인과 동의어로 쓸 정도로 세리는 아주 공인된, 모두가 다 아는 죄인입니다. 이런 세리 한 사람의 이야기입니다. 이 세리는 13절에서 "하나님이여 불쌍히 여기소서!" 하고 멀리 서서 하늘을 쳐다보지도 못하고 하나님 앞에 기도했습니다. 딱 한마디입니다. "하나님이여 불쌍히 여기소서!"

여러분, 여기서 한 번 짚고 넘어갈 것이 있습니다. 교만한 자 앞에서 겸손하기가 어렵습니다. 다른 사람들은 다 잘났다고 하는데, 그 속에 있으면서 나는 못났다고 하기가 참 어려운 것입니다. 또 다른 사람들은 다 자기자랑 하고 있는데, 나는 자랑거리가 없습니다. 그래서 나는 부족합니다. 이거 인정하기가 어렵습니다. 모두가 회개하는 자리에 나아가야 나도 회개하기가 쉽습니다. 모두가 자기자랑을 하는데, 그 자리에서 '나는 이런 죄인입니다!' 하고 고백하기는 참 어렵습니다. 분위기가 그렇지 않습니까. 바리새인이 서서 "하나님이시여, 저는 이 세리와 같지 아니함을 감사합니다!" 하고 기도하는 소리를 들으면서 "하나님이시여, 저는 참으로 죄인입니다!" 하고 진실하고 겸손하게 기도하기는 참 어려운 일입니다.

세리는 지금 이 시간, 아무도 생각하지 않습니다. 하나님만 봅니다. 하나님 앞에 있는 자기만 생각합니다. "나는 죄인이로소이다!" 비교하지 않았습니다. 다른 사람이 잘되고, 못되고, 교만하고, 거짓이고, 위선이고…… 다 상관없습니다. 아주 절대적인 자기 자신의 모습을 하나님 앞에서 고백합니다. 비교의식이 없습니다. 아마도 이 세리도 나름대로 할 말이 많을 줄 압니다. 아마도 세리의 자녀가 되어서 세리가 되었는지도 모르겠고, 어쩌면 너무나 가난하고, 어렵고, 고생으로 시달리던 끝에 어쩔 수 없이 운명적으로 세리가 되었는지도 모르겠습니다. 그러나 그는 아무도 원망하지 않습니다. 부모도 원망하지 않습니다. 많은 사람들이 자기를 비난하고 있지마는, 그들을 향해서도 원망하지 않습니다. 변명하지 않았습니다. 단지 깨끗한 마음으로 '나는 죄인입니다!' 하고 고백할 뿐입니다. 이거 참으로 중요한 시간입니다.

하루는 아우구스티누스에게 어떤 제자가 이렇게 물었습니다. "기독교인의 윤리, 그 첫째가 무엇입니까?" "겸손이다." "그럼 둘째는 무엇입니까?" "겸손이다." "셋째는 무엇입니까?" "그것도 겸손이다." 기독교인은 어떻게 살아야 합니까? 기독교윤리의 대강령은 딱 하나, 겸손입니다. 얼마나 겸손할 수 있느냐? 얼마나 진실로 겸손하냐? 이것이 문제입니다. 혹 여러분이 비방을 받습니까? 억울한 일을 당합니까? 한마디 변명도 할 필요가 없습니다. 그저 겸손하십시오. 아우구스티누스의 더 유명한 말이 있습니다. '죄인에는 두 가지가 있다. 하나는 내가 죄인인 것을 모르는 죄인이요, 또 하나는 내가 죄인이라는 것을 아는 죄인이다. 어차피 다 죄인인데, 죄인이 아닌 것처럼 사는 죄인과 죄인임을 알고 사는 죄인, 이 두 가지 사람이 있는 것이다.'

오늘본문에서 세리는 딱 한마디 기도를 합니다. '나는 죄인이로소이다!' 예수님께서 말씀하십니다. '저가 의롭다 함을 얻었느니라!' Justification, 디카이오수네라, 참 중요한 것입니다. 의가 아닙니다. 의롭다 함을 얻은 것입니다. 의인이 아닙니다. 의인으로 인정을 받은 것입니다. 그 많은 죄를 용서받고, 의롭다 함을 얻어 하나님의 자녀가 되는 순간입니다. 우리는 의인으로 사는 것이 아닙니다. 의롭다 함을 얻은 죄인으로 사는 것입니다. 의롭다 함이란 사실 심리학적인 이유도 많답니다. 그저 '내가 부족합니다!' 하면 평안해집니다. '내가 잘났다!' 하면 화살을 맞습니다. '내가 똑똑하다!' 하면 비판을 받습니다. '나는 처음부터 애당초 부족합니다!' 하면 누가 뭐라고 합니까? 평안합니다. 정신위생적으로 아주 편안합니다.

유명한 이야기가 있습니다. 성 프란체스코의 제자가 꿈에 하늘나라에 갔더랍니다. 아주 높은 보좌들이 있는데, 거기에 비어 있는 보좌가 있어서 자세히 보았더니 '성 프란체스코가 앉게 될 의자'라고 씌어 있더랍니다. 그래서 '아이고, 이런! 내 스승인 성 프란체스코가 하늘나라에서 이렇게 높임을 받으신다는 말인가?' 그리고 잠에서 깨어나 자기 스승을 시험해보았답니다. 조용한 시간에 "선생님, 선생님께서는 자기 자신을 어떤 사람이라고 생각하십니까?" 했더니 성 프란체스코가 빙그레 웃으면서 답합니다. "뭐 그런 걸 물어보나? 나는 늘 생각해. 모든 사람들 가운데 내가 가장 악하고 몹쓸 죄인이라고." 그러자 제자가 이렇게 한마디 했더랍니다. "선생님, 그건 위선입니다. 그건 거짓말입니다. 선생님께서는 성자십니다. 모두가 선생님을 성자라고 부르지 않습니까. 세상에는 살인한 자, 간음한 자, 도둑질 하는 사람처럼 얼마나 죄인이 많은데, 선생님이 가장 악하다니, 이게 말이 됩니까. 그건 위선입니다." 이에 성 프란체스코가 조용히 빙그레 웃으면서 대답합니다. "그건 자네가 나를 몰라서 그래. 나는 세상에서 가장 악한 사람이야. 하나님께서 내게 베푸신 은혜를 다른 사람에게도 베풀어주신다면 그들은 나보다 더 훌륭한 성자가 되었을 거야. 내가 받은 은혜가 너무 크기에 오늘 내가 여기에 있을 뿐이다." 잊지 말아야 합니다. 의롭다 함을 얻은 죄인은 자기가 가장 큰 악한, 구제받을 수 없는 죄인이라는 것을 인정하고 삽니다. 그럴 때에 주의 위로가 함께하고, 의롭다 하심이 함께하는 것입니다.

언젠가 저는 이런 특별한 경험을 한 적이 있습니다. 제가 인천에서 목회할 때입니다. 어떤 아버지가 세상을 떠났는데, 평소 별명이 술독입니다. 하루도 술을 안 마시는 날이 없습니다. 술 마셔서 다 망했습니다. 사업도 망했고, 건강도 망쳤습니다. 마지막에는 그 술 때문에 병이 들어가지고 죽습니다. 아들 셋이 있었는데, 제가 마지막 순간 그 자리에 있었습니다. 그가 세상을 떠나면서 아들 셋을 바라보다가 마지막으로 하는 말입니다. "너희들도 알다시피 나는 술 때문에 망했다." 이러고 잠시 보다가 "그런고로 술 마시지 마라!" 하고 죽었습니다. 그 아버지의 마지막 회개를 보고 그 아들 하나가 목사가 되었습니다. 마지막 진실, 딱 한마디의 진실로 위대한 역사를 이룹니다. "나는 죄인이로소이다!" 이보다 더 위대한 고백이 없습니다. 이렇게 인정하고 살아보십시오. 세상 편합니다. 그뿐만 아니라,

자유합니다. 왜요? 의롭다 하심을 얻을 수 있으니까요. 하나님께서 의롭다 하심을 받아들이는 것, 그것이 믿음입니다. 그것이 신앙생활입니다. △

허세가 된 결심

그 때에 예수께서 제자들에게 이르시되 오늘 밤에 너희가 다 나를 버리리라 기록된 바 내가 목자를 치리니 양의 떼가 흩어지리라 하였느니라 그러나 내가 살아난 후에 너희보다 먼저 갈릴리로 가리라 베드로가 대답하여 이르되 모두 주를 버릴지라도 나는 결코 버리지 않겠나이다 예수께서 이르시되 내가 진실로 네게 이르노니 오늘 밤 닭 울기 전에 네가 세 번 나를 부인하리라 베드로가 이르되 내가 주와 함께 죽을지언정 주를 부인하지 않겠나이다 하고 모든 제자도 그와 같이 말하니라

(마태복음 26 : 31 - 35)

허세가 된 결심

15세기, 종교개혁의 여명이 트기 시작하던 때의 일입니다. 당대의 유명한 설교가 사보나롤라가 어느 아침 성당 앞을 산책하다가 마리아상 앞에 서서 기도하는 한 여인을 보게 되었습니다. 이튿날에도 산책을 하다가 보니 똑같은 여인이 똑같은 자리에 서서 기도를 하고 있었습니다. 그 다음다음날도 마찬가지였습니다. 그렇게 날마다 마리아상 앞에 서서 기도하고 있는 여인을 보고 그는 깊이 감탄했습니다. '하루도 빠지지 않고, 눈이 오나 비가 오나 저렇게 새벽에 나와서 마리아상 앞에서 기도하는 사람이라니!' 깊은 감동을 받았습니다. 그래 자기 친구 신부에게 그 이야기를 했습니다. "내가 그 여인을 보니까 벌써 몇 달 동안 하루도 빠지지 않고 새벽에 나와 마리아상 앞에 서서 기도하는데, 그 신앙이 대단하지 않나? 깊은 감동을 받았네." 그랬더니 그 친구 신부가 껄껄 웃으면서 되묻습니다. "자네 그 사연을 모르나?" "모르는데?" "실은 저 마리아상을 조각할 때 어떤 예술가에게 만들어달라고 부탁을 했는데, 그 예술가가 마리아상의 모델을 구하다가 당시에 처녀였던 저 여인을 찾아내 모델로 삼아서 저 마리아상을 조각했다네. 그 뒤로 저 여자는 저 마리아상 앞에서 일생동안 날마다 빠짐없이 저렇게 기도하고 있는 거야. 그런데 문제는 저 여자가 자기 앞에 기도하는 건지, 마리아 앞에 기도하는 건지, 그걸 내가 모르겠다는 거야."

사람을 실망시키는 것이 무엇입니까? 바로 잘못된 목적입니다. 우리가 전심전력으로 애쓰는 일이 있지 않습니까. 때로는 사업을 위해서, 혹은 돈을 위해서, 명예를 위해서, 권력을 위해서, 가문을 위해서, 자식을 위해서 우리 모두는 나름대로 어떤 목적을 세워놓고, 전심전력 애를 쓰면서 살아온 줄로 압니다. 하지만 그 목적이 정말 그만한 가치가 있는 것이었습니까? 언젠가 목적이 나를 배신합니다. 그럼 '이게 아닌데? 내가 구했던 것은 이게 아닌데?' 하고 그것이 얼마나 헛된 것이었던가를 깨닫게 됩니다. 목적이 나를 배신했다! 이 얼마나 큰 실망입니까.

그 다음에는 내가 목표를 세웠는데, 거기에 도달할 만큼 전력을 다하지 못했다는 것입니다. 공부가 목표라면 얼마나 열심히 공부했나, 돈이 목적이라면 돈을 위해서 얼마나 노력했나, 내가 그만한 정성과 수고와 희생을 했던가, 하는 것입니다. 그도 그럴 것이, 무지하기 때문입니다. 왜요? 내가 세운 목적이 뭔지를 모르겠거든요. 한참 가다보면 이것이 뭔지 모르겠거든요. 제가 가장 우습게 생각하는 것이 부부싸움을 하는 분들입니다. 그들과 상담할 때 "이러려면 왜 결혼을 했습니까?" 하고 물어보면 하나같이 이렇게 대답합니다. "그것을 모르겠어요." 왜 결혼 했는지를 모르겠다는 것입니다. 그러면 목적이 없는 일이지요. 목적이 무엇인지도 모르고 그냥 끌려가는 것입니다. 그러니 그 얼마나 실망이 크겠습니까. 그런가하면 그런 목적을 세웠더라도, 그것이 아무리 좋은 목적이라도 그것을 위해서 내가 전심전력해야지요. 전심전력하지 못했다는 그것이 문제라는 말입니다. 이런 유명한 잠언이 있습니다. '어리석은 자는 항상 결심만 한다.' 항상 결심만 합니다. 실천이 없습니다. 그러니 이 얼마나 어리석고, 맹랑하고, 잘못된 생이냐, 하는 것입니다.

유명한 「Fortune」이라는 잡지에서 언젠가 리더십에 관한 조사를 했습니다. 그 결과가 이랬습니다. '실패하는 사람의 70퍼센트가 약점을 가지고 있다. 그 70퍼센트는 다 어떤 사람이냐? 실행력이 없고, 지구력이 없고, 인내력이 없다. 노력하지 않고, 인내하지 않고 되는 일이 어디에 있느냐? 그런고로 실패하는 사람은 70퍼센트가 전부 이렇게 실천력이 없는 사람들이다.' 그리고 결론을 내립니다. '95퍼센트가 옳다고 말하고, 5퍼센트가 옳은 일을 행한다.' 95퍼센트는 나름대로 생각은 있습니다. 옳다고 생각은 합니다. 그러나 그 옳다고 생각하는 일을 행동으로 옮기는 사람은 5퍼센트밖에 없다는 것입니다. 이것이 전문가가 연구해서 내놓은 현상입니다. 결심만 하고 행동은 없습니다. 작심사흘입니다. 아니, 사흘도 못갑니다. 뭘 한다고 하면 일생토록 해야지, 하다 말다 해서야 되겠습니까. 그건 아니지요. 그러니까 작은 일이나 큰일이나 꾸준하게 실천궁행하는 지구력이 있어야 성공할 수 있다, 이것입니다.

그 다음으로 생각할 문제는 자신을 모른다는 것입니다. 자기 자신을 모르면서 무엇이 되기를 바라겠습니까. 그러니까 자기 나약성, 자기의 약점, 자기의 허물, 자기 잘못된 생활양식을 알아야지요. 내 허점을 알고 수정하려고 노력해야 뭔가 이루어질 텐데, 나 자신에게는 아무 변화를 주지 못하면서 세상이 변하기만 바랍니다. 상대방이 달라지기만 바랍니다. 아닙니다. 먼저 내가 달라져야 합니다.

오늘 예수님께서 십자가의 길을 가시게 됩니다. 이제 며칠 뒤가 아닙니다. 불과 몇 시간 뒤에 십자가를 지게 되실 것입니다. 예수님께서는 이것을 자세히 아십니다. 중요합니다. 아시면서도 그 길을 가셨고, 또 제자들에게도 미리 말씀하셨습니다. 하지만 제자들은 그걸 모르고 있습니다. 모르고 듣고, 모르고 보고, 모르고 따라갑니다.

그들이 정말 몰랐는지 저는 궁금합니다. 예수님께서 그렇게 말씀하셨을 때 제자가 과연 그걸 몰랐을까요? 왜 몰랐을까요? 마음눈이 어두웠기 때문입니다. 출세욕에 사로잡혔기 때문입니다. 세속적인 욕망의 포로가 되고 나니까 예수님께서 하시는 그 귀한 말씀을, 순간순간 주시는 말씀을 알아들을 수가 없었습니다. 더구나 십자가를 지셔야 한다니, 도무지 알아들을 수가 없는 것입니다. 왜요? '저렇게 능력이 많으신 분이 왜 십자가를 지셔? 이건 말이 안 되잖아? 죽은 사람도 살리시는 분이 왜 십자가를 지셔? 5천 명을 먹이시는 능력을 가지신 분이 왜 십자가를?' 베드로는 이해할 수가 없었습니다. 그러니까 듣지 않은 것만이 아니라, 듣지 않기로 결심했습니다. 그래서 예수님의 그 소중한 말씀들을 그는 알아들을 수가 없었던 것입니다.

무엇보다도 베드로가 그 스스로를 몰랐다는 것이 문제였습니다. 뭐니 뭐니 해도 자기 자신을 안다는 것은 참 중요합니다. 내가 얼마나 나약한지, 내가 얼마나 비겁한지, 내가 얼마나 초라한 인간인지, 내가 얼마나 하찮은 인간인지를 진즉에 알았어야 합니다. 이걸 모르면 안 됩니다. 오늘본문에 재미있는 장면이 나옵니다. 베드로가 그 스스로를 다른 사람과 견주었다는 것입니다. "다른 사람은 예수님을 버릴지라도 저는 아닙니다!" 제가 여기에 주를 달아볼까요? "예수님, 그 다른 제자를 저하고 비교하지 마십시오. 그거 불쾌한 일입니다. 어떻게 저하고 그 사람하고 같겠습니까. 저는 아닙니다. 다른 사람들은 다 예수님을 부인할지라도 저는 아닙니다." 아마 이러지 않았을까요? 이 비교, 얼마나 비참한 일입니까. 얼마나 잘못된 일입니까.

여러분, 스스로를 다른 사람하고 비교하지 마십시오. 겉으로 보기에는 저래도 나보다 선할 수 있습니다. 겉으로는 어려운 점이 많은 것 같으나 나보다 더 진실할 수 있습니다. 알고 보면 나보다 더 훌륭한 믿음을 가진 사람이 우리 주변에는 많습니다. 착한 사람도 많고, 좋은 사람이 많습니다. 한데도 더러는 이런 생각 하시지요? '나는 다른 사람과 다르다. 다른 사람들은 다 부인할지라도 나는 아니다.' 이렇게 비교해서 자기를 특별히 높였는데, 어떻습니까? 결국 베드로는 예수님을 세 번이나 모른다고 부인합니다. 다른 제자들은 도망을 갔으니까 부인할 기회조차 없었습니다. 그러나 베드로는 멀찍이서 따라갔다가 공회 직전에 예수를 세 번이나 모른다고 부인하는 엄청난 실수를 저지릅니다. 다른 사람들은 도망을 갔을지언정 예수님을 부인하지는 않았습니다. 베드로는 예수를 처음에는 부인하고, 다음에는 맹세하고, 마지막으로 저주까지 합니다. 3중으로 예수를 부인한 셈입니다. 이 얼마나 큰 죄입니까. 이 죄가 어디서 왔습니까? 애당초 자기 자신을 몰랐기 때문입니다. 자신이 얼마나 부족한 인간인지를 몰랐던 것입니다. 베드로가 조금만 더 진실했더라면 아마 이렇게 생각했을 것입니다. '나는 다른 사람보다 못하다. 나는 다른 사람보다 믿음이 없다. 나는 다른 사람보다 약하다.' 그럼 그렇게까지 엄청난 실수는 하지 않았을 것입니다. 여러분, 다른 사람과 비교하지 마십시오. 그 중심은 하나님만이 아십니다. 그 거룩함도 하나님만이 아십니다.

그렇다면 오늘 베드로는 어째서 이렇듯 자기를 모르게 된 것입니까? 다른 사람하고 비교했기 때문입니다. 그래서 자신이 다른 사람보다 조금 더 낫다고 생각한 것입니다. 무엇보다도 베드로는 예수님의 말씀을 제대로 이해할 수가 없었습니다. 깊이 듣지를 못했습니다. 예수님께서 십자가를 지신다고 하시는데 '그럴 리가 있나?' 하고 생각한 것입니다. 그래서 이렇게 말했던 것입니다. "주여, 그런 생각하지 마세요. 그럴 리가 있습니까." 예수님께서는 능력이 있으신데도 십자가를 지셨습니다. 하지만 베드로는 능력이 있으면 십자가를 지지 않을 수 있다고 생각했거든요. 이것이 베드로가 그토록 암울했던 원인입니다. 그래서 깊은 십자가의 진리를 들을 수가 없었던 것입니다. 예수님께서 십자가를 지신 다음 부활하겠다는 말씀까지 하고 계시는데도 그 말씀의 뜻을 알아들을 수 없었던 것입니다. 예수님께서는 자세하게 구체적으로 예언하셨습니다. 하지만 베드로는 그 한마디조차 알아듣지를 못했습니다. 마태복음 16장 24, 25절에서 예수님 말씀하십니다. "누구든지 나를 따라오려거든 자기를 부인하고 자기 십자가를 지고 나를 따를 것이니라 누구든지 제 목숨을 구원하고자 하면 잃을 것이요 누구든지 나를 위하여 제 목숨을 잃으면 찾으리라." 아주 귀한 말씀입니다. 예수님께서는 십자가로 가시면서 제자들에게 십자가를 설명하셨고, 또 십자가를 지라고 말씀하셨는데, 베드로는 그걸 하나도 알아듣지 못했습니다. 왜요? 출세욕에 사로잡혀 있다보니 그 귀한 말씀들이 하나도 귀에 들어오지 않았던 것입니다. 마침내 베드로는 예수님을 부인하는 아주 초라한 제자가 되고 맙니다.

오늘본문말씀대로 베드로는 "다 부인할지라도 저는 아닙니다. 저만은 예수님과 함께 죽겠습니다!" 하고 큰 소리를 쳤는데, 그건 허세였습니다. 왜요? 모르고 하는 말이니까요. 예수님께서 말씀하시는 십자가의 길이 무엇인지를 베드로는 제대로 알지도 못한 채 섣부르게 장담만 하고 있는 것입니다. 나아가 더 큰 실수가 있었습니다. 베드로가 여봐란 듯이 큰 소리를 치고, 맹세도 했지만, 정작 기도는 하지 않았다는 것입니다. 여러분, 생각해야 됩니다. 예수님께서도 기도하셨습니다. 기도 없이는 이런 종류가 나갈 수 없다고 하시지 않았습니까. 예수님께서는 전도사업을 시작하실 때에도 기도하셨고, 5천 명을 먹이신 다음에도 기도하셨고, 십자가를 앞에 두시고도 겟세마네 동산에서 피땀을 흘려가며 기도하셨습니다. 왜요? 기도 없이는 이 결심을 관철할 수가 없기 때문입니다. 이걸 잊지 말아야 합니다. 예수님께서 말씀하십니다. "시험에 들지 않도록 깨어 기도하라!" 하지만 베드로는 기도하지 않았습니다. 그랬기 때문에 베드로는 예수님을 온전히 따를 수가 없었습니다. 그러다 마침내 예수를 세 번이나 부인하는 부끄러운 제자가 되고 말았습니다. 원인이 무엇입니까? 가장 큰 원인은 기도하지 않은 것입니다. 그래서 아주 훌륭한 목사님이 이렇게 말씀합니다. "우리가 짓는 죄 중에 가장 큰 죄는 기도하지 아니하는 죄다." 기도하면서 사실을 알고, 기도하면서 나를 알고, 기도하면서 세상을 알고, 기도하면서 내가 갈 운명도 알고, 기도하면서 하나님의 뜻도 알게 되는 것입니다. 기도 없이는 누구도 바른 지식을 가질 수 없고, 바른 의지도 가질 수 없고, 바른 결단도 할 수 없고, 바른 실천도 할 수 없습니다.

예수님께서는 언제나 기도하셨습니다. 겟세마네에서 기도하시고 십자가를 지십니다. "아버지께서 내게 주신 잔을 마시지 않겠느냐?" 이 십자가의 의미가 무엇인지를 예수님께서는 분명히 알게 되십니다. '아버지께서 내게 주시는 잔'입니다. 빌라도도 아니고, 가야바도 아니고, 가룟 유다도 아닙니다. 그 나머지는 다 현상에 지나지 않습니다. 가장 본질적인 것은 '아버지께서 아들에게 주시는 십자가'

라는 것을 아셨습니다. 그래서 이것이 예수님의 기도응답이었던 것입니다. '아버지께서 내게 주신 잔을 내가 마시지 않겠느냐?' 그리고 아버지께 복종하시고, 아버지께 순종하시면서 십자가를 지셨습니다. 그러나 베드로는 예수님께서 기도하시는 동안 기도하지 않았습니다. 그리고 결국은 예수님을 부인하게 됩니다.

고린도전서 15장 10절에서 사도 바울은 말합니다. "내가 나 된 것은 하나님의 은혜로 된 것이니……" 오직 은혜, 지식도 결심도 십자가도 승리도 다 은혜입니다. 기도도 은혜입니다. 기도하는 것도 은혜요, 기도를 통해서 힘을 얻는 것도 은혜입니다. 기도를 통해서 내가 지금 무엇을 하고 있는가를 알게 되는 것도 은혜입니다. 사도 바울은 그래서 '모든 것은 하나님의 은혜'라고 고백하게 됩니다.

이 고난주간을 당하여 예수님께서 가신 길을 생각합시다. 예수님께서는 결심하시고, 십자가를 지십니다. 베드로는 결심 없이 줄레줄레 예수님을 따라갔습니다. 가장 결정적인 것은 예수님께서 기도하시는 동안 베드로는 기도하지 않았다는 사실입니다. 그러므로 예수님께서는 십자가로 승리하셨고, 베드로는 아주 비겁하고 초라한 인간이 되고 맙니다. 예수님께서 말씀하셨습니다. "닭 울기 전에 네가 세 번 나를 부인하리라." 이 말씀이 생각나서 베드로는 밖에 나가 통곡을 했습니다. '어쩌다가 내가 이렇게 되었는가?' 전설에 따르면 베드로는 아침에 닭이 울 때마다 무릎을 꿇고 하나님 앞에 회개했다고 합니다. 옛날에는 시계가 없어서 닭이 시계였거든요. 시골에서 닭이 "꼬끼오!" 하고 울면 그게 새벽 아니었습니까. 그래서 베드로는 일생토록 새벽에 닭이 울 때마다 일어나 무릎꿇고 회개기도를 했다, 이것입니다.

그렇습니다. 나의 나 됨을 알려면 기도해야 됩니다. 이 어려운 세상에서 승리하려면 기도해야 됩니다. 여러분, 오늘은 참 어려운 세대입니다. 지난날 기도하셨습니까? 더 기도하십시오. 더 깊이 기도하십시오. 기도 말고는 승리할 수 있는 방도가 없습니다. 내 결심이라는 것은 아무것도 아닙니다. 허사입니다. 내 지식도 다 쓸데없습니다. 기도하는 가운데 깨닫고, 기도하는 가운데 결심하고, 기도하는 가운데 승리할 것입니다. △

무슨 권세로?

예수께서 성전에 들어가사 성전 안에서 매매하는 모든 사람들을 내쫓으시며 돈 바꾸는 사람들의 상과 비둘기 파는 사람들의 의자를 둘러 엎으시고 그들에게 이르시되 기록된 바 내 집은 기도하는 집이라 일컬음을 받으리라 하였거늘 너희는 강도의 소굴을 만드는도다 하시니라 맹인과 저는 자들이 성전에서 예수께 나아오매 고쳐주시니 대제사장들과 서기관들이 예수께서 하시는 이상한 일과 또 성전에서 소리 질러 호산나 다윗의 자손이여 하는 어린이들을 보고 노하여 예수께 말하되 그들이 하는 말을 듣느냐 예수께서 이르시되 그렇다 어린 아기와 젖먹이들의 입에서 나오는 찬미를 온전하게 하셨나이다 함을 너희가 읽어 본 일이 없느냐 하시고 그들을 떠나 성 밖으로 베다니에 가서 거기서 유하시니라 / 예수께서 성전에 들어가 가르치실새 대제사장들과 백성의 장로들이 나아와 이르되 네가 무슨 권위로 이런 일을 하느냐 또 누가 이 권위를 주었느냐 예수께서 대답하시되 나도 한 말을 너희에게 물으리니 너희가 대답하면 나도 무슨 권위로 이런 일을 하는지 이르리라

(마태복음 21 : 12 - 17, 23 - 24)

무슨 권세로?

세계적인 화가 피카소가 어느 날 시골로 여행을 갔습니다. 그래 어느 농가에서 하룻밤을 묵게 되었지요. 이튿날 아침에 일어나 식사하기 전 그 집의 어린 딸을 보았는데 너무나 예뻤습니다. 그저 재잘거리는 말소리도 예쁘고, 얼굴도 예쁘고, 행동 하나하나가 다 너무나 예뻐서 피카소는 그 아이와 더불어 얘기를 나누다가 "얘야, 네 손수건에 내가 그림 하나 그려줄까?" 했더랍니다. 그랬더니 이 아이가 도망치듯이 어머니께 달려가 매달리면서 말합니다. "엄마, 저 아저씨 이상한 사람이야. 내 예쁘고 깨끗한 손수건에다가 물감칠을 하겠다고 그러잖아." 여러분, 만약 이 아이가 피카소가 세계적으로 유명한 화가라는 사실을 알았더라면 아마 손수건이 아니라 치마폭이라도 내놓으면서 그림을 그려달라고 하지 않았겠습니까. 여러분, 내가 만나는 사람이 누구입니까? 내가 함께하는 사람들이 누구입니까? 이것을 알고 살아야 합니다. 그러지 않으면 소중한 만남의 기회를 놓치고 살게 된다, 이것입니다.

요한복음 4장에 여러분이 다 아시는 유명한 이야기가 나옵니다. 예수님께서 사마리아에 있는 수가라는 동네를 지나가시다가 우물가에 앉으셨습니다. 제자들은 음식을 사러 동리에 들어가고 없습니다. 때는 정오입니다. 마침 한 사마리아 여인이 뜨거운 햇볕 속에 물을 길으러 옵니다. 예수님께서 이 여인을 보시고 마실 물 좀 달라고 하셨습니다. 한데 이 여인은 그게 뭐 그리 어려운 일이라고 대뜸 거절합니다. 유대 남자가 어째서 천한 사마리아 여자에게 물을 달라고 하느냐, 이것입니다. 참 곤란한 상황이지요. 그때 예수님께서 하신 말씀입니다. “네가 만일 하나님의 선물과 또 네게 물 좀 달라 하는 이가 누구인 줄 알았더라면 네가 그에게 구하였을 것이요 그가 생수를 네게 주었으리라(10절).” 또 이르십니다. “내가 주는 물을 마시는 자는 영원히 목마르지 아니하리니 내가 주는 물은 그 속에서 영생하도록 솟아나는 샘물이 되리라(14절).” 누구인 줄 알았더라면! 이 얼마나 중요한 말씀입니까.

유명한 신학자인 폴 틸리히는 그의 명저인 「The Shaking of the Foundation(흔들리는 터전)」에서 세상사람들에 대해서 이렇게 말합니다. ‘사람들은 두 가지 질서 속에 산다. 하나는 인간적이고, 정치적이고, 역사적인 질서다. 성장과 사멸, 죄와 벌, 그리고 유한성 속에서 사람들은 살아간다. 또 하나는 역사의 질서를 넘어서는 하나님의 질서다.’ 아주 역설적이지요? 강한 자가 아니라 약한 자가 승리하고, 부한 자가 아니라 천한 자에게 영광이 있다, 이것입니다. 세상에서 성공한 사람들이 아니라, 세상에서는 실패한 사람들 속에 은총의 질서가 나타난다, 이것입니다. 여러분, 이제 묻습니다. 나는 무엇을 보며 살고, 무엇을 들으며 살고, 무엇을 느끼며 살아가고 있습니까? 현상입니까, 깊은 의미입니까? 현재입니까, 미래입니까? 사건 자체입니까, 아니면 그 속에 있는 하나님의 섭리입니까? 영적 통찰력이 필요합니다. 좀 더 멀리, 좀 더 영원한 세계를 바라보며 영원한 세계, 깊은 세계를 보고, 느끼고, 깨달으며, 감사하는 것이 그리스도인의 모습입니다.

성경은 증거합니다. 예수님께서 세상에 오시어 병을 고치셨습니다. 귀신을 내쫓으셨습니다. 바다를 명하여 고요하게도 하셨습니다. 굶주린 사람들 5천 명을 떡 다섯 개와 물고기 두 마리로 풍족하게 먹이셨습니다. 뿐입니까. 죽은 지 나흘이나 된 사람의 무덤에 대고 "나사로야, 나오너라!" 하고 소리를 지르시자 죽은 사람이 살아서 걸어 나왔습니다. 가버나움에 가셨을 때에는 지붕을 뚫고 내려온 부자의 병을 고쳐주셨는데, 예수님께서는 이렇게 말씀하셨습니다. "네가 죄 사함을 받았느니라." 이것은 병의 문제가 아니고, 죄의 문제라는 말씀입니다. 이 말씀을 듣고 모든 사람들이 깜짝 놀랍니다. "병자야 고칠 수도 있고, 못 고칠 수도 있지마는, 저가 누군데 감히 '네가 죄 사함 받았느니라!' 하고 사죄의 권한을 행사할 수 있느냐?" 아주 중요한 문제입니다. 제가 옛날에 목사 될 사람들에게 시험문제를 낸 적이 있습니다. 목사고시라고 있습니다. 제가 그 고시위원장을 몇 년 했는데, 언젠가 이런 시험문제를 냈습니다. '예수께서 하나님 되심의 증거를 논술하라.' 이런 답, 저런 답이 많았습니다. 많이들 낙제했습니다. 가장 중요한 것은 '사죄권 행사'입니다. '네가 죄 사함 받았느니라!' 이것은 하나님만 하실 수 있는 일입니다. 누구도 이런 말을 할 수 없습니다. '내가 당신을 용서하오.' 이런 말은 할 수 있지만, 죄 사함 받았다는 선언, 그 사죄권의 선언은 오직 하나님께서만 하실 수 있는 일입니다.

특별히 오늘본문에는 예수님께서 성전을 깨끗이 하시는 장면이 나옵니다. 그 큰 예루살렘 성전에 올라가 보셨더니 그곳이 장사치들로 아주 꽉 들어차 있었던 것입니다. 서로 재물을 팔고사고 하면서 예루살렘 성전 마당을 완전히 시장바닥으로 만들어놓은 것입니다. 그도 그럴 것이, 하나님 앞에 드리는 양과 소를 깨끗이 해야 하기 때문입니다. 그래 제사장한테 검사를 받아야 되는데, 어디 점이 있다느니 병들었다느니 하면서 "불합격!" 하고 선고를 내리면 제사를 드릴 수 없게 되는 것입니다. 그럼 도로 가지고 갈 수 없으니 그걸 팔아야 됩니다. 그래 돈을 더 보태어 다른 깨끗한 것을 사가지고 와서 제사를 드리는 것입니다. 이 거래를 수월하게 해서 돈을 벌려고 장사치들이 성전마당에 아예 소를 팔고 양을 파는 시장을 만들어놓은 것입니다. 이게 조금 더 발전해서 나중에는 어떻게 되었느냐 하면, 제사장이 미리 다 조사를 해서 "이것은 검사를 마친 양이다!" 해 놓는 것입니다. 그럼 그런 양은 부르는 게 값입니다. 그러다보니 예루살렘 성전 뜨락이 어쩌다 완전 시장바닥이 된 것입니다. 하나님께 드릴 제사는 안중에도 없이 모두가 다 '어떻게 하면 싸게 살까?', '어떻게 하면 비싸게 팔까?' 하는 생각에만 골몰하게 된 것입니다. 예수님께서 이 꼴을 보시고 노하셨습니다. 당장 나가라고 전부 채찍으로 몰아내셨습니다. 그러자 그게 잘못인 줄 그들도 알고 있던 터라 양심에 가책을 느껴서 누구도 반항하는 사람이 없었습니다. 다들 내몰려 나가서 성전이 일시에 깨끗해졌습니다. 그러나 제사장들은 뒤에서 그 일을 방조하고 옹호하고 있었기에 슬며시 나와서 예수님께 물어봅니다. "무슨 권세로 이 같은 일을 하느냐?" 몰라서 묻는 것입니까? 아닙니다. 다 알면서도 묻는 것입니다. 권세는 '엑소시아'입니다. 본질로부터 나오는 생명력을 뜻합니다. '무슨 권세로'라니, 이만하면 알아봐야지요. 예수님께서 누구이신지 알아야지요. 병 고치신 것, 바다를 고요하게 하신 것, 죽은 자를 살리신 것…… 예수님께서 그 모든 역사에서 무엇을 행하셨느냐는 중요하지 않습니다. 예수님, 그분이 누구이신지가 가장 중요합니다.

여러분, 무엇이냐 하는 데에 대해서는 이제 그만합시다. 손익

계산 좀 그만합시다. 이분이 누구시냐, 하는 것입니다. 이분이 누구시냐? 이걸 알았어야지요. 이 사건이 중요한 것이 아니라, 사건 속에 숨겨진 본질이 중요한 것입니다. 무슨 권세로? 우리는 예수 그리스도의 권세, 그 본질을 알아야 합니다. 예수님에 대한 모든 기록들을 보면서 그분이 누구이신지를 알아야 합니다. 예수님께서도 이 문제를 지적하셨습니다. 어느 날 제자들에게 물으십니다. "사람들이 나를 누구라 하더냐?" "선지자 중에 하나라 하더이다." "그래? 너는 나를 누구라 하느냐?" 베드로가 대답합니다. "주는 그리스도시요, 살아계신 하나님의 아들이십니다." 이때 예수님께서 말씀하십니다. "내가 네게 천국 열쇠를 준다." 하늘이 열리는 것입니다. 예수님을 알아보는 순간, 예수님이 누구이신지를 아는 순간, 예수님이 하나님의 아들이시라고 고백하는 그 순간 하늘 문이 열리는 것입니다. 이걸 잊지 말아야 합니다.

언제가 될지는 모르겠습니다마는, 여러분이나 저나 다 같이 주님 앞에 갈 날이 있을 것입니다. 요단강을 건너가야 될 때가 있을 것입니다. 이 세상을 끝낼 날이 있을 것입니다. 마지막 순간에 제가 그 자리에 있다면 물어볼 것입니다. "예수님을 누구시라고 고백합니까?" 그때에 "예수님은 내 죄를 사하신 구세주시요, 하나님의 아들이십니다!"라고 고백하는 순간 하늘이 열립니다. 바른 신앙고백과 함께 하늘이 열리고, 얼굴이 환하게 밝아진 얼굴로 세상을 떠나는 사람들을 제가 많이 보았습니다. 언젠가 한번은 죽어가는 사람을 위해서 마지막 임종기도를 하다가 제가 깜짝 놀란 적이 있습니다. 그때 아들 딸 다섯 형제가 병상 주위에 둘러 서 있었는데, 이 사람들이 기도 중에 갑자기 박수를 치는 것입니다. '이게 뭐하는 짓이지?' 그래 기도 끝나고 알아봤더니, 저는 목사라서 눈을 감고 기도하는데, 이 사람들은 아버지가 세상을 떠나는 순간이니까 그 장면을 눈을 뜨고 지켜보고 있었던 것입니다. 그때 아버지의 눈이 하늘을 향한 채 굳어 있다가 기도를 하고 있는 제 쪽으로 슬며시 돌아가더라는 것입니다. 그리고 빙그레 웃더라는 것입니다. 그러고 나서 세상을 떠나셨다는 것입니다. 바로 그 순간에 자녀들 다섯이 저도 모르게 일제히 박수를 친 것입니다. 그래 제가 기도하다 말고 깜짝 놀랐습니다. 여러분, 바른 신앙고백과 함께 하늘 문이 열리는 것입니다. 그분이 누구십니까? 예수님이 누구십니까? 수많은 병자들을 고치시고, 수많은 사역을 하셨지만, 그걸 통해서 예수님이 누구이신지를 가르쳐 주신 것입니다. “너희는 나를 누구라 하느냐?” 지금 우리는 주님을 누구라고 고백하고 있습니까? 이 고백 앞에 우리는 무엇을 하고 있습니까?

제가 며칠 전에 재미있는 책을 한 권 읽었습니다. 부부관계를 비롯하여 사람들의 태도에 관해서 설명을 합니다. 많은 사람들이 배우자에 대해 이야기하지요. 사랑하고 안 하고, 예쁘고 안 예쁘고, 마음에 들고 안 들고…… 그런데 이런 모습이 자기는 마음에 안 든다는 것입니다. 왜요? 결혼식 날 운명은 사랑하기로 결정된 것 아니냐, 이것입니다. 이 사람하고 일생을 함께 살기로 결정했으면 끝난 것이지, 이제 와서 밥을 잘 하느니 못 하느니…… 이런 것이 도대체 무슨 상관인가 하는 것입니다. 얼굴이 예쁘니 안 예쁘니, 다 쓸데없는 소리라는 것입니다. 잘못된 일입니다. 고백이 먼저입니다. 약속이 먼저입니다. 그렇게 하고 보면 다 예뻐지는 것입니다. 나이 50이 넘어가지고도 여전히 이런 생각이나 하고 있다면 되겠습니까. ‘그때

이 여자하고 결혼하지 말았어야 했는데……' 다 쓸데없는 소리입니다. 하나님께서 짝지어주신 것입니다. 약속했습니다. 맹세했습니다. 그럼 끝입니다. 흔들릴 것도 없고, 뒤돌아볼 것도 없습니다. 우리의 신앙고백이 무엇입니까? 예수 그리스도를 나의 주로 섬기기로, 그 분께 내 운명을 맡기기로 한 것입니다. 땡! 끝입니다. 주님을 보십시오. 십자가가 얼마나 소중합니까. 누구이십니까? 내 죄를 대신해서 십자가를 지신 분입니다. 나대신 고난을 당하고 죽으신 분입니다. 여기서 예수 그리스도의 권세를 읽어야 합니다. 그 본질을 읽어야 한다는 것입니다. 십자가 안에 하나님의 아들 되심이 계시되어 있습니다.

인도의 간디는 영국의 대학에서 장학금을 받고 공부를 했습니다. 그때는 인종차별이 극심하던 시절입니다. 영국 사람들이 이 인도 사람을 얼마나 무시했겠습니까. 특별히 그 가운데서도 피터슨이라고 하는 교수가 인종차별이 심한 사람이었다고 합니다. 그는 간디가 영 못 마땅했습니다. 그러나 간디는 일부러 자존심을 살리기 위해서 고개를 바짝 들고 다녔답니다. 절대 고개를 숙이지 않았습니다. 간디는 공부도 잘 하지마는, 그렇게 자존심 있게 살았던 모양입니다. 피터슨 교수는 그런 그가 못마땅하여 식당에서 같이 식사를 하면서 이랬답니다. "돼지와 새가 같이 식사를 하는 격이구먼." 간디를 돼지에, 자기는 새에 비유한 것입니다. 그러니까 간디가 빙그레 웃으면서 "아, 그렇구먼요. 그러면 새가 날아가야 되겠네요!" 하고 받아넘깁니다. 그러자 교수는 조금 뒤에 또 못마땅해가지고 "자네 말이야, 길을 걷다가 주머니 두 개가 있는데, 하나는 금덩어리고, 또 하나는 지혜가 담긴 덩이인데, 금덩어리하고 지혜덩어리하고 있다면 어느 쪽을 갖겠나?" 하고 물었답니다. 간디는 교수가 왜 묻는지 다 압니다. 그래 빙그레 웃으면서 "저는 금덩어리를 갖겠습니다!" 했답니다. "왜?" "저는 이미 지혜가 있으니까요."

여러분, 속을 보십시오. 먼 훗날을 보십시오. 영원한 세계를 보십시오. 그리고 오늘을 보십시오. 예수께서 많은 봉사생활을 하셨습니다. 많은 병자를 고치시고, 어루만지시고, 수고하셨습니다. 사회봉사가 아닙니다. 하나님의 아들이 되시고, 하나님 되심을 계시하는 사건들입니다. 그 능력 속 깊은 곳에 하나님의 사랑이 계시되어 있습니다. 섬긴다고 섬김 받는다고 사회봉사로 생각하면 안 됩니다. 그 희생 속에 엄청난 사랑이, 아니, 하나님 되심이 계시되어 있는 것입니다. 오늘본문에서 예수님께서는 예루살렘 성전을 깨끗하게 청소하십니다. 이것은 하나님의 심판입니다. 이 심판이 있은 지 40년 뒤에 예루살렘 성전이 무너집니다. 그리고 오늘까지 회복을 못하고 있습니다.

여러분, 예수가 누구십니까? 그분은 우리를 위하여 봉사하시고, 수고하시고, 발을 씻기십니다마는, 그분은 하나님의 아들이십니다. 그분은 우리를 위하여 십자가에 돌아가셨습니다. 그러나 그분이 바로 하나님 되심을 잊지 말아야 합니다. 내 죄를 위하여 나 대신 십자가를 지셨습니다. 하나님의 권세, 하나님의 아들의 권세를 순간순간 확인하며, 그 권세를 느끼며, 그 권세를 읽으며 주님 앞으로 가까이, 더 가까이 가야 할 것입니다. △

이것을 네가 믿느냐

예수께서 와서 보시니 나사로가 무덤에 있은 지 이미 나흘이라 베다니는 예루살렘에서 가깝기가 한 오리 쯤 되매 많은 유대인이 마르다와 마리아에게 그 오라비의 일로 위문하러 왔더니 마르다는 예수께서 오신다는 말을 듣고 곧 나가 맞이하되 마리아는 집에 앉았더라 마르다가 예수께 여짜오되 주께서 여기 계셨더라면 내 오라버니가 죽지 아니하였겠나이다 그러나 나는 이제라도 주께서 무엇이든지 하나님께 구하시는 것을 하나님이 주실 줄을 아나이다 예수께서 이르시되 네 오라비가 다시 살아나리라 마르다가 이르되 마지막 날 부활 때에는 다시 살아날 줄을 내가 아나이다 예수께서 이르시되 나는 부활이요 생명이니 나를 믿는 자는 죽어도 살겠고 무릇 살아서 나를 믿는 자는 영원히 죽지 아니하리니 이것을 네가 믿느냐 이르되 주여 그러하외다 주는 그리스도시요 세상에 오시는 하나님의 아들이신 줄 내가 믿나이다

(요한복음 11 : 17 - 27)

이것을 네가 믿느냐

제 목회생활 50년의 경험에서 오래 인상에 남아 잊을 수 없고 거듭거듭 기억되는 사건들이 있습니다. 그 가운데 이런 조용하면서도 충격적인 경험이 있었습니다. 어떤 젊고 유능한 실업가가 있었습니다. 미국의 하버드대학에서 박사학위를 받은 지성인입니다. 공부를 마치고 한국에 돌아와 큰 회사의 전무로 일했고, 차츰 활동의 범위를 더 넓혀 한 해의 3분의 1은 해외에, 나머지 3분의 2는 한국에 머물렀습니다. 그러다 언젠가 해외출장에서 돌아온 다음 감기에 걸렸습니다. 한 달 동안이나 낫지 않았습니다. 부득이 병원을 찾았습니다. 놀랍게도 진료결과는 급성 암 말기였습니다. 앞으로 잘 해야 3개월 정도 살 수 있다는 진단이었습니다. 이 엄청난 사태 앞에서 온 가정이 아주 깊은 시름에 잠겼습니다. 제가 그 소식을 듣고 병원으로 문병을 가서 그와 여러 가지로 대화를 나누었습니다. 그때 들은 이 한마디를 저는 잊을 수가 없습니다. "목사님, 이런 시간이 제게 있으리라는 것을 미리 알았더라면 저는 지난날처럼 살지 않았을 것입니다." 그리고 그는 제 손을 붙잡고 눈물을 흘렸습니다. 지식이나, 학위나, 부나, 명예가 무슨 소용입니까. 죽음 앞에서는 다 하찮고 초라한 것들입니다. 이것이 우리의 삶입니다. 잠시도 이 사실을 잊어서는 안 됩니다. '이 순간이 내게 다가오리라는 것을 미리 알았더라면 나는 결코 지난날처럼 살지 않았을 것이다.' 두고두고 제 뇌리에 잊히지 않는 기억으로 남아 있는 말입니다.

존 하리차란(John Harricharan)은 엘리자베스 퀴블러 로스가 극찬할 만큼 유명한 작가이자 강연자입니다. 그의 저서에 「The Power Pause」라는 책이 있습니다. 우리나라에는 「행복한 멈춤」이라는 제목으로 번역되어 나왔습니다. 이 제목, 번역에 좀 문제가 있습니다. Power Pause, 그대로 옮기면 '권력중지'라는 의미에 가까운데, 책을 많이 팔리게 하려고 그랬는지, '행복 멈춤'이라고 번역했습니다. 너무 멀리 나간 것입니다. 우리 인간에게 가장 중요한 것이 무엇입니까? 두려움입니다. 우리가 누구나 마음에 간직하고 있는 이 두려움은 지극히 인간적인 고통입니다. 동물에게도 조금은 있는 것 같지만, 두려움은 역시 인간만의 특권이요, 인간만이 갖고 있는 기능입니다. 그래서 죽음과 가난과 질병, 이 모든 것에 대한 두려움이 인간에게는 있는 것입니다. 오히려 낱낱의 사건들보다도 두려움이 더 앞섭니다. 두려움 자체에 대한 괴로움이 우리를 일생토록 따라다닙니다.

그렇다면 이 두려움에 대한 해결책은 어디에 있을까요? 존 하리차란은 세 가지 해결책을 제시합니다. 첫째는 어찌하든지 삶의 문제로부터 분리되라는 것입니다. 우리가 삶을 이 모양 저 모양으로 살면 이 연속선상에서 우리가 이렇게 될까, 저렇게 될까 하는데, 이와는 관계가 없습니다. 죽음은 부와도 관계가 없고, 명예와도 관계가 없고, 권력과도 관계가 없지 않습니까. 내가 놓여 있는 처지와는 관계가 없는 것임을 인정하라는 것입니다. 둘째는 되도록 과거로부터 자유로워야 한다는 것입니다. 지난날의 잘한 일, 자랑할 것 없습니다. 잘못한 일, 후회할 것도 없습니다. 얼마나 과거로부터 자유한가, 하는 것만이 해결의 길이라는 것입니다. 셋째가 중요합니다. 미래에 대한 약속입니다. 막연한 것 같아도 미래는 있다는 것입니다. 미래에 대한 약속을 보장받지 못한다면 오늘의 생은 아무 의미도 없습니다. 우리 모든 생활의 두려움과 공포의 중심에는 죽음이 있습니다. 병들었다고 괴로운 것이 아닙니다. 죽음이 가까워오기 때문에 두려운 것입니다. 내 몸이 아플 때 우리가 두려운 것은 이것이 죽음으로 향하는 과정이라는 사실을 우리가 잘 알고 있기 때문입니다.

죽음은 불확실합니다. 왜냐하면 내가 경험한 바가 아니니까요. 많은 사람의 죽음을 봅니다. 이론적으로도 철학적으로도 다 알고 있습니다. 인생에는 죽음이 없다는 것, 이걸 부인할 사람 없고, 모르는 사람도 없습니다. 그러나 내가 경험하지를 않았거든요. 이 경험이라는 단계를 거치지 않았기 때문에 항상 생각이 뱅뱅 돌기만 합니다. 죽음에 대한 실제 체험이 없기 때문입니다. 이것이 우리 인간의 약점입니다. 그러나 이것을 부인하지는 못합니다. 다 알고 있으니까요. 다만 실제 삶에서 이것을 생활화하지 못하는 데에 문제가 있는 것입니다.

이 세상에서 가장 무서운 철학이 무엇입니까? 두 가지입니다. 하나는 죽으면 그만이다 하는 것입니다. 죽음을 끝이라고 생각하는 사람이 가장 무서운 사람입니다. '나 하나 죽으면 그만이다.' 이 얼마나 무서운 생각입니까. 종종 우리 마음을 어지럽히는 집단자살은 어디에서 옵니까? 나 하나 죽으면 다 끝나는 것이다, 하는 데에서 옵니다. 죽음이 끝입니까? 아닙니다. 죽음은 절대 끝이 아닙니다. 이걸 잊지 말아야 됩니다. 또 하나, 이보다 더 무서운 것이 있습니다. '죽이면 끝이다. 저 보기 싫은 사람 죽이면 끝이다. 저 미운 사람 죽여 없애면 그만이다.' 이런 철학이 세상을 어지럽힙니다. 언젠가 저는 요하네스라고 하는 러시아 희랍종교의 신학대학 총장과 함께 앉아서 대화할 기회가 있었습니다. 그때 확인한 사실이 있습니다. 구소련이 무너지기 전에 공산당은 정권을 유지하기 위해 한 해에 무려 100만 명이나 되는 사람들을 숙청했답니다. 하지만 결국 구소련은 무너졌습니다. '죽이면 해결이 된다.' 히틀러가 그러지 않았습니까. 유대사람들을 다 죽여버리면 모든 문제가 해결되리라는 생각에서요. 정말 그렇습니까? 천만에요. 이 얼마나 무서운 생각입니까. 이런 철학이 세상을 그렇게 어지럽힌 것입니다.

도스토예프스키의 유명한 소설 「죄와 벌」은 무엇을 말합니까? 죽음이 핵심이 아니라는 것입니다. 죽음이 끝이 아니라는 것입니다. 죽여서 해결되지 않는다는 것입니다. 이 메시지를 웅변하는 것이 문학가들의 사명 아닙니까. 여러분, 이걸 깊이 알아야 합니다. 성경에도 있습니다. 요한복음 11장 49절, 50절을 보면 당시 예루살렘 성전의 대제사장인 가야바가 이런 말을 합니다. "너희가 아무 것도 알지 못하는도다 한 사람이 백성을 위하여 죽어서 온 민족이 망하지 않게 되는 것이 너희에게 유익한 줄을 생각하지 아니하는도다." 예수가 의인이든 아니든, 메시아이든 아니든, 예수 하나 죽으면 온 민족이 조용할 것 같은데, 왜 이걸 모르느냐, 이것입니다. 예수를 죽여서 해결하겠다는 것입니다. 이것은 가야바만의 철학이 아닙니다. 오늘도 모든 권력 가진 사람, 모든 악당, 모든 악한 사람들의 공통된 철학입니다. 죽으면 그만이다, 죽여서 해결하겠다…… 아닙니다. 가장 큰 문제는 죽음이 끝이 아니라는 것입니다. 결코 죽음이 끝이 아닙니다. 죽여서 해결할 문제도 아닙니다. 이것을 알고, 느끼고, 두려워할 줄 알아야 합니다.

오늘본문을 자세히 보면 세 가지 질문이 나옵니다. 첫째가 부활

생명입니다. 정말 부활이 있습니까? 둘째는 예수님의 말씀입니다. '내가 곧 부활이요 생명이다.' 셋째는 너도 부활한다는 것입니다. 이 세 가지 원리가 이 모든 문제의 해답입니다. 성경은 계속 우리에게 증거하고 있습니다. 죽음이 끝이 아니라고요. 특별히 오늘본문을 자세히 읽어보면 너무너무 자연스럽고 편안하게, 아주 쉽게 우리에게 다가오는 사건이 있습니다. 바로 죽음과 병에 대한 초월적인 인식입니다. 지금 나사로가 병들어 죽어가고 있습니다. 예수님께서는 이 소식을 들으시고도 이렇게 말씀하십니다. "그거 죽을병 아니다. 하나님의 영광의 위한 것이다." 병 좀 앓다가 잘못되면 죽기도 하겠지만, 사나 죽으나 거기서 거기다, 상관없다, 이것입니다. 살아도 죽어도 하나님의 영광을 위함이다, 이것입니다. 너무너무 귀한 말씀입니다. 죽으면 죽은 대로, 살면 산대로, 병자면 병자인 대로 하나님의 영광을 위함입니다. 굉장한 메시지 아닙니까. 귀 있는 자는 들을 것입니다. 이걸 받아들여야 됩니다. 우리에게는 질병도 있고, 죽음도 있습니다. 하나님의 영광을 위하여, 하나님의 뜻을 위하여 이런 일은 있어야 하는 것입니다. 우리에게는 절망처럼 느껴지지만, 하나님께는 아무 사건도 아닙니다. 간단한 사건입니다.

그래서 요한복음 11장 15절은 정말 우리의 마음을 편안하게 해주는 예수님의 말씀입니다. "내가 거기 있지 아니한 것을 너희를 위하여 기뻐하노니……" 무엇입니까? 예수님께서 베다니에 계셔서 나사로가 죽어가는 것을 보셨다면 그 동생들이 마음 좋은 예수님 앞에서 얼마나 울고불고 간청했겠습니까. 결국 예수님께서는 그를 죽지 않게 하실 수밖에 없었을 것입니다. 거기에 계셨더라면— 그런 상황이거든요. 그런데 예수님 말씀은 이렇습니다. "거기에 있지 아니한 것을 너희를 위하여 기뻐하노라." 무엇입니까? '조금 더 아파라. 그리고 죽어라.' 이 과정을 말씀하시는 것입니다. '병을 기뻐하노라. 죽음을 기뻐하노라. 장례식까지 다 한 것을 기뻐하노라.' 왜요? 부활을 믿기 때문입니다. 부활사건이 앞에 있기 때문에 고생이 심할수록 좋은 것입니다. 그렇지 않습니까. 그저 죽을 뻔하고 살아났다는 것 정도 가지고는 안 됩니다. 아예 죽어야 됩니다. 뿐입니까? 장례까지 다 끝나고 시체가 썩어서 냄새가 나야 됩니다. 거기까지 가야 예수의 귀하신 부활생명의 능력이 나타날 수 있기 때문입니다. 부활이라는 엄청난 사건을 앞에 놓고 되돌아본다면 병드는 것은 좋은 일입니다. 죽는 것, 좋은 일입니다. 그래서 예수님께서는 저들이 우는 것도 보시고, 슬퍼하는 것도 보시고, 괴로워하는 것도 보시면서 '내가 거기 있지 아니함을 기뻐하노라!' 하시는 것입니다. 아주 중요한 말씀입니다. 기뻐하노라! 부활생명을 믿는 자에게는 병도 은사일 수 있습니다. 죽음도 생명으로 가는 하나의 프로세스, 생명의 과정일 뿐입니다. 이걸 잊지 말아야 합니다. 생로병사, 우리가 세상에 나온 것도 신비로운 일이요, 성장하는 것도 신비로운 일입니다. 아니, 죽는 것도 신비로운 일이요, 생명의 연속입니다. 생로병사가 다 그렇습니다. 이걸 잊지 말아야 합니다. 모든 사람들은 병들면 죽고, 죽으면 끝납니다. 하지만 성경은 그게 아닙니다. 절대 죽음으로 끝나지 않습니다. 그런데 오히려 예수님께서는 죽어야 산다고 말씀하십니다. 부활생명을 위해서는 죽어야 산다, 이것입니다. 죽지 않고 부활하는 이야기를 성경은 기뻐하지 않습니다.

며칠 전 제가 어떤 부활절 음악예배에 참석했습니다. 앞에 커다란 현수막을 걸어놨는데, 담임목사님이 좀 실수를 하셨더군요. 이걸 지적해서 충고를 할까 말까 하다가, 아무래도 그러면 목사님이 부끄러우실까봐 제가 끝까지 참고 말하지 않은 채로 돌아왔습니다. 그 현수막에는 이렇게 씌어 있었습니다. '죽음을 초월하신 예수 그리스도.' 초월? 초월이 무엇입니까? 초월은 죽지 않았다는 뜻입니다. 하지만 부활은 죽은 다음의 부활입니다. 이걸 잊지 말아야 합니다. 완전한 죽음이 있고야 완전한 부활이 있는 것입니다. 그래서 성경은 완전한 죽음을 설명하기 위해서 십자가의 고통을 말씀합니다. 장례를 지내고, 무덤입구를 돌로 막아서 단단히 봉인하지 않았습니까. 완전한 죽음을 설명하기 위해서입니다. 완전한 죽음이 있고야 완전한 부활이라는 엄청난 생명력이 작용하는 것입니다. 이것은 생명의 프로세스입니다.

생명에는 몇 가지가 있습니다. 첫째는 식물적 생명입니다. 식물이라는 것, 대단합니다. 놀랍습니다. 가만히 보십시오. 겨울에 다 죽은 것 같잖아요? 나뭇잎들이 다 떨어졌습니다. 다 죽은 것처럼 보입니다. 하지만 이듬해 봄이 되면 거기서 다시금 싹이 나고 꽃이 피지 않습니까. 생명력이라는 것, 참 대단합니다. 또 꽝꽝 얼어붙은 땅에서 다시 새싹이 솟아나는 걸 보면 굉장합니다. 생명이라는 것, 식물의 생명력, 대단합니다. 이것이 생명입니다. 식물적 생명입니다. 둘째가 동물적 생명이고, 셋째가 인간적 생명입니다. 우리는 식물적 요소도 가졌고, 동물적 요소도 가졌습니다. 그 위에 인간적 요소, 인간만이 가지는 영혼이 더 있는 것입니다. 우리가 이런 존재입니다. 아주 높은 차원의 존재입니다. 그러나 우리가 아는 것은 여기까지입니다. 한 가지 우리가 모르는 것이 있습니다. 바로 그리스도적 생명입니다. 그리스도는 여기에도 계시고, 저기에도 계십니다. 음식을 잡수시기도 하시고, 안 잡수시기도 하십니다. 이것이 예수님의 모습, 부활하신 예수님의 모습입니다. 그런 존재, 그런 생명, 그리스도적 생명입니다. 그래서 부활을 말할 때 꼭 빼놓지 않는 것이 '첫 열매'입니다. 그리스도께서 이 그리스도적 생명의 첫 열매로 문을 열어주셨다는 말입니다.

그리고 그 다음 말씀이 '이제는 내가 부활이요, 생명이라! 나를 믿는 자는 영원히 죽지 아니하리라!'입니다. 여기서 문제가 됩니다. 예수의 부활은 곧 나의 부활, 예수의 그리스도적 생명은 내가 변화될 그 생명을 우리에게 먼저 보여주는 것입니다. 그래서 성경을 자세히 상고해보면 부활이라는 말과 변화라는 말을 같이 사용합니다. 숫자상으로 거의 비슷합니다. 부활이요, 동시에 변화입니다. 이 또한 그리스도와 같이, 그리스도적 변화, 이런 생명의 차원, 그리스도적 차원의 변화입니다. 부활입니다. 그리고 말씀하십니다. '내가 부활했으니 너도 부활한다. 그리스도 안에 있는 자, 나를 믿는 자는 부활할 것이다.' 이렇게 그리스도와 함께 죽은 자에게 그리스도와 함께 오는 영광이 있음을 보여주십니다. 부활은 이론이 아닙니다. 추상적 진리도 아닙니다. 도덕적 결론도 아닙니다. 부활은 사건입니다. 엄연한 사건입니다. 역사적 사건입니다. 문제는 이것에 대한 믿음입니다. 신학적 용어를 빌리면 Historical Event, 아니면 Faith Event입니다. 역사적 사건, 신앙사건입니다. 아무리 역사적 사건이고 확실한 것이라고 하더라도 내가 믿지 아니하면 내게는 없는 것입니다. 나와는 상관이 없습니다. 그런고로 역사적 사건, 부활이라고 하는 엄청난 사건을 앞에 놓고 믿는 순간, 이 사건이 나의 사건이 되는 것입니다. 이것이 바로 부활입니다.

종교개혁자 칼뱅은 신앙의 세 가지 영역을 말합니다. 첫째가 지적 신앙입니다. 이것을 알아야 합니다. 성서적 진리에 의거하여 우리는 이 귀한 진리를 알아야 할 것입니다. 둘째는 체험적 단계입니다. 예수의 부활을 체험합니다. 우리는 지금 세상을 살면서 죽음을 체험합니다. 질병을 체험합니다. 거기까지는 할 수 있는데, 아직 죽지 않았기 때문에 죽음의 단계를 넘어가지 못해서 부활을 체험할 수는 없습니다. 이 단계는 믿어야 합니다. 헌신적 단계입니다. 이 부활생명을 믿고 순교하는 것입니다. 생명을 믿기 때문에 절망하지 않습니다. 영원한 소망을 바라보고 있기 때문에 오늘 낙심하지 않습니다. 그리고 헌신합니다. 오히려 모든 고난을 당하는 것을 기뻐하게 됩니다. 여러분이 너무나 잘 아시는 마태복음 28장 20절은 말씀합니다. "내가 세상 끝날까지 너희와 항상 함께 있으리라……" 부활하신 예수님께서 우리와 함께하십니다. 스데반은 이 부활생명을 체험하고, 부활생명을 확신하는 사람이었습니다. 스데반은 순교하면서도 그 얼굴이 천사의 얼굴과 같이 밝았습니다. 부활을 믿고, 부활을 지향하는 사람들, 그리로 가고 있는 우리는 마음이 천사요, 얼굴이 천사요, 행위가 천사가 되어야 할 것입니다. 그래서 오늘 예수님께서는 마르다에게 물으십니다. "네가 이것을 믿느냐?" △

하나님이 요구하시는 것

이스라엘아 네 하나님 여호와께서 네게 요구하시는 것이 무엇이냐 곧 네 하나님 여호와를 경외하여 그의 모든 도를 행하고 그를 사랑하며 마음을 다하고 뜻을 다하여 네 하나님 여호와를 섬기고 내가 오늘 네 행복을 위하여 네게 명하는 여호와의 명령과 규례를 지킬 것이 아니냐 하늘과 모든 하늘의 하늘과 땅과 그 위의 만물은 본래 네 하나님 여호와께 속한 것이로되 여호와께서 오직 네 조상들을 기뻐하시고 그들을 사랑하사 그들의 후손인 너희를 만민 중에서 택하셨음이 오늘과 같으니라 그러므로 너희는 마음에 할례를 행하고 다시는 목을 곧게 하지 말라 너희의 하나님 여호와는 신 가운데 신이시며 주 가운데 주시요 크고 능하시며 두려우신 하나님이시라 사람을 외모로 보지 아니하시며 뇌물을 받지 아니하시고 고아와 과부를 위하여 정의를 행하시며 나그네를 사랑하여 그에게 떡과 옷을 주시나니 너희는 나그네를 사랑하라 전에 너희도 애굽 땅에서 나그네 되었음이니라 네 하나님 여호와를 경외하여 그를 섬기며 그에게 의지하고 그의 이름으로 맹세하라 그는 네 찬송이시오 네 하나님이시라 네 눈으로 본 이같이 크고 두려운 일을 너를 위하여 행하셨느니라 애굽에 내려간 네 조상들이 겨우 칠십 인이었으나 이제는 네 하나님 여호와께서 너를 하늘의 별 같이 많게 하셨느니라

(신명기 10 : 12 - 22)

하나님이 요구하시는 것

우리나라에 전설처럼 내려오는 유명한 설화가 있습니다. 많은 것을 생각하게 하는 중요한 이야기입니다. 여든 살이 넘은 아버지가 있었는데, 어느 날 어디선가 무슨 소문을 듣고 와서 아들 셋을 불러 놓고 이렇게 이야기하는 것입니다. "내가 어디 가서 들으니까, 나이가 많아지면 점점 약해지는데, 젊은 여자의 젖을 먹으면 다시 건강하게 되어 회춘해서 오래 살 수 있다더라. 그러니까 내가 너희들 마누라의 젖을 좀 먹어야겠다." 그랬더니 큰아들이 뭐라고 그랬겠습니까? "아버지가 나이가 많아지시더니 노망나셨구먼……" 일축했습니다. 둘째아들은 "아버지, 그건 과욕입니다. 여든을 살았으면 됐지, 뭘 더 살겠다고 그러십니까?" 하며 또 일축했습니다. 하지만 셋째는 이랬습니다. "그러시죠. 아버지를 위해서라면 뭘 못하겠습니까? 제 아들을 좀 뒤로 물리고, 제 마누라의 젖을 아버님께 드리겠습니다." 그러자 아버지가 마음이 흡족해져서 일렀습니다. "그래, 너와 네 처, 그리고 애를 데리고 나한테 와라." 그리고 이 셋을 데리고 뒷동산에 올라갔습니다. 거기서 큰 나무 밑을 가리키며 "여기를 파라!" 했습니다. 그래서 셋째가 삽으로 한참 파들어 가니까 그 속에 커다란 금으로 된 종이가 한 장 있었다는 것입니다. "이건 우리 조상 때부터 내려오는 금종이란다. 아들은 셋인데 '누구에게 주어야 될까?' 하고 내가 이 나이까지 고민했다. 그런데 네가 네 아들보다도 나를 더 중요하게 여겨 네 아내의 젖을 나에게 주겠다고 했으니, 너야말로 진정한 내 아들이요 상속자다." 그러면서 그 금종이를 셋째아들에게 주었다고 하는 이야기입니다. 여러분, 아버지의 소원이 무엇입니까? 아버지가 무슨 말을 한다고 합시다. 그건 누구를 위한 것입니까? 선물을 주려 했던 것이지요. 주기 위해서 이런저런 말씀을 하시는 것입니다. 한마디로 아버지의 소원은 자녀가 잘되고, 자녀가 복되고, 자녀가 행복하기를 바라는 것입니다. 그 간절한 마음이 있는 것입니다.

바로 여기가 효(孝)의 출발점입니다. 부모님을 대할 때 '부모님이 나를 사랑하신다!' 하는 그 사랑에 대한 응답이 먼저입니다. 토마스 머튼은 그의 유명한 저서인 「New Seeds of Contemplation」에서 현대인이 내면적으로 절망하고, 많이 가지고도 절망하고, 많이 알고도 절망하고, 성공하든 실패하든, 내적으로 다 절망하는데, 그 이유가 무엇일까를 아주 간단하게 말합니다. 첫째는 자기사랑이 아주 극단화되었다는 것입니다. 자기사랑이 너무 지나칩니다. 결국은 자기사랑이 지나쳐서 자식도 사랑하지 않습니다. 자식사랑도 옛날이야기입니다. 옛날 우리 부모님들은 그 어려운 가운데에서도 얼마나 자식을 사랑했습니까. 정말 자기생명보다 자식들을 더 사랑했지요. 요새는요? 말도 아닙니다. 요새 할머니들은 손자 안 봐줍니다. "네 아들, 네가 키우지, 왜 내가 키우냐?" 그런다면서요? 손자, 손녀가 얼마나 예쁜데, 이것도 마다합니다. 이런 세상입니다. 부부간에는 물론이고, 심지어는 부모자식간의 사랑마저도 이기심 때문에, 극단적 이기심 때문에 다 무너져내리고 말았습니다. 그는 '이것이 인간이 고독해지고 절망하게 되는 이유다!'라고 말합니다. 그러니까 하나님의 사랑을 의심하게 되는 것입니다. 왜요? 내가 나를 사랑하는 것이 너무 지나치니까 다른 사람이 나를 사랑할 이유가 없다고 생각하는 것입니다. 내가 남을 사랑해본 일이 없으니까 다른 사람도 나를 사랑할 리가 없다고 생각하면 절망할 수밖에 없지요. 사랑의 유대가 다 깨져버리고 마는 그런 세대에 우리가 살고 있습니다.

또 한 가지는 타인과의 단절입니다. 마음을 열지 않습니다. 마음문을 꼭꼭 닫아놓고 '자기'라고 하는 감옥에 갇혀서 사는 것입니다. 자기 생각, 자기 집착, 자기 소유에 갇혀서 헤어나지를 못하니까 결국은 절망할 수밖에 없습니다. 그래서 가장 큰 현대인의 비극은 자기를 비우지 못한다는 것입니다. 끊어야 되는데, 못 끊는 것입니다. 재산도 끊어야 되고, 명예도 끊어야 되고, 지위도 잊어야 됩니다. 더는 생각할 것이 못 되는데, 이렇게 자기를 비우지 못하는 것이 문제가 된다는 것입니다. 가끔 제가 이런 사람들을 봅니다. 저를 만났을 때 자기소개를 하면서 명함을 주는데, 가만히 보면 죄다 '전(前)장관', '전(前)국회의원', '전(前)……'입니다. 그래서 제가 그 명함을 받으면서 생각해봅니다. '이런 걸 잊어버려야 편안할 텐데……' 그러니 어쩌라는 이야기입니까, 지금 와서? 지금 이 나이에 그것이 무슨 소용이 있습니까. 빨리 잊어버릴수록 좋은 것입니다.

제가 소망교회에서 시무할 때 여러분이 잘 아시는 대로 '갈렙부'라는 것을 만들었습니다. 나이 많은 남자 분들, 칠십 세 넘은 분들의 모임인데, 선생님이 누구냐 하면 유치원 교사입니다. 유치원 교사가 춤을 춰보이면서 어린아이들한테 하듯이 이렇게 저렇게 하라고 시키면 처음에는 아무도 따라하지 않습니다. "내가 누군데…… 내가……" 이러면서요. 하지만 조금만 지나면 다 어린아이로 돌아갑니다. 그때부터 웃음꽃이 핍니다. 그걸 보고 제가 역시 예수님의 말씀이 진리라고 느꼈습니다. '너희가 어린아이와 같아야 천국에 간다.'

그렇지 않습니까. 어린아이와 같아야 합니다. 무엇입니까? 명예? 지식? 아무것도 아닙니다. 깨끗이 지워버려야 됩니다. 어린아이와 같은 마음이 중요합니다. 그렇게 마음을 비워야 비로소 하나님도 보이고, 이웃도 보이고, 자녀도 보이고, 사랑의 사람이 될 수 있다, 하는 말씀입니다.

오늘본문을 자세히 읽어보면 귀한 진리의 말씀이 있습니다. 하나님께서 요구하시는 것이 무엇입니까? 우리가 다 여호와를 경외하는 것, 하나님을 경외하는 것, 그의 모든 도를 행하는 것, 하나님만 섬기는 것입니다. 이 '섬긴다'는 말은 원래 '에페드'인데, 헬라어로는 '나트레오'입니다. '예배'라는 뜻도 됩니다. 그러니까 '섬긴다'라는 말입니다. 하나님을 섬기는 것이 예배입니다. '예배로 하나님을 섬기라! 하나님만 섬기라!' 하고 강하게 말씀합니다. '여호와의 모든 도를 행하라!' 그런데 문제가 있습니다. 오늘본문 15절에 해답이 나옵니다. "여호와께서 오직 네 조상들을 기뻐하시고 그들을 사랑하사……" 왜 여호와의 도를 행하라 하셨습니까? 우리의 행복을 위해서입니다. 우리를 기뻐하시기 때문입니다. 하나님께서는 우리를 기뻐하시어 우리를 자주 만나고 싶어 하십니다. 우리가 하나님 앞에 기도하는 것을 하나님께서는 기뻐하십니다. 우리가 하나님을 아버지라고 부르는 것을 하나님께서는 기뻐하십니다.

요새 우리 자녀들을 키워놓으면 어렸을 때는 "아빠! 엄마!" 하다가, 조금 크면 '아빠'라는 말이 '아버지'가 되고 '아버지' 다음에는 '아버님'이 되어버립니다. 그 다음에는 1년 내내 전화 한 통도 없어집니다. 이렇게 멀어지는 것입니다. 하나님께 대해서도 그런 것 같습니다. 어렵고 병들면 "주여! 주여!" 하고 철야기도까지 하다가도,

건강하고 사업 잘 되면 도망가서 안 나옵니다. 어디 갔는지 흔적도 보이지 않습니다. 그러니 이제 하나님께서 어떻게 하시면 좋겠습니까? 하나님의 백성들이 하나님을 기뻐하고, 하나님을 부르고, 하나님을 찬양하고, 하나님을 섬기도록 하시는데, 왜 그러십니까? 너희들의 행복을 위하여— 아주 중요한 말씀입니다. 우리의 행복을 위하여 계명을 주시고, 우리 행복을 위하여 여호와의 도에 집착하라고 말씀하십니다. 그러므로 기쁨으로, 감사함으로 하나님께 예배할 것입니다. 하나님께서는 중심을 보십니다. 많은 소와 양 따위 제물을 원하시는 것도 아닙니다. 하나님께서 그깟 제물로 뭘 하시겠습니까. 하나님은 다만 중심을 원하십니다. 그래서 성경을 자세히 연구해보면 하나님 앞에 제물을 드릴 때 하나님께서는 1년 된 양을 가장 기뻐하시는 것처럼 보입니다. 왜 하필 1년 된 양일까요? 저는 예전부터 이것이 아주 궁금했습니다. 그런데 언젠가 중동을 방문했을 때 예루살렘에 가서 이야기를 좀 들어보니까 중동사람들이 양고기를 많이 먹는답니다. 이스라엘 사람도 물론이고요. 모든 양고기 가운데 최고가 1년 된 양이랍니다. 이것을 알아야 됩니다.

오래전 이야기입니다. 미국에 있는 제 친구 목사가 한밤중에 전화를 걸어왔습니다. "곽 목사, 내가 이명박 대통령님하고 오늘 저녁을 먹었거든?" 하며 자랑을 하더라고요. "그래서 어쩌라는 얘기야?" 하니 "그게 아니고, 오늘 최고로 좋은 식당에 가서 먹었는데, 1년 된 양의 고기를 먹었어. 한 사람 몫이 우리 돈으로 30만원이래. 그런 저녁을 먹었어, 내가." 이렇게 한참 자랑을 하잖아요? 그래서 듣다 못해서 제가 "그만해라. 하나님께서도 그것만 좋아하신다!" 했지요. 분명히 아셔야 됩니다. 하나님께서 왜 1년 된 양이라고 하셨을까요?

우리가 그걸 좋아하니까요. 우리가 그걸 그렇게 좋아하니까요. "너희들만 먹으면 안 돼. 맛있는 건 내게도 가져와라." 이 말씀이시거든요. 왜 이렇게 하라고 하실까요? 계명을 주시고, 명령을 주시고, 윤리를 정하시고…… 이것은 절대로 멍에가 아닙니다. 우리를 괴롭히자는 것이 아닙니다. 이렇게 함으로써 하나님을 알고, 이렇게 함으로써 하나님을 기쁘게 해드리고, 하나님을 기쁘게 해드리면 내 기쁨이 충만하게 됩니다. 나의 행복을 위하여 계명을 주셨다, 이것입니다. 이 원론적인 뜻을 잘 이해해야 됩니다. 주의 계명은 우리를 괴롭히는 것이 아닙니다. 괴로운 마음으로 지켜서도 안 됩니다. 언제든지 마음속에 깊이 생각해야 됩니다.

우리가 하나님 앞에 나아가는 목적이 몇 가지 있습니다. 첫째, 벌을 면하기 위해서입니다. 죄를 많이 지었으니까 벌 받지 않기 위해서입니다. 아이들로 말하면 벌을 당하지 않기 위해서입니다. 매 맞기 않기 위해서입니다. 매를 맞지 않으려고 눈치보고, 벌 받지 않으려고 겨우 숙제해가는 이런 학생은 안 되는 것 아니겠습니까. 형벌의식, 여기에 쫓기는 것입니다. 매를 안 맞고, 책망 듣지 않고, 꾸중 듣지 않고…… 이런 마음으로 눈치 보는 것입니다. 이렇게 살아서는 안 됩니다.

둘째, 복 받으려는 마음이 있어서입니다. 아이들로 말하면, 칭찬받으려고 하는 것입니다. 물론 지나치면 문제가 됩니다. 잘하면 칭찬받는데, 칭찬받으려고 눈치 보는 것은 마음에 안 듭니다. 묵묵하게 착한 일을 하는 것이지요. 그렇지 않습니까. 공부를 해도 칭찬받으려고, 선한 일을 해도 칭찬받으려고…… 이것은 좋지 않습니다. 전에 목회하면서 보니까 어떤 장로님이 좋은 일 많이 하십디다.

고아원에도 가서 일하고, 양로원에도 가서 일하고, 전도여행도 하고…… 한데 이분의 단점이 하나 있습니다. 꼭 미리 전화를 걸고 가는 것입니다. 갔다 와서도 전화 걸고요. 번거롭습니다. 다른 분들한테도 그렇게 전화를 건다고 합니다. 결론이 뭔지 아십니까? 이분이 전화까지 안 걸면 성자가 되는 것입니다. 무슨 일을 하든지 칭찬을 받으려고 하는 마음, 좋은 것이 아닙니다. 예수님께서 얼마나 밝게 말씀하셨습니까. "기도할 때 사람에게 칭찬받으려고 기도하지 말고, 거리에서 기도하지 말고, 구제할 때 오른 손이 하는 걸 왼손이 모르게 하라!" 이 얼마나 강렬한 말씀입니까. 우리가 무슨 일을 할 때마다 꼭 칭찬받고, 사람에게 알리려고 하고, 또 알아주기를 바라는데, 이 마음, 참 피곤합니다. 인간관계에서도 이것은 마땅치 않습니다. 좀 묵묵하게 하면 안 되겠습니까? 은근하게 수고하고, 먼 훗날에 '아, 그런 일이 있었지!' 하는 것이 얼마나 좋습니까. 복 받으려는 마음, 다른 말로 '기복사상'이라고 합니다. 교회 와서 복 받으려고 합니다. 제가 이 교회, 저 교회에 다니면서 부흥회를 많이 인도합니다. 지난주간에도 익산에 가서 연합집회를 인도했는데, 헌금을 봉투에다 넣어 쌓아놓고, 이 헌금봉투 위에다가 손을 얹고 기도해달라고 합니다. 이거 좀 마음에 안 듭니다. 꼭 그래야 되겠습니까? 복 받으려는 마음, 이것이 우리의 경건의 동기가 되어서는 안 되는 것입니다.

셋째, 명예의식에서입니다. "내가 무엇이다, 내가 무슨 일을 한다!" 하면서 신앙생활을 마치 액세서리처럼 합니다. 문제입니다. 이번에도 익산에 가서 집회인도를 하면서 보니까 국회에 출마한 분들이 거기에 다 왔습디다. 그래가지고는 만날 때마다 안수기도를 해달라고 합니다. 안 해줬습니다. 그래도 자꾸 해달라고 해서 "안수기도는 성직자에게 하는 거지, 국회의원에게 하는 거 아니요!" 해버렸습니다. 머리를 들이대고 안수해달라고 할 때마다 '이게 도대체 뭐 하는 짓들인가? 어쩌자고 이 모양으로 가르쳤나?' 하는 생각이 듭니다. 신앙생활의 동기가 어쨌든 복 받으려는 마음, 자기 명예를 높이려는 마음이 동기가 되어서는 안 됩니다.

그렇다면 신앙생활의 근본은 무엇이겠습니까? 감사하는 마음입니다. 충분히 받았습니다. 하나님께서 말씀하시는 것은 전부 행복합니다. 그런고로 어쩌면 이것이 제일 좋은 기도일 것입니다. '하나님, 행복합니다. 넘칩니다.' 더 할 말이 없습니다. 분에 넘칩니다. 이것이 여호와를 진정 기쁘시게 해드리는 일이지요. 아직도 뭘 받으려는 자세로 하나님께 나아가는 것은 도리에 맞지 않습니다. 이걸 잊지 말아야 합니다. 그래서 마르틴 루터는 「Large Catechism」이라는 그의 책에서 십계명을 해석합니다. 가만히 읽어보면 그 맥락이 참 중요합니다. '부모를 공경하라, 살인하지 말라, 간음하지 말라, 도둑질 하지 말라……' 이런 계명들을 루터는 전부 사랑으로 해석합니다. '살인하지 말라 하는 것은 우리의 생명을 지키시는 하나님의 사랑이다. 간음하지 말라 하는 것은 우리 순결을 지켜주시는 하나님의 사랑이다. 거짓 증거 하지 말라 하는 것은 우리의 인격을 지켜주시는 하나님의 사랑이다. 이 계명들 전부가 하나님의 사랑에서 비롯되었다. 거기에서 출발했다.' 참 깊고 본질적인 해석입니다.

저는 전국을 다니면서 우리교회의 1부예배를 자랑합니다. 예수소망교회는 새벽 7시 반에 교인들이 열심히 나온다고 감사한 마음으로 자랑을 합니다. 이만큼 건강하니 감사하고, 이렇게 살아있으니 감사하지요. 그렇지 않습니까. 제가 아침마다 차를 몰고 여기까지 올 때 제 마음속에서 깊은 찬송이 나옵니다. 왜요? 제 나이가 올해로 84세인데, 이 나이에 직접 차를 몰고 설교하러 간다는 게 어디 보통 일입니까. 수많은 목사들 가운데 이런 목사 흔치 않습니다. 제가 은퇴하고 지금까지 14년이 되었지만, 그동안 주일에 설교하지 않은 적이 한 번도 없습니다. 그러니 이런 복이 어디 있습니까. 다음 주일에 또 교회에 나올는지 못 나올는지, 그것은 모르겠습니다. 하지만 적어도 오늘까지는 감사한 것입니다. 이대로 만족해서 더는 바랄 것이 없습니다. 언제나 하나님의 계명을 감사함으로 지키고, 마음속 깊은 곳에서 새로운 신앙을 고백하면서 지켜나가야 한다, 하는 말씀입니다.

누가복음 15장에 탕자의 비유가 있습니다. 탕자가 집을 나갔다가 돌아옵니다. 그에게는 형이 있습니다. 형은 아주 불평이 많습니다. 이 두 사람을 대조해보면 아주 중요한 사실을 알 수 있습니다. 집을 나갔다가 돌아온 탕자는 이미 유산을 받아서 다 탕진했습니다. 하지만 형은 아직 자기 몫의 유산을 못 받았습니다. 탕자는 말합니다. "제가 아버지께 죄를 지었사오니 이제 저를 그저 머슴의 하나로 대접해주세요. 아버지 옆에만 있으면 좋겠습니다." 이것이 탕자의 마음입니다. 그러나 형은 자기유산에 대해서 관심이 많습니다. 동생이 돌아왔기 때문에 유산이 적어질까봐 벌써 문제 삼고 있는 것입니다. 그래서 "동생이 창기와 더불어 아버지 재산을 다 탕진했는데, 왜 아버지는 그를 아들로 맞이하시는 겁니까?" 하고 불평합니다. 이 두 사람을 대조해보십시오. 탕자는 비록 집을 나가서 아버지의 마음을 아프게 한 일이 있지마는, 아버지의 마음에 드는 쪽은 이 탕자입니다. 왜요? 그는 무조건적으로 하나님을 사랑하고 있기 때문입니다. 계명을 지키며 행복을 느껴야 됩니다.

예전에 제가 인천에서 목회할 때에 경기노회에 있었는데, 거기서 언젠가 한번은 효자 목사님에게 상을 주는 특별한 행사를 연 적이 있었습니다. 단 한 분밖에 없는 그 목사님 댁에 제가 갔었는데, 그때 아주 특별한 것을 보았습니다. 친어머니도 아니고 계모입니다. 그 어머니한테 이 목사님이 얼마나 잘하는지 모릅니다. 이 소문이 나서 효자 상까지 받게 된 것입니다. 그날 제가 그 집에서 점심을 얻어먹고 나오는데, 그 연로하신 어머니가 나이 60이 넘은 목사님에게 잔소리를 하는데, 제가 느끼기에 좀 지나치다 싶었습니다. "길 조심해라. 여자 조심해라. 말 조심해라." 이 목사님이 "예, 알았습니다. 꼭 그렇게 하겠습니다!" 하시기에 제가 나오면서 "목사님, 그런 잔소리 듣기 쉽지 않지요?" 했습니다. 그러자 목사님이 이렇게 말했습니다. "나를 위해서 누가 이런 말을 해주겠습니까." 과연 효자더라고요. 효자는 부모님의 말씀을 즐깁니다. 부모님 말씀을 기뻐합니다. 왜요? 나를 위한 것이니까요. 내 행복을 위한 것이니까요.

여호와의 말씀은 전부 내 행복을 위한 것입니다. 나를 위한 것입니다. 이것을 잊지 말아야 합니다. 계명을 즐겁게 여기고, 율법에 대해서 감사해야 합니다. '계명은 나를 위한 것이다. 하나님의 말씀은 나의 구원을 위해서 존재하는 것이다.' 이렇게 생각해야 합니다. 하나님의 말씀에 순종할 때마다 그 속에서 행복을 느껴야 합니다.

사도 바울은 로마서 8장 32절에서 이렇게 고백합니다. "자기 아들을 아끼지 아니하시고 우리 모든 사람을 위하여 내주신 이가 어찌 그 아들과 함께 모든 것을 우리에게 주시지 아니하겠느냐." 십자가의 사랑을 깨닫는 순간 모든 것이 은사요, 모든 것이 선물이 됩니다. 모든 것이 하나님께서 나를 사랑하셔서 주시는 사건들입니다. 이렇게 감격하고, 이렇게 응답하는 것이 신앙생활입니다. △

차선에 내리시는 은총

그러나 너희 생각에는 어떠하냐 어떤 사람에게 두 아들이 있는데 맏아들에게 가서 이르되 얘 오늘 포도원에 가서 일하라 하니 대답하여 이르되 아버지 가겠나이다 하더니 가지 아니하고 둘째 아들에게 가서 또 그와 같이 말하니 대답하여 이르되 싫소이다 하였다가 그 후에 뉘우치고 갔으니 그 둘 중의 누가 아버지의 뜻대로 하였느냐 이르되 둘째 아들이니이다 예수께서 그들에게 이르시되 내가 진실로 너희에게 이르노니 세리들과 창녀들이 너희보다 먼저 하나님의 나라에 들어가리라 요한이 의의 도로 너희에게 왔거늘 너희는 그를 믿지 아니하였으되 세리와 창녀는 믿었으며 너희는 이것을 보고도 끝내 뉘우쳐 믿지 아니하였도다

(마태복음 21 : 28 - 32)

차선에 내리시는 은총

로마에 예로부터 내려오는 전설 같은 이야기가 있습니다. 한 백부장이 전쟁터에서 용감하게 싸우다가 부상을 입었습니다. 몸에서 피가 멈추지 않고 계속 흐릅니다. 마침내 그는 정신이 몽롱해집니다. 한데 바로 그 순간, 오래 전에 풍문으로 들었던 복음이 생각납니다. 그래 겸손하게 하나님 앞에 기도를 합니다. "하나님이시여, 저를 불쌍히 여기사 하늘 문을 열어주세요." 하지만 문은 열리지 않습니다. 그는 다시 하나님 앞에 고백합니다. "저는 나름대로 정직하게 살았습니다. 충성되게 살았습니다. 나라를 위하여, 왕을 위하여 내 온 생, 온 젊음을 다 바쳤습니다. 부하들에게도 관대했고, 어떻게 해서든 저들에게 용기를 주고, 본이 되며 살려고 최선을 다했습니다." 그래도 하늘 문은 열리지 않습니다. 피는 여전히 흐릅니다. 이제는 기력이 다했습니다. 마지막으로 그는 무릎을 꿇고 하나님 앞에 기도합니다. "하나님, 저는 죄인이로소이다!" 그러자 마침내 하늘 문이 환하게 열렸다는 전설 같은 이야기입니다. 인간은 선택입니다. 한 평생 선택하고, 선택한 데 대해 책임을 지고 살아갑니다. 순간순간 내 영혼의 자유를 위하여 어떤 선택을 하게 되고, 어떤 책임을 지게 되는가? 이것이 중요합니다. 또한 그 시점이 중요합니다. 어느 시점이냐? 이왕 기회를 놓쳤더라도 마지막으로 주어진 한 순간, 그 마지막 기회가 너무나도 중요하다, 이것입니다. 이 기회를 놓치면 그대로 생은 끝나고 마는 것입니다.

철학자 로크가 이런 말을 했습니다. '인생은 하나님께로부터 누구나 이성을 선물로 부여받은 존재다.' 그런데 하나님께서 우리에게 주신 맑은 정신, 맑은 이성을 깨끗하게 지켜야 되겠는데, 혼미한 가운데 그만 이성 자체가 병들어서 문제입니다. 깨끗한 이성, 왜 그것을 지켜가지 못할까요? 근시안적이기 때문입니다. 이성은 더 멀리 바라보는 능력이 있습니다. 추리적 능력과 비판적 능력이 이성의 기능입니다. 그런데 이성이 흐려지면 멀리 보지를 못합니다. 마치 술 취한 자와 꼭 같습니다. 술 취한 자는 하루아침, 내일 아침에 될 일도 생각하지 못합니다. 그래서 아침에 후회할 것을 압니다. 속 쓰릴 것도 압니다. 병들 것도 압니다. 부끄러워질 것도 뻔히 압니다. 그러면서도 먹어버립니다. 마셔버립니다. 왜요? 그냥 죽자는 것이지요. 이것은 이성이 죽는 시간입니다. 이성의 기능을 포기하는 시간입니다. 이런 근시안적인 발상이 맑은 이성을 흐리게 합니다. 또 한 가지는 자기고집 때문입니다. 이왕 가지고 있는 지식, 이미 가지고 있는 경험, 자기가 가지고 있는 소신, 여기에 붙들려서 자기 고집을 부리는 동안 이성의 판단은 멀리 가버립니다. 또 한 가지는 고집스러운 지난날의 과거라는 것입니다. 과거에서부터 벗어나야 하는데, 잘했든 못했든 과거는 과거입니다. 그는 말합니다. '오늘과 내일이 중요한데, 미래로 가지 못하고 자꾸 생각이 과거로 가면서 후회하고, 두렵고, 절망에 빠지게 되는 것은 과거 때문이다.' 우리의 이성이 깨끗하고 순수해서 오늘 내가 있는 시점을 알고, 오늘로부터 이어지는 미래를 생각하며 바른 판단을 할 수 있어야 되겠다는 말씀이지요.

오늘본문을 읽을 때마다 저는 늘 이런 부질없는 생각을 합니다. '참 유감스럽다. 왜 이 아버지에게 아들이 둘밖에 없을까? 하나 더 있으면 얼마나 좋을까?' 두 아들이 있었다고 예수님께서 말씀하시는데, 제 생각에는 하나만 더 있으면 좋겠습니다. 왜요? 맏아들에게 "저 포도원에 가서 일하라!" 했더니 "예, 가겠습니다!" 하고 적당히 좋게 대답하고 안 갔습니다. 둘째아들더러 "가라!" 했더니 "안 가겠습니다. 싫습니다!" 하더니 뒤에 뉘우치고 갔습니다. 둘 다 완벽한 효자는 아닙니다. 둘 다 그리 좋지 않습니다. 셋째아들이 하나 더 있다면 얼마나 좋겠습니까. "예, 가겠습니다!" 하고 선뜻 가주면 참 좋을 텐데, 왜 그런 사람은 없을까요? 왜 가겠다고 하고 간 사람은 없고, 가겠다고 하고 안 간 사람, 안 가겠다고 하다가 간 사람만 있습니까? 어차피 이 두 사람 모두 효자는 아닙니다. 다 아버지의 마음을 불편하게 한 아들들입니다. 만약 아버지가 좀 성격이 급했다면 어땠을 것 같습니까? "안 가겠습니다!" 하면 "그래?" 그러고, 그 다음에 간다고 하면 "야, 그만둬라!" 했을지도 모릅니다. 그렇지 않습니까. 안 가겠다고 하고 가는 것, 마음에 안 듭니다. 어딘가 충만함이 없습니다. 억지로 하는 것 같습니다. 또 속으로 무슨 다른 계산을 하고 있는 것 같습니다. 저 같으면 이렇게 말할 것 같습니다. "그만둬라!" 결국 어떤 아들이 필요한 것입니까? "가겠습니다!" 하고 가는 아들입니다. 아버지의 명이 떨어지자마자 "예, 가겠습니다!" 하고 가는 아들이 필요한데, 그런 아들이 없는 것입니다. 예수님께서 보실 때 그런 사람은 없는가봅니다.

이 세 가지 유형의 아들들 가운데에서 여러분은 어느 쪽입니까? 이 세 가지 인간 유형을 예수님께서는 잘 분석하여 말씀하고 계십니다. 첫째, 가겠다고 하고는 안 간 사람은 신학적으로는 서기관과 바리새인들을 가리킵니다. 당시의 종교지도자들입니다. 밤낮 성경을 연구하여 다 안다고 합니다. 그래 하나님의 뜻이 뭐고, 메시아가 언제 오시는지에 대해서 아는 것은 많은데, 말만 하고 실천이 없습니다. 오히려 정작 예수님께서 오시니까 영접하지 않습니다. 이것이 바로 예수님께서 보실 때에는 맏아들 같은 사람들입니다. "가겠습니다!" 하고는 안 갑니다. "가겠습니다!" 하고 하나님의 뜻대로 사는 것처럼 하는데, 사실은 아닙니다. 마음이 없습니다. 아버지가 "포도원에 가서 일하라!" 하니까 갈 마음도 없으면서 "예, 가겠습니다!" 하고 답합니다. 이것은 처세술입니다. 상황에 맞게 적당히 아버지의 심기를 건드리지 않을 생각이지요. 그래 적당하게 대답해놓고 가지는 않는 것입니다. 사실은 대답할 때부터 진실이 없었던 것입니다. 애당초 마음이 없었습니다. 말만 하고, 형식만 있고, 하는 척만 하고, 효자인 척만 하고, 순종하는 척하지만, 진정 순종은 없습니다. 이런 사람들 많습니다. 요즘에는 다들 처세술에 능하기 때문에, 이런 성실치 못한 사람들을 많이 봅니다. 언제나 적당히 듣기 좋은 말을 합니다. 그러나 정작 행동은 없습니다. 이런 처세주의자, 기회주의자가 문제라는 말씀입니다. 진실이 없습니다.

그런가하면 둘째아들은 더 문제입니다. "포도원에 가서 일하라!" 하니까 "안 가겠습니다. 싫습니다!" 합니다. 왜 그랬을까요? 가만히 생각해보십시오. 네가티브(Negative)— 언제든지 "아니오!" 해야 내 존재가 사는 것 같습니다. 어딘가 모르게 "네!" 하면 내가 죽는 것 같습니다. 어떤 가정에서는 부부관계도 그렇다고 합니다. 부부사이에도 가까운 것 같지마는, 남편이 뭐라고 그럴 때 "네!" 하면 친구들이 뭐라고 합니다. 바보같이 네, 네 하고 돌아다니느냐고요. 왜 "아니오!"라고 못하느냐는 것입니다. 마치 "아니오!" 하면 내가 사는 것 같고, 똑똑한 것 같고, "네!" 하면 바보가 되는 것 같습니다. 여러분 생각은 어떻습니까? "네!" 하면 안 됩니까? 요새는 애들까지도 "네!" 하는 것을 싫어합니다. 뭐라고 그럴 때 "네, 알았습니다!" 하면 얼마나 좋습니까. 그런데 "싫어요. 아니오!" 하다가 조금 이따가는 돌이켜서 간다고 합니다. 이러면 "그만둬라!" 하게 되지 않습니까. 그러니까 말이 못되어 먹었습니다. 심리학적으로는 이렇게 말합니다. "아니오!"라고 말해야 자기의 존재의식이 산다고요. 그래야 존재감이 사는 것 같은 생각이 든답니다. 그런데 내가 "네!" 하는 순간에 나는 없어지고, 지금 내게 말씀한 분에게 내가 종속되는 것 같이, 내가 없어지는 것 같이 생각된다는 것이지요. 잘못된 판단입니다. 오히려 "네!" 할 때 내가 살아나고, 내게 말씀한 분의 뜻도 살아나게 되는 것입니다. 요새 보면 "No!" 하는 성격의 사람이 너무나 많습니다. 일단 "No!" 하고보는 것입니다. 왜요? 내가 살아야 되겠으니까요. 내 존재의식 때문에 일단 "No!" 하고 보는 것입니다. 다시 묻습니다. 여러분은 '예스맨'입니까, '노맨'입니까? 말끝마다 "예! 예!" 하고 살아왔습니까? 아니면 "노! 노!" 하고 살아왔습니까? 심지어는 "No!"가 지나쳐서 "정신 나갔냐?" 하면서 산다는 말입니다. 이것은 너무 멀리 간 것입니다.

오늘본문에서 중요한 것은 이 사람은 "아니오!" 했다는 것입니다. 현대인처럼 절대적으로 "안 가겠습니다!" 해놓았습니다. 그러나 오늘복음은 '후에 뉘우치고 갔다'는 데에 있습니다. 예수님께서 말씀하시는 복음의 핵심이 여기에 있습니다. "아니오!" 했지마는, 뒤에 뉘우치고 갔습니다. 누가 아버지의 뜻을 따른 사람입니까? 가겠다고 하고 안 간 사람입니까? 물론 아니지요. 안 가겠다고 하다가도 뒤에 간 사람입니다. 사실 이것은 차선의 선택입니다. 그래서 아들이 하나 더 있으면 좋겠다는 것입니다. "네, 가겠습니다!" 하고 갔으면 좋겠는데, 아들이 가기는 갔는데 아버지의 마음을 딱 긁어놓았습니다. 안 가겠다고 하다가 뒤에 뉘우치고 가는 것, 이것이 인간의 실존입니다. 우리가 지금 그 모양이라는 말입니다. 우리는 지금까지 다 "아니오! 아니오!" 했습니다. 그러나 이제 와서 뉘우치고, 아버지의 뜻을 알고, 하나님의 뜻을 알고, 하나님께 헌신하며 살아오잖아요? 이것이 바로 우리의 모습이라는 말이지요.

뉘우치고 갔다고 말씀하셨는데, 이것은 굉장한 중요한 메시지입니다. 자기중심적인 생각에서 아버지 중심적인 생각으로 이동한 것입니다. "안 가겠습니다!" 할 때에는 "내가 할 일이 많아요. 바빠서 못 가요!" 했지마는, 뉘우칠 때는 "내가 좀 바쁘지만, 아버지의 뜻을 따라야지. 아버지의 마음을 섭섭하게 하면 안 되지. 뿐만 아니라 포도원에 가서 일하는 것이 아버지 일만이 아니지. 그것이 바로 나 자신이 해야 할 일이고, 내 일인데……" 하는 마음으로 발상을 전환했습니다. 자기중심적 생각에서 아버지 중심적으로, 아버지의 뜻을 헤아리는 것으로 생각을 바꾸었다는 말입니다. 이것이 회개입니다. 그래서 오늘본문에 '뉘우쳤다' 하는 말은 완전한 회개를 뜻합니다. 헬라어로 '메타노이아'입니다. 회개는 뒤로 돌아서는 것입니다. 회개는 생각이 아니라 행동입니다. 뒤로 돌아서서 방향을 바꾸었습니다. 자기중심적으로 내 일을 하려던 생각을 아버지의 일로, 내 뜻을 따르던 생각을 아버지의 뜻을 따르는 생각으로 바꿨습니다. 뉘우쳤습니다. 그리고 포도원에 갔습니다. 이 발상의 전환이 언제 이루어집니까?

오늘본문에서 이 아들에 대해 칭찬하고 싶은 것이 하나 있습니다. 이 아들이 집을 나간 탕자처럼 나가서 실컷 돌아다니다가 재산 다 탕진하고, 병들고, 온갖 죽을 고생을 다하다가 마지막에 깨달았다는 그런 회개가 아닙니다. 그 누구처럼 건강할 때 제멋대로 살다가 병들어 죽게 되는 순간에 그제야 뉘우쳤다는 그런 이야기가 아닙니다. 그래서 훌륭한 것입니다. 많은 사람들은 뉘우치고 회개하고 결단을 합니다. 그게 언제입니까? 시련을 당했을 때입니다. 내가 하고 싶은 대로 다 해보고 망한 다음에, 끝난 다음에, 병들어서 죽어갈 때, 그때에 가서야 뉘우칩니다. 참 사람이 미련합니다. 저는 이런 장면을 너무나 많이 봅니다. 조금만 더 미리 생각했더라면 얼마나 좋을까요? 왜 하필이면 이 시점입니까? 왜 다 망한 이 시간에 와서야 생각합니까? 이것은 아니지 않습니까.

웃기는 사람 이야기를 하나 하겠습니다. 옛날에 인천에서 예배당을 짓는데, 헌금을 여섯 번 했습니다. 아무리 헌금을 해도 모자라서 또 하고, 또 하고…… 그리 크지 않은 예배당을 짓는 데에만도 6년이나 걸렸습니다. 공사가 늦어진 것이 아니라, 돈이 모자라서 6년이나 걸리고 그 고생을 한 것입니다. 그런데 어떤 분이 제게 와서 울면서 한마디를 합니다. 그 사람은 울며 말하는데, 저는 웃었습니다. 왜 그런지 아십니까? "이럴 줄 알았으면 헌금이나 할 걸요!" 하더라고요. 이 사람에게 돈이 있었습니다. 돈을 더 불려가지고 헌금한다고 하면서 이자놀이를 하다가 완전히 홀랑 날린 것입니다. 그러고 나서 이 말을 차라리 안 했으면 좋겠는데, 저한테 와서 이런 말을 합니다. "이럴 줄 알았으면 헌금이나 할 걸요." 그러니 제가 웃을 수밖에요. 그 사람은 울지만, 저는 웃었습니다. 왜요? 이게 인간이니까요. 너나 나나 할 것 없이, 꼭 결정적인 시간에 가서야 뉘우치거든요. 다 망한 다음에, 병든 다음에, 이제 끝난 다음에야 가서 "이랬으면 좋았을 걸……" 합니다.

욥도 그랬습니다. 많은 시련 속에 많은 성도들이 다 그랬습니다. 너무나 어려운 그때에 가서 하나님께로 마음을 돌렸습니다. 그런데 오늘 이 아들은 그런 것 같지 않습니다. 그래서 훌륭한 것입니다. 아버지가 "포도원에 가라!" 할 때에 "안 가겠습니다!" 해놓고, 그 때문에 병든 것도 아니고, 벼락 맞은 것도 아닙니다. 그런데 몇 시간 뒤에 생각하니까 아니다 싶어서 "아버지, 제가 포도원에 가겠습니다!" 하고 뉘우치고 갔습니다. 훌륭한 사람입니다. 시점이 문제입니다. 뉘우친 그 모멘텀(Momentum)이 문제라는 말입니다. 내가 시련을 당하고, 다 끝난 다음이 아니었습니다. 아버지 앞에 "아니오!"라고 했지마는, 불과 몇 시간 뒤에 "아버지, 제가 포도원에 가겠습니다!"라고 합니다. 얼마나 좋은 사람입니까. 이것이 바로 이 사람이 택한 차선입니다. 차선에 내리시는 은총이 있습니다.

버나드 로너간(Bernard J. F. Lonergan)의 「Method in Theology」라고 하는 유명한 책이 있습니다. 이 책에서 그는 회심에는 세 가지가 있다고 말합니다. 너무나 상식적이고, 분명한 진리입니다. 첫째, 지성적 회심입니다. 잘못됐구나, 하고 깨닫는 것입니다. 내가 지금 잘못하고 있구나, 하고 생각을 바꾸는 것입니다. 깨달음과 지시에 따라 생각을 바꾸는 지적인 회개가 있습니다. 둘째, 도덕적 회개입니다. 생활에 변화를 만드는 것입니다. 가치관이 변하는 것입니다. 지금까지는 이것이 중요했지마는, 이제는 바뀝니다. 생각을 바꿉니다. 행동을 바꿉니다. 도덕성을 바꿉니다. 행동 전체가 바뀝니다. 그래서 악한 사람이 악을 버리고 선한 길로 돌아옵니다. 이것이 도덕적 회심입니다. 그러나 이것만 가지고는 안 됩니다. 셋째, 종교적 회심입니다. 이것이 중요합니다. 하나님의 뜻으로 돌아와야 됩니다. 생활을 바꾸고, 정직함으로 회복한다고 사람이 달라지는 것이 아닙니다. 하나님 앞에 무릎을 꿇어야 됩니다. "내가 죄인이로소이다!" 하는 회심 말입니다. 하나님 앞에 기도하는 회심입니다. "하나님, 감사합니다. 잘못됐습니다!" 하고 하나님께로 마음을 돌리는 종교적 회심, 이것이 진정한 회심입니다. 오늘 이 둘째아들은 안 가겠다고 함으로써 비록 아버지의 마음을 잠깐은 아프게 했지마는, 뒤에 뉘우치고 갔습니다. 오늘본문에서 예수님께서 말씀하시는 의도를 가만히 보십시오. "저가 아버지의 뜻을 준행했느니라." 하지만 그 준행이 온전한 것은 아닙니다. 최선은 아닙니다. 차선에 불과하지만, 이것을 회개로 받아주시는 하나님께 감사한 것입니다. 그 아버지가 고마운 것입니다.

성경에 보면 탕자가 집을 나갔다가 아버지 생각을 하며 돌아옵니다. 그것이 구원의 길입니다. 여러분이 아시는 대로 다윗 왕은 절대로 의인이 아닙니다. 많은 죄를 범했습니다마는, 다윗에게 결정적인 것은 회개입니다. 나단 선지의 충고를 듣고 즉석에서 회개하고 "내가 죄인입니다!" 하고 인정합니다. 더 놀라운 것은, 깊이 상고해 보면, 시편에 '다윗의 참회록'이라고 부르는 시가 다섯 편이 있는데, 이것은 절절한 다윗의 참회록입니다. 이걸 아무리 읽어봐도 다윗은 다른 사람을 원망하는 일이 없습니다. 누구 때문이라는 말이 없습니다. "누구누구 때문입니다!"라는 말이 없습니다. 다만 내가 죄인입니다. "내가 죄를 지었나이다!" 하고 회개했습니다. 그 때문에 하나님께서는 다윗을 사랑하십니다. 얼마나 사랑하셨는지, 신구약 성경에 다윗이라는 이름이 8백 번이나 나옵니다. 사람의 이름 가운데 제일 많이 나오는 것이 다윗입니다. 하나님께서는 다윗을 지극히 사랑하십니다. 왜요? 그는 회개한 죄인이기 때문입니다. 깊이 생각해야 합니다. 비록 뒤에 뉘우치고 왔지마는, 이 뉘우친다고 하는 사실을 귀하게 보시고 받아주십니다. 마태를 받아주시고, 막달라 마리아를 받아주시고, 삭개오를 받아주십니다. 누구든, 어느 순간이든, 회개하는 바로 그 순간, 하나님께서는 기뻐 영접해주십니다. 의롭다 하십니다.

그래서 오늘본문 31절에 엄청난 말씀이 있습니다. 어떤 분은 이렇게 말합니다. 바로 이 말씀이 아마도 바리새인 서기관들의 마음을 건드리게 되어 예수님께서 십자가에 죽으셔야 했는지도 모르겠다고요. 왜요? 보십시오. "그 둘 중의 누가 아버지의 뜻대로 하였느냐 이르되 둘째 아들이니이다 예수께서 그들에게 이르시되 내가 진실로 너희에게 이르노니 세리와 창녀들이 너희보다 먼저 하나님 나라에 들어가리라." 이런 말씀을 하고 살아남을 수가 있겠습니까. 예수님께서는 당시의 유명한 종교지도자들에 둘러싸여 계셨는데, 그들이 가장 멸시하는 세리와 창기를 비교하면서 세리와 창기들이 너희보다 하늘나라에 먼저 들어간다고 하셨습니다. 왜요? 저들은 회개했고, 너희들은 말만 하고 회개하지 않는다는 의미입니다. 이 얼마나 확실하고 단호한 말씀입니까. "세리들과 창녀들이 너희보다 먼저 하나님의 나라에 들어가리라." 왜요? 회개한 죄인이기 때문입니다. 오늘본문 가운데에 나오는 '뒤에 뉘우치고 갔느니라 저가 아버지의 뜻을 행하였느니라'라는 말씀에 복음이 있습니다. △

한 순례자가 들은 복음

주의 사자가 빌립에게 말하여 이르되 일어나서 남쪽으로 향하여 예루살렘에서 가사로 내려가는 길까지 가라 하니 그 길은 광야라 일어나 가서 보니 에디오피아 사람 곧 에디오피아 여왕 간다게의 모든 국고를 맡은 관리인 내시가 예배하러 예루살렘에 왔다가 돌아가는데 수레를 타고 선지자 이사야의 글을 읽더라 성령이 빌립더러 이르시되 이 수레로 가까이 나아가라 하시거늘 빌립이 달려가서 선지자 이사야의 글 읽는 것을 듣고 말하되 읽는 것을 깨닫느냐 대답하되 지도해 주는 사람이 없으니 어찌 깨달을 수 있느냐 하고 빌립을 청하여 수레에 올라 같이 앉으라 하니라 읽는 성경 구절은 이것이니 일렀으되 그가 도살자에게로 가는 양과 같이 끌려갔고 털 깎는 자 앞에 있는 어린 양이 조용함과 같이 그의 입을 열지 아니하였도다 그가 굴욕을 당했을 때 공정한 재판도 받지 못하였으니 누가 그의 세대를 말하리요 그의 생명이 땅에서 빼앗김이로다 하였거늘 그 내시가 빌립에게 말하되 청컨대 내가 묻노니 선지자가 이 말한 것이 누구를 가리킴이냐 자기를 가리킴이냐 타인을 가리킴이냐 빌립이 입을 열어 이 글에서 시작하여 예수를 가르쳐 복음을 전하니 길 가다가 물 있는 곳에 이르러 그 내시가 말하되 보라 물이 있으니 내가 세례를 받음에 무슨 거리낌이 있느냐 이에 명하여 수레를 멈추고 빌립과 내시가 둘 다 물에 내려가 빌립이 세례를 베풀고 둘이 물에서 올라올새 주의 영이 빌립을 이끌어간지라 내시는 기쁘게 길을 가므로 그를 다시 보지 못하니라

(사도행전 8 : 26 - 39)

한 순례자가 들은 복음

여러분이 너무나 잘 아시는 저 러시아의 대문호 톨스토이는 「살아갈 날을 위한 공부」라는 작은 책에서 우리한테 이렇게 충고하고 있습니다. '진정한 지식이란 뭐냐?' 그는 지식에 대해서 말합니다. '모르는 것이 부끄러운 것이 아니다.' 무엇을 모른다고, 알아야 할 것을 미처 몰랐다고 부끄러워할 일이 아닙니다. 전혀 그렇지 않습니다. 그 자체가 문제입니다. 부끄러울 일이 없습니다. 왜요? 어차피 다 알지는 못하니까요. 또 다 알 필요도 없고요. 그런고로 더 알고 덜 알고, 알고 모르고…… 여기에 너무 많이 신경 쓸 필요가 없습니다. 어차피 무식하니까요. 다 무식한 것입니다. 이걸 잊지 말아야 합니다.

또 그는 이렇게 충고합니다. '지식의 양이 아니라 지식의 질이 문제다.' 어떤 것을 알았느냐가 문제지, 쓸데없는 걸 많이 알아서 뭘 하겠습니까. 알면 알수록 문제는 더욱더 복잡해지기만 합니다. 요즈음을 가리켜 '과잉정보의 시대'라고들 말합니다. '과잉 TV채널'이라고 하는 말도 있습니다. 요새는 텔레비전에 채널들이 너무나 많아서 리모컨을 손에 들고 도대체 어디를 봐야 될지 모르겠습니다. 한참 돌아가다 보면 끝도 없습니다. 과잉지식으로 정보관리능력을 잃어버렸습니다. 그래서 요사이 이런 말을 씁니다. '선택이 딜레마'라고요. 무엇을 선택해야 될지, 그걸 결정할 수 없습니다. 쓸데없는 감동, 쓸데없는 지식, 쓸데없는 정보에 우리가 시달리고 있다는 것을 잊지 말아야 합니다. 그래서 여러분, 단순하게, 더 단순하게 살아가는 것이 좋겠습니다.

여러분 손에 다 스마트폰이 있으시지요? 이것만 열면 별것이 다 보입니다. 손 안에서 세상이 다 보입니다. 하지만 저는 아직도 일반 폴더폰을 씁니다. 왜요? 저는 전화를 받는 일 이상은 할 생각이 없으니까요. 제가 쓰는 이 전화기에는 따로 별명이 있습니다. 바로 '고3전화기'입니다. 고3에게는 이런 전화기가 필요합니다. 고3이 스마트폰을 가지고 있으면서 이것저것 하다가는 공부할 시간을 손해보게 되니까요. 그래서 '고3전화기'라고 하는 것입니다. 또한 이 전화기의 별명은 '장군전화기'이기도 합니다. 사실입니다. 나라에서 장군이 되는 사람에게 바로 이 전화기를 줍니다. 스마트폰 쓰지 말고 이것만 쓰라는 뜻으로 선물로 주는 것입니다. 제가 그걸 확인했습니다.

정보가 너무 많습니다. 보는 것도 많고, 들려오는 것도 많아서 정신을 차릴 수가 없습니다. 그것이 바로 우리의 현실이다, 이것입니다. 그래서 말입니다. 쓸데없는 걸 너무 많이 알다보니, 정작 꼭 알아야 할 것은 모르게 된다는 말입니다. 이걸 잊지 말아야 합니다. 둘 다 알 수는 없습니다. 쓸데없는 것을 많이 아는 사람은 알아야 될 것을 모른다, 이 말입니다. 그런가 하면 다음과 같은 말도 있습니다. '많은 책을 읽고 묻어버리면 아무 책도 읽지 아니한 것보다 못하다.' 많은 지식을 얻었습니다. 하지만 '실천하지 않으면 책을 읽지 않은 것만 못하다.' 왜 그렇겠습니까? 책 읽은 것 때문에 교만해졌거든요. 아무것도 얻은 것은 없이 머리만 벙벙해졌습니다. 교만해졌습니다. 그런고로 자기 정체를 올바로 알 수 없는 사람이 되고 만다, 이것입니다. 그 옛날에 톨스토이가 벌써 이렇게 우리에게 말해주었습니다.

지식 가운데에서 가장 중요한 지식, 절대지식이 뭐겠습니까? 그것은 하나님에 대한 지식입니다. 나 자신에 대한 지식이 아닙니다. 세상정보가 아닙니다. 하나님을 알아야 합니다. 왜요? 곧 하나님을 만나뵈어야 될 테니까요. 우리는 다 하나님 앞으로 가고 있으니까요. 아니, 하나님의 능력과 지혜 안에 우리가 있고, 그 섭리 안에 우리가 있기 때문에 다 몰라도 하나님은 알아야 됩니다. 하나님을 알 수 있는 그 길 가운데 월터 힐튼(Walter Hilton)이라고 하는 14세기의 유명한 영성가가 있습니다. 그가 남긴 기록에 이런 말이 있습니다. '인간은 세 단계로 지식을 얻는다. 첫 단계는 이성적 판단을 통한 하나님에 대한 지식이다.' 로마서 1장 19절은 말씀합니다. "하나님을 알 만한 것이 그들 속에 보임이라." 모든 사람이 하나님을 알 만한 것이 그 속에 있는데, 이걸 스스로 부정하고 거역하므로 모르게 된다는 말씀입니다. 알 수 있는데 모르게 된 것이 인간이라는 것입니다.

세상에는 수많은 직업들이 있습니다. 기술자도 있고, 장사하는 사람도 있고, 군인도 있고, 교수도 있고…… 이런 여러 직업들 가운데 통계적으로 보면 예수 제일 많이 믿고, 잘 믿는 직업이 바로 의사입니다. 왜 그럴까요? 의사는 환자를 치료하면서 신비를 느낍니다. 어느 외과의사의 고백입니다. 상처를 되는 대로 꿰매놓으면 저절로 붙는답니다. 어려워서 제대로 못하고 그냥 대충 꿰매놓아도 다 저절로 붙고 잘 아무는데, 참 신기하답니다. 수술대에서 환자를 치료하면서 사람의 운명을 느끼게 되고, 마지막으로 환자가 죽어가는 장면을 보면서 신비로운 세계, 하나님의 세계를 느끼게 되는 것이지요. 이래서 의사가 직업적으로 예수를 잘 믿는다, 이것입니다. 우리 장로님들 가운데에도 의사가 많습니다. 깊이 생각해보십시다. 이성적으로도 충분히 하나님께 가까이 갈 수 있는 길이 있습니다. 이것도 엄연히 하나의 길입니다.

두 번째 단계는 헌신을 통하여 하나님을 자기 사랑의 행위 속에서 몸으로 알게 되는 것입니다. 참 중요한 이야기입니다. 사랑으로 하나님을 아는 단계— 무슨 말인가 하니, 어머니가 자식을 낳아서 키우지 않습니까. 그 철없는 것을 돌보고 젖을 먹이느라 얼마나 정성과 희생을 다합니까. 어머니는 그렇게 자식을 위해 희생을 하면서 사랑을 느낍니다. 하나님의 사랑을 배우게 됩니다. 정말로 그렇습니다. 하나님과 우리의 관계를 우리는 자식을 낳아 키우면서 주고받는 깊은 사랑 속에서 조금이나마 알 수 있습니다. 희생적인 사랑의 행위 속에서 하나님을 알 수 있다, 이것입니다.

세 번째는 묵상을 통해서 하나님께 나아가는 단계입니다. 정말 그렇습니다. 묵상이 필요합니다. 현대인의 결정적인 약점은 묵상이 없다는 것입니다. 아니, 묵상할 시간이 없습니다. 조용히 시간을 내십시오. 묵상의 시간을 확보하십시오. 아무리 바빠도 묵상의 시간이 필요합니다. 하나님 앞에 서 있는 나를 바라볼 수 있는 시간입니다. 하나님 앞에서의 일, 하나님과 나와의 관계를 깊이 생각하며 하나님께 나아가고, 하나님의 크신 은혜에 응답하는 그 묵상이 꼭 필요하다는 말입니다. 그래서 루이스 교수는 이렇게 말합니다. '인간의 최대의 존엄성은 주도력이 아니라, 하나님의 부르심에 대해 응답할 수 있다는 것이다.' 하나님의 음성을 들을 수 있고, 하나님의 사랑을 느낄 수 있고, 하나님의 부름에 응답할 수 있다는 것이 인간 존엄성의 기본이다, 이것입니다.

오늘본문에 나오는 한 순례자의 모습에 우리들의 모습을 비춰 보시기 바랍니다. 이 사람은 에디오피아의 유명한 간다게의 국고를 맡은, 요즘으로 말하면 재무부 장관이나 기획재정부 장관입니다. 아주 권세 있는 사람이지요. 그래서 정치적으로는 에디오피아의 고관이지만, 신앙적으로는 유대교를 믿는 사람입니다. 그래서 에디오피아, 그 먼 곳으로부터 예루살렘까지 순례의 길을 와서 하나님의 말씀을 배우고, 성전에서 예배하고, 그리고 돌아가는 길입니다. 그는 경건한 사람입니다. 그래서 오늘본문은 아주 조용하면서도 큰 충고를 우리에게 줍니다. 그는 지금 여행 중입니다. 그래 병거(수레)에 앉아서 성경을 읽고 있었습니다. 죽을병이 들어 병상에 누워서 읽는 것이 아닙니다. 어려운 시련을 겪어서 마지못해 죽기살기로 하나님 앞에 부르짖는 것이 아닙니다. 병거를 타고 돌아가는데, 그 병거 안에서 성경을 읽었다는 것은 그가 일상적으로 성경을 읽었다는 뜻입니다. 성경읽기가 일상생활이 되어 있었다, 이것입니다. 아주 중요합니다.

제가 우리 교인들 가정이나 사무실을 방문했을 때 책상이나 응접탁자 한가운데 성경책이 딱 놓여 있으면 제 마음이 얼마나 기쁜지 모릅니다. 제발 부탁입니다. 아침에 출근해서 성경을 읽으십시오. 중요한 일을 결정할 때 성경을 읽으십시오. 저녁에 잠들기 전에 성경을 읽으십시오. 성경을 손에서 놓으면 안 됩니다. 항상 일상적으로 성경 읽는 일이 생활화되어야 합니다. 꼭 어려워서, 꼭 병들어서, 꼭 죽을 지경이 되어가지고 읽어야겠습니까. 이건 안 됩니다.

제가 교인들을 돌보면서 제일 슬펐던 일이 무엇인지 아십니까? 교인 가정에 심방을 사서 “예배드립시다!” 하고 제가 성경책을 펴놓으면 그 가정에서도 각자 자기 성경책을 가져와야 할 것 아닙니까. 한데 성경책이 어디에 있는지를 모릅니다. 이리 뒤지고, 저리 뒤지다가 선반 위에 올려둔 것을 꺼내가지고 오는데, 먼지를 툭툭 털어서 가져옵니다. 아, 그게 제 마음을 참 슬프게 합니다. 여러분, 제발 이러지 마십시오. 하나님의 말씀을 일상적으로 가까이해야 합니다. 건강하든 병들든, 잘 되든 안 되든 아침에는 묵상하고 성경을 읽고, 저녁에는 자기 전에 성경을 읽고, 또 중요한 일을 결정할 때마다 성경을 읽고…… 이렇게 성경읽기가 일상화되어야 합니다. 이제부터라도 다시 시작하십시다. 항상 성경이 내 책상 위에 있고, 내 안에 있어야 합니다.

오늘본문에 나오는 이 순례자는 이름도 없습니다. 그런데 병거를 타고 가는 중에 그 흔들리는 마차 속에서 성경을 읽고 있었습니다. 그랬기 때문에 주께서 빌립을 보내시어 이 사람으로 하여금 바른 길을 찾도록 해주십니다. 그때 읽고 있던 성경이 이사야서였습니다. 빌립이 묻습니다. "읽는 것을 깨닫습니까?" 그러자 그가 아주 겸손하게 말합니다. "지도해 주는 사람이 없으니 어찌 깨달을 수 있겠습니까." 성경은 읽고, 묵상하고, 기도하는 것만으로는 충분하지 않습니다. 플러스 알파, 지도해주는 사람이 있어야 됩니다. 이걸 바른 방향으로 읽어야 되고, 바른 뜻으로 읽어야 됩니다. 그냥 내가 혼자서 읽으면 그러는 가운데 좀 빗나갈 수도 있고, 잘못 생각할 수도 있으니까요. 성경을 읽고 지도하는 이가 있고, 또 지도를 받아들이는 마음도 필요합니다.

사도행전 4장에 특별히 중요한 말씀이 있습니다. 초대교회, 성령이 충만한 교회, 유무상통하는 그 은혜로운 교회의 모습을 설명하는 가운데 사도의 가르침을 받았다는 말씀이 나옵니다. 성령 충만해서 하나님을 찬양하고, 굉장한 사건이 일어나는데 사도의 가르침을 받았다니, 이 무슨 말씀입니까? 여기서 사도는 갈릴리 사람입니다. 예루살렘 사람들이 볼 때 사도는 정말 무식한 사람입니다. 그렇지 않아도 사도행전 4장에 '아그라마타'라는 말이 있습니다. 이것을 우리는 흔히 '학문 없는 자'라고 번역합니다마는, 헬라어 원문 '아그라마타'는 '글도 읽지 못하는 사람' 곧 '문맹인'이라는 뜻입니다. 예루살렘 사람들이 볼 때에는 베드로와 요한 같은 사람들이 아그라마타, 글도 못 보는 문맹인입니다. 그만큼 아주 업신여긴 것입니다. 그러나 성령 충만한 교인은 그렇지 않습니다. 갈릴리에서 온 이 어부들은 주와 함께한 주님의 제자요, 주 부활의 증인들입니다. 그런고로 성령 충만한 은혜로운 교회에서는 베드로와 요한의 가르침을 받았습니다. '내가 성령 받았다.' '내가 직통했다.' 이것이 아닙니다. 사도의 가르침을 받은 것입니다. 여기서 사도적 권위가 형성되는 것입니다. 여기에 교회론적 의미가 있습니다. 지도함을 받은 것입니다.

오늘본문에서 이 사람, 성경을 읽는데 가르쳐주는 사람이 없으니 어찌 알 수 있겠느냐고 반문합니다. 참 중요한 말입니다. 이런 말씀이 있지요? '사도들의 가르침을 받아 서로 교제하며 떡을 떼며 기도하기를 전혀 힘 쓰니라.' 가르침을 받는다고 하는 이 말씀, 얼마나 소중한지 모릅니다. 그 다음도 중요합니다. 이 사람은 말합니다. "선지자가 이 말한 것이 누구를 가리킴이냐 타인을 가리킴이냐(34절)." 이 사람, 참 훌륭하지 않습니까. 성경을 아무 생각 없이 그냥 읽은 것이 아닙니다. 누구를 가리킴이냐? What이 아니고 Who입니다. '무엇'이 아니라 '누구'에 대해서 관심이 있는 것입니다. 누구를 가리킴이냐? "이 글에서 시작하여 예수를 가르쳐 복음을 전하니(36절)." 빌립은 예수 그리스도를 가르쳐줍니다. 그렇습니다. 이걸 꼭 잊지 마십시오. 성경을 읽을 때마다 'What(무엇이냐)?'이 중요하지 않고, 'Who(누구냐)?'가 중요합니다. 병자가 나았느냐, 5천 명이 먹었느냐, 바다를 고요하게 했느냐, 죽은 자를 살렸느냐…… 이런 이야기가 중요한 것이 아닙니다. '그가 누구냐? 이 사건이 누구를 말해주고 있느냐?' 예수님이 하나님의 아들이심을 말해주고 있고, 하나님 되심을 말해주는 것이거든요. 그런고로 무엇이냐가 아닙니다. 누구냐에 초점을 맞추어야 됩니다.

우리는 신앙생활에서 잘못되는 경우가 많습니다. 겉으로는 아무리 열심히 신앙생활 하고, 아무리 열심히 교회생활 하는 것 같아도 가만히 그 중심을 보면 항상 보상심리가 있습니다. 이렇게 저렇게 하면 복을 받는다, 복을 받겠다는 생각입니다. 봉사해서, 예배드려서, 기도해서, 철야기도 해서 복 받겠다는 것입니다. 병도 낫고, 사업도 잘 되고, 성공하고…… 전부 보상심리입니다. 이런 생각으로 영혼이 꽉 차 있습니다. 소극적으로는, 죄를 많이 지었으니까 이렇게라도 해서 형벌을 면하겠다는 생각입니다. '내가 못할 짓 많이 했는데, 교회를 위해서 이렇게 열심히 일하고, 헌금도 많이 하면 내 죄가 용서되지 않을까?' 이런 생각이 그 심리에 있다는 말입니다.

그런가하면 나한테 오는 현세적 유익이 무엇인가, 하고 손익계산을 합니다. 사회에서 잃어버린 명예를 교회에서 찾으려고 합니다. 봉건주의적 사회에서 잃어버린 양반신분을 교회에서 찾으려고 합니다. 그래서 집사가 되고, 장로가 됩니다. 그리고 이것이 고스란히 양반의 자리를 차지합니다. 종교귀족이 되는 것이지요. 이 얼마나 잘못된 생각입니까. 이런 생각을 안고 교회에 나오고들 있다, 이것입니다. 아닙니다. 설교를 들으나, 기도를 하나, 예배를 하나, 모든 일에서 초점은 오로지 예수 그리스도입니다. 예수 그리스도를 알고, 예수 그리스도를 만나고, 예수 그리스도의 음성을 듣는 데에 초점을 맞추어야 됩니다. 성경 어디를 보든지 예수를 만나야 됩니다. 구약을 봐도 예수를 만나고, 신약을 봐도 예수를 만나야 합니다.

제가 옛날에 신학대학을 졸업할 무렵 졸업논문을 쓰라고 해서 '뭘 쓸까?' 하다가 '구약에 나타난 그리스도의 부활사상'이라는 주제를 선택했습니다. 제 딴에는 야심적인 시도여서 열심히 썼습니다. 그래서 상도 받고 그랬습니다. 왜요? 우리가 구약을 많이 읽지만, 구약에서도 예수를 만나야 합니다. 예수의 부활이 거기에 예표적으로 계시되어 있기 때문입니다. 이 내용을 찾아서 논문으로 썼던 것입니다. 예를 들어, 예수님께서 가버나움에 가셨을 때 하신 말씀을 보십시오. 이사야서를 읽으시고 나서 이렇게 말씀하셨습니다. "이 말씀이 너의 귀에 응하였느니라." 끝. 딱 이 한마디입니다. 요새 이걸 가리켜 설교학적으로 이렇게 말합니다. 'Not interpretation. But application(해석은 없다. 적용이 있다).' 이것이 현대설교의 과제다, 이것입니다. 사실입니다. 예수님께서는 이사야서를 보고 말씀하십니다. 요새 아마 어느 목사님이 설교한다면 이랬을 것입니다. 이사야 당시의 정치상황이 어떻고, 경제상황이 어떻고, 나라가 어떻고…… 하지만 예수님께서는 길게 말씀하시지 않습니다. "이 말씀이 오늘 너의 귀에 응하였느니라." 끝. 이것이 예수님의 말씀입니다. 그런고로 언제나 성경에서 예수님을 만나고, 예수님과 나 사이의 관계를 나한테 적용하는 것입니다. 확실히 중요합니다. 성경을 읽으면서 그리스도를 만나야 합니다. 그리스도의 얼굴이 보여야 합니다. 주님의 음성이 들려야 합니다. '내가 너를 사랑하노라!' 하는 주님의 음성이 들려야 합니다.

저는 목회생활 하는 동안 다음과 같은 잊을 수 없는 귀한 경험을 한 바가 있습니다. 소망교회 장로님들 가운데 한 분이 병으로 한양대학 부속병원에 입원을 하셨는데, 제가 어쩌다 그만 방문할 기회를 놓쳤습니다. 그래 차일피일 미루고 있던 어느 날, 밤 10시가 넘은 시각에 한 야간 신학대학에서 강의를 마치고 돌아오다가 문득 그 생각이 났습니다. '아, 지금 장로님이 저 병원에 입원해 계시지.' 그래 생각난 김에 바로 차를 몰고 밤 10시 반에 그 병원으로 갔습니다. 마침 장로님이 병실에 혼자 계십디다. 침대 위에 무릎을 꿇고 앉아 성경을 손에 펴들고 기도하는 중이었습니다. 얼마나 아름답고 거룩하고 귀한 시간입니까. 그래 제가 빙그레 웃으면서 "장로님, 뭘 하고 계세요?" 하니까 이렇게 답하십니다. "지금 회개하고 있습니다. 제가 젖먹이 시절부터 시작해서 지금까지 일생동안 저지른 모든 죄를 자복하고 회개하느라고 지금 이러고 있습니다." 그래서 제가 "그래요. 그 죄가 많은가보죠?" 하니 "많죠!" 합니다. "회개가 잘 됩디까?" "그게 문제입니다." 그러면서 털어놓는데, 자기가 이런 때 이런 죄를 지었고, 저런 때 저런 거짓말을 했고, 하면서 회개를 하는데, 귀에 이런 말씀이 들려오더랍니다. "그때도 내가 너를 기다렸느니라. 내가 너를 사랑했느니라. 내가 너를 벌써 용서했느니라." 회개하면 들려오고, 회개하면 들려오고…… 그래서 이렇게 고백합니다. "하나님의 사랑 앞에서는 회개도 마음대로 못 하겠습니다." 너무나 귀한 간증이었습니다. 여러분, 우리는 '내가 너를 사랑하노라! 내가 너와 함께 있었노라! 내가 너를 기다렸노라!' 하는 주의 음성이 들릴 때까지 기도해야 합니다.

칼 바르트는 말합니다. '하나님의 말씀이 성경 안에서 너희를 기다린다(Word of God wait for us in the bible).' 지금도 기다리고 계십니다. 경건한 마음으로, 바른 자세로 읽어보십시오. 묵상하면서 읽으십시오. 그 속에서 주의 음성이 들립니다. 뿐만 아니라, 누가복음 24장 32절에 보면 부활하신 예수님께서 나타나셨을 때에 제자들이 예수님을 만나고 나서 이런 말을 합니다. "우리 속에서 마음이 뜨거워지지 않더냐?" 그렇습니다. 내가 성경을 읽고, 또한 지도하는 사람의 지도도 받고, 경건한 마음으로 묵상하며 읽을 때 성령이 함께하셔서 마음이 뜨거워집니다. 마음이 뜨거워짐을 경험할 때 비로소 가까이 주의 음성을 듣게 되는 것입니다.

이름도 없는 한 순례자가 빌립을 만나서 예수를 믿고, 돌아가 에디오피아에 교회를 세웠습니다. 지금도 에디오피아에 가면 2천 년 된 교회가 그대로 있습니다. 그 에디오피아에 가서 교회에 딱 들어가 보면 이 생각이 납니다. 이 사람이 예루살렘 교회에 갔다가 오면서 빌립을 만나 예수 믿고, 여기에 와서 교회를 세웠습니다. 2천 년 동안 이 교회가 면면히 이어지고 있습니다. 얼마나 소중한 사건입니까. 오늘본문말씀대로 한 순례자가 성경을 읽고, 빌립을 만나고, 성령에 감동을 받고, 바로 응답해서 세례를 받습니다. 이 귀한 순례자의 본을 따라서 우리 또한 순례자의 바른 길을 가야 할 것입니다. △

온전히 기쁘게 여기라

내 형제들아 너희가 여러 가지 시험을 당하거든 온전히 기쁘게 여기라 이는 너희 믿음의 시련이 인내를 만들어내는 줄 너희가 앎이라 인내를 온전히 이루라 이는 너희로 온전하고 구비하여 조금도 부족함이 없게 하려 함이라

(야고보서 1 : 2 - 4)

온전히 기쁘게 여기라

온 세계에 흩어져 있는 유대사람들을 다 합하면 한 5백만 명 정도 된다고 합니다. 이들은 회당에 모일 때마다 특별한 자기들의 신앙을 고백하며 하나님 앞에 예배를 드리는데, 그런 모습을 우리가 흔히 볼 수 있습니다. 이 유대사람들의 특징 가운데 하나는 그들이 매우 낙천적이고 낙관적인 세계관을 가지고 산다는 것입니다. 이 낙천주의가 결국은 철학이 아니고 신앙이라는 것을 우리는 잊어서는 안 됩니다. 해마다 유월절이 되면 유대사람들은 회당에 다 모여서 '아니마민'이라는 노래를 부릅니다. '아니마민'이란 히브리말로 '나는 믿는다'는 뜻입니다. 이 노래는 히틀러가 무려 6백만 명이나 되는 유대사람들을 잡아서 학살을 하던 시기 아우슈비츠 감옥에 수용되어 있던 한 유대사람이 작사 작곡한 노래입니다. 그가 구체적으로 누구인지는 알려져 있지 않습니다. 처형을 코앞에 둔 그 절박한 시간에 유대사람들이 서로 손에 손을 잡고 함께 부른 노래가 바로 '아니마민'입니다. 그 노래가 오늘까지 이어져오고 있습니다. 그래 유대사람들은 이 노래를 아주 소중하게 여깁니다. 내용은 이렇습니다. '우리들은 구세주가 오실 것을 믿고 있다. 다만 구세주께서 나타나시는 시간이 조금 늦어질 뿐이다. 나는 믿는다.' 이렇게 신앙을 고백하고, 용기를 버리지 않고 끝까지 믿음으로 살아가는 유대사람들의 신앙고백입니다. 아니나민, 나는 믿는다.

우리는 가끔 시험을 당합니다. 그럴 때 크게 실수하는 것이 하나 있습니다. 무엇이 시험인지, 그걸 모른다는 점입니다. 우리는 흔히 이렇게 생각합니다. '이것은 시험이지만, 저것은 시험이 아니다.' 또는 이렇게도 생각합니다. '이것은 시련이지만, 저것은 시련이 아니다.' 무엇을 시험으로 생각하느냐? 이 시험 자체에 대한 정의에 오해가 있습니다. 내가 시험받는다고 생각될 때, 내 소원대로 안 될 때, 건강한 사람이 병들 때, 사업이 잘 나가다가 무너질 때, 뜻하지 않게 지진과 같은 천재지변이 생길 때 우리는 그런 사태들을 두고 흔히 이렇게 생각합니다. '시험을 당한다. 시련을 당한다.' 하지만 그렇지가 않습니다. 이는 큰 오해입니다. 보십시오. 사실은 병보다 건강이 더 큰 시험입니다. 병든 사람은 큰 죄를 짓지 않습니다. 그래서 조지 폭스(George Fox)의 유명한 명언이 있습니다. '사탄도 병들면 천사가 될 수 있다.' 악한 사람도 병들면 착한 사람이 될 수 있습니다. 여러분 스스로가 날마다 경험하고 있지 않습니까. 그렇다면 병과 건강 어느 쪽이 시험이냐, 할 때 우리는 당연히 병드는 것이 시험이라고 생각하기 쉽지만, 천만에요. 건강이 시험입니다. 또 손해냐 이익을 보느냐, 사업이 잘 되어 수익을 얻었느냐 손해를 봤느냐, 하는 것도 마찬가지입니다. 당연히 손해를 보는 것이 시험이겠지요. 그러나 사실은 그렇지가 않다, 이것입니다. 사업이 잘 되는 것이 시험입니다. 함정입니다. 실패냐 성공이냐? 우리는 누구나 자기 주관적인 견지에 따라서 실패와 성공을 나눕니다. 그래서 성공은 축복이고, 실패는 시련이라고 말합니다. 하지만 아닙니다. 정작은 성공이 더 무서운 시험입니다. 이걸 모른다는 것입니다. 여기에 시험에 대한 크나큰 오해가 있습니다. 우리는 성공만 축복이라고 여기고, 실패는 시련이라고 여깁니다. 아니올시다. 성공이 더 무섭고 더 큰 함정입니다. 이걸 진작 알았어야 합니다. 언제나 어디에나 시험은 있습니다.

오늘본문에 깊이 생각할 것이 있습니다. 시험의 초점이 어디에 있느냐는 것입니다. 도대체 그 중심이 어디에 있습니까? '시험'이란 헬라어로 '페라조'인데, 이 말을 영어나 한국어에서는 두 가지 뜻으로 생각합니다. 하나는 시험, 하나는 시련입니다. Testing, 시험은 부정적인 의미입니다. 사람을 시험해서 넘어뜨리고, 쓰러뜨리고, 약점을 건드려 실족하게 하는 것입니다. 그러나 더 잘 되고, 더 성공하게 하기 위해서, 더 강하게 하기 위해서, 더 온전하게 하기 위해서 이루어지는 시험은 시련입니다. 그러니까 사건은 같은 사건입니다마는, 나 자신의 주관적 해석으로, 주관적 경험으로 시련이 될 수도 있고, 시험이 될 수도 있는 것입니다. 시험은 나를 넘어지게 합니다. 그러나 시련은 나를 세우게 하고, 더 온전하게 합니다. 그런고로 신앙이란 무엇입니까? 바로 시험을 시련으로 바꾸는 것, 그것이 신앙입니다. 넓게 말해서 모든 시험을 나를 향한 시련으로 그 의미를 바꾸어가는 것이 신앙생활입니다. 신앙인의 눈으로 볼 때 시험은 없습니다. 시련이 있을 뿐입니다. 이 얼마나 중요한 말씀입니까.

오늘본문의 핵심은 이것입니다. "너희 믿음의 시련이……(3절)" 믿음의 시련, 그 시련의 중심, 시련의 초점, 시련의 마지막 결정이 믿음에 있다는 것이지요. 성공이냐, 실패냐? 이렇게 손익계산 할 것이 아닙니다. 돈을 벌었느냐, 못 벌었느냐? 이렇게 묻지 마십시오. 중요한 것은 믿음입니다. 이걸 통해서 내가 믿음을 얻었느냐, 믿음을 잃었느냐를 물어야 합니다. 가장 중요한 것은 믿음입니다. 믿음은 금보다 귀합니다. 우리의 생명을 좌우하는 것도 믿음이고, 우리 평안의 근본도 믿음이고, 우리 행복의 기본도 믿음입니다. 그럼 이 믿음을 중심에 놓고 생각해봅시다. 믿음을 얻었으면 시련이고, 믿음을 잃어버렸으면 시험입니다. 여기에 초점을 맞추어야 합니다. 시련을 통해서 우리는 '내가 무엇을 믿느냐?' 하는 것을 생각하게 됩니다. 믿음의 내용을 바꾸는 것입니다. 믿음의 초점을 바꾸는 것입니다. '돈? 믿을 것이 못 된다. 건강? 이것도 믿을 것이 못 된다. 믿음? 무엇을 믿느냐? 어디까지 믿느냐? 얼마나 믿느냐? 얼마나 온전하게 믿느냐?' 여기에 초점을 맞추고 우리의 시련을 평가해봐야 된다는 말씀입니다.

오늘본문은 바로 이 문제에 대해서 친절하게 가르쳐줍니다. "너희 믿음의 시련이 인내를 만들어내는 줄 너희가 앎이라." 인내입니다. 끈기, '슈퍼메네인'입니다. 믿음이 있습니다. 믿음에 끈기가 있어야 됩니다. 사랑이 있습니다. 사랑에 인내가 있어야 됩니다. 무슨 일이든지 지속력이 있어야지요? 이것이 안 되면 다 소용없습니다. 끈기는 시련 속에서 얻어지는 것입니다. 사랑한다고 하지만, 감상적인 사랑은 별것 아닙니다. 시련이 있어야 사랑이 깊어집니다. 사랑에 끈기가 생깁니다. 사랑이 온전해지고, 순결해집니다. 시련 없이는 이런 일이 이루어지지 않습니다. '시련은 인내를 만든다. 믿음의 시련이 인내를 만든다.' 아주 중요하고 구체적인 말씀입니다. 그래서 확실한 믿음이 인내를 만듭니다. 끈기 있게, 줄기차게…… 그때 가서야 비로소 온전한 믿음이 되는 것입니다. 다 잃어버리고도 믿음을 얻었으면 성공입니다. 다 잃어버리고도 믿음만 온전하게 되었다면 그는 크게 성공한 셈입니다. 반대로 생각하면, 다 얻고도 믿음을 잃어버렸으면 그것은 실패입니다. 전적으로 실패한 것입니다.

저는 요새 신문에서 심심찮게 그런 장면을 보고 조금 섭섭하게 생각하는 것이 있습니다. 보니까 돈 많은 사람들은 심심해서 이혼하더구먼요? 이혼할 만한 사유도 별로 시원치 않습니다. 그냥 취미삼아 이혼하는 것으로 보입니다. 그렇다면 결국 무엇입니까? 돈은 많은데 사랑은 잃어버린 것입니다. 돈은 많은데 믿음은 잃어버린 것입니다. 참 불행한 사람입니다. 실패한 사람입니다. 다 잃어버려도 믿음을 얻었다면 성공한 것입니다. 순수한 믿음을 얻어 서로 사랑할 수 있고, 서로 믿는 사람이 되었다면 그것은 성공입니다. 큰 성공입니다. 이걸 잊어서는 안 됩니다. 믿음의 시련이 인내를 만들어냅니다.

성경에 이런 드라마틱한 이야기가 나옵니다. 가나안 여인 한 사람이 예수님께로 옵니다. 자기 딸이 귀신에 들렸습니다. 그래 그 딸이 불에도 빠지고, 물에도 빠지고 합니다. 그렇게 정신병자가 된 어린 딸의 어머니, 그 마음이 얼마나 아프겠습니까. 그래 예수님께 와서 "제 딸이 귀신들렸나이다. 제 딸을 도와주세요. 저를 봐서 제 딸을 구원해주세요!" 하고 도움을 청합니다. 이때 예수님께서는 참 이상한 시험의 말씀을 하십니다. "자녀의 떡을 취하여 개에게 줄 수 없느니라." 아무리 봐도 좀 심하지 않습니까. 예수님께서 좀 지나치셨습니다. 지금 어머니가 자기 딸을 위해서 울부짖고 있는데, 거기다 대고 어찌 이런 말씀을 하시는 것입니까. 그러니까 이런 뜻 아닙니까. "너는 개 같은 여자다. 너는 가나안 여자다. 너는 성결치 못한, 이 개 같은 문화 속에 사는 천한 여자다. 그러니 이 귀한 은사를, 자녀의 떡을 취해서 개에게 줄 수 없다." 하지만 이 어머니는 "다 관두십시오! 제 딸 그냥 죽으면 될 것 아닙니까!" 하고 그냥 가버릴 만도 한데, 아닙니다. 참 대단한 여자입니다. 마음에 듭니다. 그렇게 심한 말을 듣고도 이렇게 말합니다. "개도 주인의 상에서 떨어지는 부스러기를 먹고 삽니다. 저는 개입니다. 개라고 합시다. 그러나 개도 주인의 개입니다. 주인이 먹을 것을 주어야 개도 삽니다." 그 어머니가 이렇게 나오자 예수님께서도 완전히 감동, 감복하셨습니다. 그래서 이렇게 말씀하십니다. "네 믿음이 크도다!" 헬라말로는 '메가스피시스', 메가톤급 믿음이라는 뜻입니다. 굉장한 칭찬 아닙니까. 예수님께서는 이렇게 칭찬하시고 나서 마침내 "네 소원대로 되리라!" 하십니다. 귀한 장면입니다.

그럼 예수님께서는 왜 이렇게 하셨을까요? 믿음의 시련입니다. 예수님께서 자기 딸의 병을 고쳐주실 줄로 믿고 나왔는데, 그래서 예수님 앞에서 부르짖고 있는데, 예수님께서는 바로 거기에다 시험을 거셨습니다. 온전한 믿음, 강한 믿음, 인내하고 끈기 있는 믿음…… 어디까지 오나보자 하시고는, 큰 믿음을 확인한 다음 "네 소원대로 되리라!" 하고 응답해주신 것입니다. 이 얼마나 드라마틱한 장면입니까. 우리가 하나님 앞에 무엇을 구한다고 합시다. 돈을 구하고, 건강을 구하고, 명예를 구하고…… 하여튼 뭔가 구한다고 칩시다. 구하는 기도를 드리자마자 하나님께서 "옜다, 가져라!" 하실까요? 아닙니다. 대체로 그렇게 하지 않으십니다.

어느 돈 많은 사람이 예수를 믿었습니다. 그는 원체 돈 욕심이 많은 사람입니다. 그래서 예수를 믿으면 돈을 더 많이 벌 줄 알고 믿은 것입니다. 가만히 보면, 제가 하나님이 아니니 그 뜻을 다 알 수는 없지마는, 대체로 돈을 바라고 예수 믿는 사람은 일단 예수 믿은 다음에 손해를 봅니다. 아주 쫄딱 망합니다. 그리고 다시 일어납니다. 실제로 그런 일을 제가 많이 보았습니다. 왜 그럴까요? 잘못된 믿음부터 바로 세우라, 이것입니다. 바로 이것이 하나님께서 원하시는 바입니다. 그렇기 때문에 우리가 달라고 기도한다고 바로 주시지 않습니다. 왜요? 그것이 세속적인 욕심에서 온 것이기 때문입니다. 그래서 딱 시험을 거쳐서 순수한 믿음으로 바꾸십니다. 깨끗한 믿음으로 바꾸십니다. 온전한 믿음으로 성장하게 하신 다음에 "이제 가져라!" 하시면서 주신다는 말씀입니다. 이것이 하나님의 방법입니다.

여러분, 꼭 잊지 말아야 합니다. 돈 달라고 하나님 앞에 기도해 보십시오. 그러면 지금 나한테 있는 돈까지 다 없어질 것입니다. 이걸 잊지 말아야 합니다. 이 고비를 잘 넘어가야 돈이 생깁니다. 건강을 달라고 하면 병듭니다. 그렇다면 그런 줄 아십시오. 그리고 순수한 믿음으로 돌아간 다음에야 건강을 주십니다. 왜요? 새로운 건강이니까요. 바로 이것이 하나님의 방법입니다. 너희 믿음의 시련, 하나님께서는 바로 이 믿음에 초점을 맞추십니다. 무엇보다도 믿음이 하나님께는 가장 중요합니다. 그래서 믿음부터 키워주시고, 믿음부터 온전하게 하시고, 그 다음에야 비로소 주십니다. 이것이 바로 시련이 주는 믿음이요, 시련이 주는 축복입니다. 꼭 잊지 말아야 합니다.

그런데 시험을 당할 때마다 꼭 잊지 말아야 할 것이 있습니다. 예수님께서도 시험을 당하지 않으셨습니까. 하나님의 아들이신 예수님께서도 시험을 당하셨습니다. 여러분이 너무나 잘 아시는 대로 마태복음 4장에 그 이야기가 나옵니다. 예수님께서는 40일을 굶으셨습니다. 성경은 분명히 예수님께서 주리셨다고 말씀합니다. 사람이 너무나 배가 고파 먹을 것이 절박하면 돌덩어리가 떡처럼 보일 것입니다. 정신도 오락가락하고요. 바로 그 순간 사탄이 말합니다. “만일 네가 하나님의 아들이거든 저 돌로 떡을 만들어 먹어라!” 조금 더 의역해서 쉽게 말하면 이렇습니다. “너 배고프지? 하나님의 아들이 왜 배고프냐? 하나님의 아들이 왜 배고파야 하느냐?” 사탄의 이 물음에 예수님께서는 이렇게 답하십니다. “배고픈 건 사실이다. 그러나 사람은 떡으로만 사는 것이 아니고 하나님의 말씀으로 산다. 말씀이 먼저다.” 이것이 믿음입니다. 내가 배가 고픕니다. 주렸습니다. 힘이 듭니다. 그래도 믿음은 이렇게 답합니다. “하나님께서 주시는 양식으로 산다.” 사탄이 또 말합니다. “높은 데서 뛰어내리라!” 그럼 우리는 이 순간 예수님께서 화끈한 기적, 모든 사람이 깜짝 놀랄 만한 기적을 일으키셔서 하나님의 나라를 세우셔야 될 것 아닌가, 하는 생각을 할 수 있습니다. 하나님의 일을 할 때 기적이, 좀 큰 기적이 일어나면 좋겠는 것입니다. 그러나 바로 이것이 시험입니다. “주 너의 하나님을 시험하지 말라. 하나님께서 주신 그대로 받으라. 그 속에서 바른 믿음을 세워라.” 사탄은 또 말합니다. “내게 절하면 온 천하를 네게 주마!” 아주 큰 시험입니다. 온 천하를 가지려고 할 때 수단과 방법을 가릴 것 없다, 이것입니다. 그렇습니까? 아닙니다. 예수님께서 말씀하십니다. “오직 주 너의 하나님만 섬기라 하셨느니라!” 우리는 이 모든 시험을 통하여 예수님께서 바른 믿음으로 나아가시는 모습을 볼 수 있습니다. 바른 믿음을 말씀하시고, 바른 믿음의 세계로 확실하게 나아가십니다. 이것이 시험이 있는 이유입니다. 우리로 믿음을 가지게 하시고, 믿음을 온전케 하시고, 그리고 믿음의 영역을 더 넓히십니다. 그리고 위대한 믿음으로 나아가게 하십니다.

여러분이 너무나 잘 아는 말씀이 있습니다. 이스라엘 백성이 출애굽을 하여 가나안 땅으로 갑니다. 그래 가데스바네아까지 왔습니다. 이제 요단강만 건너가면 됩니다. 한데 아닙니다. 여기서 큰 시험을 겪습니다. 정탐꾼을 보냈는데, 그들이 돌아오자 믿음 없는 난장판이 벌어집니다. 믿음 없이 소란한 사람들이 됩니다. 폭도들이 되고 맙니다. 그때에 하나님께서 "뒤로 돌아!" 하십니다. 그래 그들은 다시 광야로 돌아갑니다. 믿음이 잘못되었기 때문에 바른 믿음을 가지도록 하시기 위해서 무려 40년을 광야에서 지내게 하십니다. 그들은 그렇게 다시금 모진 고생을 하고야 비로소 요단강을 건너갈 수 있게 됩니다. 바른 믿음을 가지게 하시기 위해서입니다. 이것이 바로 시련이 있는 이유입니다.

여러분, 혹 슬퍼하고 낙심하십니까? 오늘본문은 우리에게 웅변으로 가르쳐줍니다. '온전히 기쁘게 여기라. 여러 가지 시험을 만나거든 온전히 기쁘게 여기라.' 왜요? 생각해보십시오. 나한테 시험이 있다는 것은 내가 아직 살아있다는 뜻입니다. 죽은 사람한테는 시험이 없습니다. 여러분, 음식에 대해서 시험이 있습니까? 며칠 전 TV에서 재미있는 이야기를 들었습니다. 이렇게 앉았을 때 적어도 딱 생각하면 세 가지 먹고 싶은 음식이 있어야 된답니다. '이거 먹고 싶다. 그거 먹고 싶다. 저거 먹고 싶다.' 이렇게 세 가지는 먹고 싶은 것이 생각나야 살아있고 건강한 것이랍니다. 먹고 싶은 것이 아무것도 생각나지 않으면 그건 죽은 것이랍니다. 아무 생각도 안 나면 벌써 죽은 것입니다. 깊이 병든 것입니다. 암환자는 입맛이 없습니다. 이걸 알아야 합니다. 그런고로 여러분, 우리한테 시험이 있다면 그것은 우리가 아직 살아있다는 증거입니다. 또한, 유혹이 있습니까?

예쁜 여자가 지나갈 때 눈이 싹 돌아가는 것과 같은 유혹, 시험이 있습니까? 그렇다면 그것은 내가 아직 젊다는 뜻입니다. 고목나무는 그런 것도 없습니다. 그런가하면 우리는 아직도 많은 시험을 당합니다. 이왕 당할 바에야 큰 시험을 당해야지, 시시한 시험에 시달린다면 부끄러운 줄 알아야 됩니다.

옛날 평양의 장대현 교회에 어떤 장로님이 있었습니다. 위대한 분입니다. 신사참배를 반대했습니다. 그러자 일본순사가 날마다 찾아와서 유혹합니다. “장로님, 연세도 많으신데 신사참배 합시다. 신사 앞에 가서 그저 절 한번 꾸벅하고 오시면 다 무사할 텐데, 뭘 그렇게 안 하신다고 고집하십니까. 신사참배 합시다! 합시다!” 이렇게 하루가 멀다 하고 자꾸만 찾아와 유혹을 합니다. 시험을 거는 것입니다. 그러니까 마지막에 장로님이 엉엉 소리를 내서 우셨답니다. “장로님, 왜 우십니까?” “내가 얼마나 썩었으면 너 같은 파리가 내게 다가오나? 아주 썩은 파리가 나를 유혹하잖아?” 여러분, 이왕 시험을 당할 바에야 아주 큰 시험을 당해야 합니다. 그래야 내가 크게 됩니다. 별 볼일 없는 시시한 시험에 시달리면 그것은 내가 아주 쪼다라는 뜻입니다. 그야말로 내가 아무것도 아니라는 뜻입니다. 그런고로 큰 시험을 당할 때 실망하거나 좌절하기보다는 오히려 ‘아, 이제야 내가 뭐 되는 것 같다!’ 하고 생각해야 될 것입니다. 시험이 있습니까? 그것은 미래가 있다는 뜻입니다. 오늘도 시험이 있습니까? 하나님의 약속이 있다는 뜻입니다.

시험에는 신학적 고백이 있어야 됩니다. 첫째는 하나님의 세계에 대해서입니다. 하나님의 능력이 있고, 하나님의 지혜가 있고, 하나님의 사랑이 있고, 그리고 마침내 시험이 있는 것입니다. 하나님의 능력에 대한 믿음, 하나님의 사랑에 대한 확실한 믿음이 있어야 합니다. 그리고 내가 시험을 당합니다. 이 시험은 내게 주시는 축복입니다. 내게 주시는 엄청난 하나님의 섭리 가운데에 있는 축복입니다. 창세기 22장이 우리 마음을 흔듭니다. 하나님께서 아브라함에게 말씀하십니다. "네 사랑하는 독자 이삭을 데리고 모리아 땅으로 가서 내가 네게 일러 준 한 산 거기서 그를 번제로 드리라(2절)." 아브라함이 그의 나이 백세에 얻은 아들 이삭을 모리아 산으로 데리고 가서 제물로 바치라는 것입니다. 이 얼마나 엄청난 시험입니까. "하나님이 아브라함을 시험하시려고……(1절)" 시험입니다. 하나뿐인 아들을 바치라는 시험입니다. 이 시험을 잘 통과할 때 하나님께서 아브라함에게 엄청난 복을 주십니다. 이 복을 예비해놓고 시험을 거신 것입니다. 잊지 말아야 합니다.

야고보서 1장 12절이 우리 마음 가운데 특별한 메시지를 줍니다. "시험을 참는 자는 복이 있나니 이는 시련을 견디어 낸 자가 주께서 자기를 사랑하는 자들에게 약속하신 생명의 면류관을 얻을 것이기 때문이라." 시험을 참는 자는 복이 있습니다. 시험에서 옳다 인정하심을 받은 자는 복이 있습니다. 옳다고 인정하심을 받는 그 시점이 문제입니다. 어느 순간에 옳다고 인정하심을 받는가? 그 순간 약속하신 큰 복을 누리게 됩니다. 여러분, 그런고로 시험을 만나거든 온전히 기쁘게 여기십시오. 시험을 만날 때 자책하지도 말고, 자기를 저주하지도 말고, 하나님을 원망하지도 말고, 누구를 원망하지도 말고, 시험을 만나거든 온전히 기쁘게 여기십시오. 이것을 통하여 하나님께서는 내가 미처 모르는 큰 축복을 내게 약속하십니다. 그리고 기다리고 계십니다. △

어린이를 예수님에게로

그 때에 사람들이 예수께서 안수하고 기도해 주심을 바라고 어린 아이들을 데리고 오매 제자들이 꾸짖거늘 예수께서 이르시되 어린 아이들을 용납하고 내게 오는 것을 금하지 말라 천국이 이런 사람의 것이니라 하시고 그들에게 안수하시고거기를 떠나시니라

(마태복음 19 : 13 - 15)

어린이를 예수님에게로

성도 여러분은 전에 못 듣던 새로운 신조어를 늘 들으면서도 정작 그것이 무엇을 의미하는가는 깊이 생각해보지 못하셨을 것 같습니다. 그 하나가 바로 '금수저'입니다. 금수저, 은수저, 흙수저…… 누구나 한 가정에서 태어납니다. 혹은 금수저로 태어나기도 하고, 혹은 흙수저로 태어나기도 합니다. 숙명적인 일입니다. 내가 선택하는 것이 아닙니다. 그러니까 사람한테는 두 가지 복이 있는 것입니다. 하나는 내가 선택하고, 내가 개척하며, 내 노력과 내 수고로 얻게 되는 복이고, 또 하나는 내 선택과는 관계없이 그야말로 금수저나 흙수저처럼 운명적으로 주어지는 복입니다.

저는 늘 생각합니다. 아무리 생각해봐도 사람은 네 가지 복은 타고 나야 합니다. 도리가 없습니다. 주어지는 것입니다. 네 가지 복, 그 첫째는 부모를 잘 만나야 한다는 것입니다. 아주 운명적입니다. 한 번 잘못되면 어렵습니다. 흔히 알려진 대로 문제아나 다른 복잡한 문제들이 모두 결국은 부모를 잘못 만난 결과입니다.

둘째는 스승을 잘 만나야 된다는 것입니다. 유치원선생부터 시작해서 대학교수에 이르기까지, 사람은 자기 일생 동안 많은 스승들을 만나고, 많은 선생님들로부터 가르침을 받게 됩니다. 선생 한 번 잘못 만나면 인생 끝나는 것입니다. 여러분이 다 잘 아시는 유명한 목사님으로 공산주의의 목사가 된 사람이 있습니다. 제가 평양에서 만난 적이 있습니다. 그때 그는 제 손을 잡고 눈물을 흘리면서 이렇게 후회의 한 마디를 했습니다. "제가 이런 사람이 아닌데, 어쩌다가 이렇게 되었습니다. 제가 뉴욕신학교에 가서 폴 레만을 만난 것이 결정적인 실수입니다.” 저도 그 교수를 압니다. 그 교수를 만나서 그를 존경하고, 그를 따르고 하다가 그만 홱 돌아가지고 공산주의 목사가 되었다는 것입니다. 마지막에는 목회도 못하고, 평양에서 왔다 갔다 하다가 세상을 떠났습니다. 떠나기 직전에 제가 만났는데, 얼마나 후회를 했는지 모릅니다. “그 교수님을 만나지 말았어야 했는데……” 사람은 한평생을 살면서 많은 선생님들을 만나게 되는데, 어떤 선생님을 만나느냐가 내 운명을 좌우합니다.

셋째는 배우자를 잘 만나야 된다는 것입니다. 우리 남자들 아무리 큰 소리쳐봐야 마누라 한 번 잘못 만나면 그냥 인생 끝납니다. 또 그런가하면 여자의 운명은 남자에게 달렸습니다. 신랑 잘못 만나면 도리가 없습니다. 우리가 흔히 말하기를 ‘뭐 잘하는 길이 없을까? 뭐 어떻게 할까?’ 하지마는, 사람 잘못 만나면 끝나는 것입니다. 도리가 없습니다. 안 그렇습니까. 그런고로 배우자를 잘 만난다는 것 또한 큰 복이 아닐 수 없습니다.

그 다음으로 우리 교인들에게는 특별한 문제가 하나 더 있습니다. 목사 잘 만나야 된다는 것입니다. 목사를 잘못 만나면 여러분의 신앙이 곤두박질합니다. 교인 입장에서는 목사를 잘 만나는 것보다 더 큰 축복이 없습니다. 최고로 큰 복이지요. 교역자를 잘못 만난 탓에 신앙생활이 이렇게 저렇게 잘못되는 경우를 숱하게 많이 봅니다. 그래서 이 네 가지 복을 받아야 한다, 이것입니다.

그런데 문제가 여기에 있습니다. 이 주어지는 복, 숙명적으로 주어지는 복은 DNA같은 것입니다. 무의식적으로 이루어지는 교육이기 때문에 더욱 중요합니다. 더불어 육체적인 DNA도 중요합니다.

부모님을 잘 만났을 때 키가 클 수도 있고 작을 수도 있고, 지능이 높을 수도 있고 낮을 수도 있습니다. 하지만 부모로부터 물려받는 성품, 물려받는 문화, 물려받는 신앙, 물려받는 가치관은 더욱 엄청난 것입니다. 그런고로 이것이야말로 큰 축복이 아닐 수 없습니다. 왜요? 이것은 무의식적으로 이루어지는 교육이거든요. 의식이 생기기 전에 이루어지는 교육입니다. 우리 사람의 의식의 시작이 네 살이라고 합니다. 그때부터 비로소 자기 스스로 깨닫기 시작하는 것입니다. 그러면 네 살, 의식이 막 생기기 시작하는 그때 내가 무엇을 보았고, 무슨 말을 들었고, 어떻게 느꼈고 하는 것이 일생을 좌우합니다. 이 얼마나 중요합니까. 지나치게 구체적인 말씀입니다마는, 그때 아버지 어머니가 행복해하시는 것을 보면 아이들은 그 뒤로 일생동안 좋은 가정을 꾸릴 수 있습니다. 그때 아버지에게 매 맞고 우는 어머니를 본 아이는 일생이 빗나갑니다. 가정이 엉망이 되고 맙니다.

어떻게 하면 좋겠습니까? 내가 선택하는 교육이 아닙니다. 주어지는 것입니다. 내가 스스로 판단하기 전에 보는 것, 듣는 것, 느끼는 것 속에서 배우는 것입니다. 마치 우리 입맛과도 같습니다. 입맛이 네 살부터 이루어진다고 하는데, 그때 무엇을 먹었느냐가 중요합니다. 그때의 입맛대로 일생을 사는 것입니다. 그처럼 우리의 의식적인 세계관과 가치관이 어렸을 때 형성되는데, 내 선택이 아닙니다. 그저 보고 듣고 배우는 것입니다. 이 얼마나 중요합니까. 이걸 요샛말로 흔히들 모델링이라고 합니다. 선택의 여지가 없이 모델을 따라가는 것입니다. 마치 백지에 그림을 그리는 것과 같습니다. 그래서 그 어린 나이에 누구를 만났느냐, 무엇을 보았느냐, 무엇을 들었느냐, 무엇을 체험했느냐에 따라서 운명이 바뀝니다. 오늘 이 상황에서 가장 중요한 것은 본받을 만한 바람직한 사람을 만나야 된다는 것입니다. 그래 그 사람을 본받고, 닮고, 존경하고, 사랑해야 합니다. 그런데 슬픈 이야기는, 오늘 이 세상에는 진정으로 본받을 만한 사람이 없다는 것입니다. 모델이 없는 세상입니다. 이것이 교육학이나 심리학과 같은 학문에서 개탄하는 마지막 함정입니다. 본받을 만한 것이 없고, 본받으라고 할 만한 사람도 없다는 것입니다.

어떤 사람이 가장 행복한 사람이겠습니까? 성장기에 어머니가 이런 말을 합니다. "얘야, 너의 아버지는 훌륭하다. 돈은 못 벌지만 진실하다. 그런고로 아버지를 본받아라. 너의 아버지를 본받아라." 이런 말을 들으면서 자란 사람은 절대로 잘못되지 않습니다. 한데도 어쩌면 그렇게 꼭 반대의 말만 듣게 되는지 모릅니다. "제발 네 애비 본받지 마라. 제발 네 아비 닮지 마라." 그럼 누구를 닮으라는 말입니까? 도대체 어떻게 하라는 말입니까? 정신적인 고아가 되는 것입니다. 오늘 아이들의 슬픔이 여기에 있고, 문제의 근본이 여기에 있습니다. 모델이 없다는 것입니다. 중심에서부터 존경하고, 사랑하고, 본받을 대상을 제시하지 못하고 있다는 것입니다. 그래서 현대를 가리켜서 '모델이 없는 교육이다', '방향이 없는 세상이다' 하고 말하게 됩니다. 그래서 슬픈 이야기가 하나 있습니다. 우리가 잘 쓰는 말이지만, 참 불행한 말입니다. 바로 '반면교사(反面教師)'라는 말입니다. 선생님이 무슨 말씀을 하시든 그대로 듣지 말고 반대로 들어라, 이것입니다. 가라면 가지 말고, 오라면 오지 말고, 그가 좋다는 것은 나쁜 것이고…… 이것이 우리의 현실입니다.

뭐니뭐니해도 가장 중요한 것은 존경을 배우는 것입니다. Respect, 존경을 모르는 사람은 운명이 곤두박질합니다. 마음속에 존경할 사람이 없는 사람은 심판이 없는 사람입니다. 이걸 알아야 합니다. 알게 모르게 마음속 깊은 곳에 존경할 만한 사람이 있어야 합니다. 왜요? 존경하고 사랑하는 것처럼 좋은 일이 없기 때문입니다. 가장 쉬운 교육이고, 가장 효과적인 교육입니다. 보고, 듣고, 닮고, 배우고…… 이 얼마나 좋습니까. 사랑하고, 존경하고, 배우고…… 이러면 끝나는 것인데, 따라가지 마라, 보지도 마라, 닮지 마라, 반면교사의 지혜를 배우라…… 우리 모두는 어렸을 때부터 이렇게 자라야 했습니다. 얼마나 중요한 이야기입니까.

제가 아는 한 청년이 결혼을 전제로 해서 어떤 남자와 연애를 했습니다. 그래 얼마동안 사귀었는데, 상대는 공부도 많이 했고, 사람도 잘났고, 훌륭하고 똑똑했습니다. 조건도 좋습니다. 그래 진행이 잘 되다가 마지막에 딱 한 마디 물어봤답니다. “당신은 일생을 살면서 가장 존경하는 사람이 누구입니까?” 자기가 존경하는 사람이 누구인지에 따라서 그 사람됨을 알 수가 있기 때문에 물었던 것입니다. 상대는 깨끗하게 대답합니다. “저는 일생 단 한 사람도 존경하는 사람이 없습니다.” 연애 끝났습니다. 그런 사람을 사귀어서는 안 되지요. 유명한 공자의 교훈에도 이런 말이 있습니다. 공자가 제자인 자공에게 장차 사람을 사귈 때 금기시할 사람을 가르쳐주었습니다. “남의 단점을 말하는 사람하고는 사귀지 마라. 이유야 어쨌든 자신이 모시는 사람에 대해서, 내가 존경하는 사람에 대해서 험담을 하거든 그 사람하고는 사귀지 마라. 용기는 있는 것 같은데, 그 사람이 범절이 없으면 사귀지 마라. 과감하기는 한데 속이 좁은 사람도 사귀지 마라.” 참으로 마음 놓고 사랑하고, 일생을 같이하고 싶은 존경하는 사람이 내 마음속에 없다면 그 사람은 정신적 고아라고 볼 수밖에 없습니다. 그래서 잘못되는 것입니다. 어린이들은 아무것도 알아듣지 못하는 것 같지만, 실은 다 알고 있습니다. 다 느끼고 있습니다. 그리고 사랑하고, 존경하고 있습니다. 이 어린이들에게 우리는 무엇인가를 보여줘야 됩니다. 이걸 잊지 말아야 합니다.

오늘본문을 보면 예수님께서 전도사역을 하실 때, 그 많은 사람들에게 시달리시면서 지금 역사하고 계실 때 어떤 어머니가 어린아이를 데리고 와 이렇게 말합니다. "이 아이에게 복을 주세요." 이것은 유대사람들의 중요한 전통적 행사입니다. 유대사람들은 늘 하나님의 말씀을 따라 살려고 묵상하지마는, 그보다 더 중요한 것은 존경할 사람을 아이들에게 보여주는 것입니다. 예를 들어, 마을에 랍비가 왔다고 합시다. 그러면 온 동네 아이들을 다 데리고 와서 랍비에게 이 아이들을 보여주고, 이 아이들에게 랍비를 보여줍니다. "저 사람을 보거라. 저 랍비를 보아라. 랍비의 말을 들어라. 랍비를 존경해라. 랍비를 따르라. 이 사람을 따르라." 이것이 예수님께 어린아이들을 데려온 이유입니다. 어린아이를 데려다놓고 이렇게 이릅니다. "얘야, 봐라. 저분이 메시야시다. 저분이 예수님이시다. 저런 분을 보고, 저런 분을 본받고, 저런 분의 말을 들어라!" 아이를 예수님께로 인도한 그것이 가장 큰 인격교육입니다. 말한다고 되고, 가르친다고 되는 것이 아닙니다. 만나게 해줘야 됩니다. 이 만남이라는 관계, 인격적인 관계가 가장 중요하거든요. 만나면서 본받게 되는 것이거든요. 만나면서 존경하거든요. 존경하는 눈으로 쳐다보게 되거든요. 여기에서 교육이 이루어집니다. 인격관계가 이루어지는 것입니다.

오늘본문에는 사람들이 어린아이들을 예수님께 데려왔더니 제자들이 그들을 꾸짖었다고 되어 있습니다. 왜 그랬을까요? 아이들하고 함께 지내는 것은 시간낭비다, 이것입니다. 교육적으로, 선교적으로 볼 때 이렇게 시간을 보낼 수 없다고 해서 꾸짖고 있습니다마는, 예수께서는 아니십니다. “어린아이들을 다 내게로 데려와라. 천국은 이 어린아이와 같은 사람들 것이다.” 이렇게 말씀하시고, 그들을 만나주셨고, 그들을 안으셨고, 그들에게 복을 주셨습니다. ‘만남’이라고 하는 것이 진짜 교육입니다. 거기서 사건이 이루어집니다. 우리가 아이들에게 무엇을 보여주고 있습니까? “나를 닮으라. 너를 닮으라.” 중요하지마는, 이보다 더 중요한 것이 있습니다. ‘내가 예수를 본받는 것처럼 네가 나를 본받으라.’ 고린도전서 11장 1절은 말씀합니다. “내가 그리스도를 본받는 자 된 것 같이 너희는 나를 본받으라.” 내가 그리스도를 본받으려고 애쓰는 것, 그걸 너희도 본받으라, 이것입니다. 이 얼마나 귀한 교훈입니까.

제 개인 경험을 말씀드립니다. 8·15해방 직후 각 마을마다 부흥회가 일어났습니다. 교회가 왕성해지던 시기였습니다. 여기저기서 많은 부흥회를 열었습니다. 해방 직후 불과 몇 달 안 돼서 제 고향에 있던 저희 교회에서 부흥회를 했습니다. 옛날 어려울 때입니다. 어느 전도사님이 와서 일주일동안 부흥회를 했습니다. 그 전도사님은 ‘살아있는 순교자’라는 말을 듣던 분이었습니다. 신사참배 문제로 어려울 때 그 전도사님이 감옥에 들어가 7년 동안 있었습니다. 그렇게 많은 고생을 한 다음에 고맙게도 살아나왔습니다. 그리고 부흥회를 인도하는데, 시종일관 하얀 두루마기를 입고, 설교하실 때마다 손을 들고 “죽도록 충성하라. 죽도록 충성하라. 생명의 면류관을 주리라!” 하였습니다. 지금도 그 모습이 눈에 선합니다. 교인들이 “아멘!" 합니다. 낮 공부시간에 앞에 앉은 권사님들이 "전도사님, 한 번 더 보여주세요!" 하면 마지못해서 옷고름을 풀고 가슴을 보여줍니다. 불 인두로 다 지져서 가슴 전체가 만국지도입니다. 그렇게 모진 고문을 당하면서도 신앙을 지켰던 분입니다. 그리고 살아남은 것이거든요. 그렇게 가슴만 보여주면 교인들이 다 쳐다보고 울었습니다. 찬송을 불렀습니다. 얼마나 큰 존경으로 그분을 쳐다보았는지 모릅니다. 그때 생각했습니다. '나도 저 사람처럼……' 아마 그래서 제가 목사가 됐는지도 모르겠습니다. 깊이 생각해야 합니다.

더 우스운 이야기 하나 할까요? 제 어머니는 신앙이 좋으셨습니다. 그저 뭐든지, 고구마도 큰 것 하나 생기면 목사님 댁에 가져갑니다. 오이도 좀 큰 것, 좀 좋은 것 나오면 또 갖다드립니다. 어떤 때는 음식도 좀 쓸 만한 것을 만들면 또 퍼가지고 목사님 댁에 갖다드렸습니다. 언젠가 한 번 저녁에 집에 돌아갔더니 아버지가 쓸쓸하게 혼자 계십니다. 그래서 "어머니 어디 가셨어요?" 했더니 이러셨습니다. "네 어머니가 뭐 맛있는 걸 좀 한 모양인데, 퍼가지고 목사님 댁에 갔다." 그 다음 말씀이 중요합니다. 아직도 잊지를 못합니다. "네 어머니가 나를 목사님처럼 사랑해주면 내가 열녀문 세운다, 열녀문." 질투하시더라고요. 우리 아버지가 그렇게 말씀하셨습니다. 그러니 제가 무슨 생각을 하겠습니까. '내가 목사 되어야겠다.' 여러분, 아셔야 됩니다. 혹이라도 집에서 아이들 앞에서 교회에 대해서 좋지 않은 이야기는 하지 마십시오. 좋은 이야기만 하셔야 됩니다. 아름다운 이야기만 해야 됩니다. 좋지 않은 이야기가 마음속에 한 번 찾아들면 일생동안 신앙생활 망가지고 맙니다. "본받으라!" 얼마나 중요합니까.

살아있는 순교자를 보며 존경했습니다. 우리 어머니가 그렇게도 존경하는 목사님을 저도 존경했습니다. 존경이 없는 세상, 존경이 없는 인격은 망가집니다. 그런고로 구체적으로 우리 마음속 깊은 곳에 존경이 있어야 합니다. "너의 아버지를 본받아라!" 언젠가 한번 우리 교역자들이 모였는데, 목사님들만 모인 곳입니다. 거기에서 이런 일이 있었습니다. 자녀교육이 문제입니다. "아이들이 말썽인데, 목사의 자녀들을 어떻게 가르치면 되겠습니까? 그것 좀 가르쳐주세요." 그래서 제가 그랬습니다. "그거 그렇게 어렵지 않습니다. 간단합니다. 사모님들에게 문제가 있습니다. 사모님들이 '너의 아버지는 참 목사다. 너의 아버지를 본받으라!' 하면 걔들이 목사가 될 것이고 잘 자라겠지마는, '제발 네 애비 닮지 마라!' 하면 어떻게 될 것 같습니까? 이걸 아셔야 됩니다." 우리 마음 깊은 곳에서부터 그리스도를 존경하고, 그리스도를 본받을뿐더러, 사람도 내가 본받을 사람이 여기에 있어야 됩니다. 내가 확실하게 본받을 존경하는 사람이 여기에 있어야 된다, 이것입니다. 그리고 그것을 자녀들에게 말합니다. "이분을 본받으라. 이분처럼 살아라." 이 한마디 속에 모든 교육이 다 이루어지는 것이거든요. 그래서 오늘본문에서처럼 예수님 당시에 많은 사람들이 어린아이들을 예수님께 데리고 와서 그들에게 예수님을 보여주면서 "저분을 본받으라. 저분을 존경하라. 저분을 따르고, 믿으라!" 한 것입니다. 우리는 "나를 본받으라!" 하기는 어렵지만, 이렇게 말할 수는 있지 않습니까. "그리스도를 본받고, 그리스도를 사랑하고, 그리스도를 닮아라. 내가 그리스도를 본받는 자 된 것 같이 너희는 함께 나를 본받아라!" 여기에 진정으로 살아있는 교육이 있고, 생명 있는 구원의 길이 있습니다. △

약속이 있는 첫 계명

자녀들아 주 안에서 너희 부모에게 순종하라 이것이 옳으니라 네 아버지와 어머니를 공경하라 이것은 약속이 있는 첫 계명이니 이로써 네가 잘되고 땅에서 장수하리라 또 아비들아 너희 자녀를 노엽게 하지 말고 오직 주의 교훈과 훈계로 양육하라

(에베소서 6 : 1 - 4)

약속이 있는 첫 계명

현대에 인간을 가장 슬프게 하는 것은 바로 사랑의 타락입니다. 사람의 사람됨이 사랑에 있고, 또 사람의 고상함도 사랑에 있습니다. 사람의 행복도 사랑 그 자체에 있습니다. 그런데 이 사랑이 변질되고 타락해버리고 말면 모든 것이, 모든 가치가 다 무너지고 말기 때문에 우리 마음을 슬프게 합니다. 동물도 사랑을 합니다. 하지만 이 동물적 사랑과 인간적 사랑은 서로 다릅니다. 사랑이 다 사랑같이 보여도, 실은 그렇지 않습니다. 동물한테도 모성애가 있습니다. 참 지극한 모성애입니다. 저는 어렸을 때 농촌에서 자라면서 집안에 많은 동물을 키웠습니다. 닭도 많이 키웠지요. 가끔 독수리들이 날아 들어와 병아리를 채가지고 갑니다. 그때 암탉이 병아리를 지키려고 독수리하고 싸우는데, 당연히 상대가 안 되지요. 한데도 암탉은 독수리와 맞붙어 피투성이가 되도록 싸웁니다. 그래서 마침내 이깁니다. 암탉이 병아리 하나를 위해서 그렇게 목숨을 걸고 싸우는 것입니다. 닭의 모성애, 대단한 것입니다. 우리가 미련한 사람을 가리켜 곰 같다고 합니다마는, 곰은 대표적으로 모성애가 강합니다. 그 새끼를 위해서 수고하는 예가 너무나 많습니다. 대단한 모성애를 가지고 있는 것입니다. 그런가하면 이성애도 있습니다. 암수 사이에 서로 위하고 사랑하는 것, 다 동물의 세계에 있습니다. 동족애도 있습니다. 일례로 개미도 동족애가 굉장합니다. '모든 동물에게도 사랑은 있다. 아름다운 것이다. 아니, 사랑이라는 것이 있어서 생명이 존재한다.' 이것은 틀림이 없습니다.

문제는 동물의 사랑과 사람의 사랑이 다르다는 것입니다. 얼마나 다르냐? 간단하게 생각하면 됩니다. 동물들은 새끼 때 사랑합니다. 조금 크면 멀리합니다. 아예 물어버립니다. 엄마한테 가까이 오지도 못하게 합니다. 어렸을 때 사랑하고 크면 미워합니다. 원수가 됩니다. 이 이치를 간단하게 우리 사람에게 적용해보십시오. 어렸을 때 사랑하고, 크면 원수라면 이건 동물적인 것입니다. 자녀가 어린 아이일 때 사랑하고, 크면 미워하고, 내가 어렸을 때는 부모를 사랑하지만, 좀 크면 원수가 되고…… 동물적인 것입니다. 그런고로 우리 사랑이 육체적 사랑, 동물적 사랑, 본능적 사랑이 기본일 수가 있지마는, 이것이 인간적 사랑으로, 그 다음에 도덕적 사랑으로, 그 다음에는 신앙적 사랑으로 승화되어야 인간 아니겠습니까. 이 사랑이 승화되지 않고, 단적으로 말하면 사랑이 중생하지 못한다면, 인간은 여전히 동물에 속하고 마는 것입니다.

그래서 오늘본문은 우리에게 중요한 메시지를 줍니다. "주 안에서 너희 부모에게 순종하라 이것이 옳으니라(1절)." 이것이 옳다! '디카이온'이라는 말입니다. 영어로는 Right입니다. '옳다'는 말입니다. 의의 문제입니다. 의라는 것은 선악의 문제도 아니고, 공로의 문제도 아닙니다. 당연하다는 것입니다. '이것이 옳으니라. 이것이 당연하다.' 기본적인 당연함을 말합니다. 아무 보상도, 아무 기대도 없이 부모에게 순종하는 것이 마땅하다! 성경은 가르쳐주고 있습니다.

마르틴 루터의 「Large Catechism」이라는 '대교리문답' 책이 있습니다. 교인들에게 주는 하나의 중요한 교본인데, 그 속에 십계명 강해가 있고, 부모에 대한 이야기가 나옵니다. 너무너무 선명하게 말합니다. '부모가 넷이 있다. 첫째는 나를 낳아준 부모, 둘째는 왕, 권세를 대표하는 왕이 부모요, 그 다음에는 스승이 부모다. 그 다음에는 성직자가 부모다.' 교역자님들을 생각할 때도 그들은 영적인 우리의 지도자입니다. 그래서 '네 가지 부모가 있다. 네 가지 부모에게 순종하라!' 하고 마르틴 루터는 가르치고 있습니다. 성경은 분명히 말씀합니다. 부모를 공경하라는 것은 계명입니다. 계명이란 하나님의 뜻입니다. 이 하나님의 뜻은 어디까지나 우리를 위한 것입니다. 우리를 복되게, 우리를 잘 살게, 우리를 건강하게, 우리를 행복하게 하시기 위하여 주신 법, 그것이 계명입니다. 계명은 무거운 것이 아닙니다. 계명은 어디까지나 우리를 자유하게 하시고, 우리를 행복하게 하시기 위하여, 우리를 복되게 하시기 위하여 하나님께서 주신 명령입니다. 부모를 공경하라! 이것은 기본윤리입니다. 이유를 묻지 말아야 합니다. 왜냐하면, 이 계명을 지켜서 인간이 되기 때문입니다. 주 안에서 이 계명을 지켜서 하나님의 자녀가 되기 때문입니다. 기본적이고, 원리적인 것입니다. 잊지 말아야 합니다.

오늘본문은 특별히 우리에게 깊은 인상을 줍니다. "약속이 있는 첫 계명이니(2절)." 십계명에서 앞의 네 가지는 하나님께 대한 것이고, 뒤의 여섯 가지는 사람에 대한 것입니다. 사람에 대한 계명의 첫째가 '부모를 공경하라!'입니다. 십계명은 여러 가지 죄목을 말합니다. '살인하지 말라. 도적질하지 말라. 간음하지 말라. 거짓증거하지 말라. 탐내지 말라.' 이렇게 다섯 가지입니다. 순서대로 살인이 제일 큰 죄고, 그 다음이 간음죄, 그 다음이 거짓증인입니다. 한데 살인죄보다 더 큰 죄가 부모를 거역하는 죄입니다. 그래서 첫 계명이라고 하는 것입니다. 제일 큰 죄, 부모를 거역하는 것입니다. 이것이 첫 계명입니다.

언젠가 처음으로 교회에 나오시는 어른이 있었습니다. 어떤 친구의 인도함을 받아서 나온 것입니다. 그래 저를 한번 만나가지고 이런 이야기를 하더라고요. "목사님, 교회를 가봤더니 성경을 읽어야겠더구먼요. 성경책이 중요한 것 같아요. 그래서 성경을 사서 제가 읽었습니다. 창세기 1장부터 쭉 읽다가 깜짝 놀랐습니다." 이렇게 저한테 성경책을 들고 와서 질문하는 것입니다. 그래 무엇에 놀랐느냐고 하니까 이렇게 답합니다. "성경에는 사랑하라, 용서하라, 복되다, 하는 말만 있는 줄 알았더니, 왜 그렇게 죽이라는 말이 많습니까?" 이놈도 죽여라, 저놈도 죽여라…… 그러면서 무서워 성경을 더 읽을 수가 없다고 합디다. 그런 아주 순박한 교인의 간증을 제가 들어본 일이 있습니다. 그렇습니다. 살인죄보다 더 큰 죄가 부모를 거역하는 죄입니다. 그런고로 이것은 용서도 구별도 없습니다. 그래서 출애굽기 21장 15절은 말씀합니다. "자기 아버지나 어머니를 치는 자는 반드시 죽일지니라." 부모에게 손찌검하거든 죽이라, 이것입니다. 그리고 17절도 말씀합니다. "자기의 아버지나 어머니를 저주하는 자는 반드시 죽일지니라." 신명기 21장 18절에서 21절까지의 말씀도 마찬가지 의미입니다. '완악하고 패역한 자녀, 부모의 말을 듣지 않는 패역한 자를 죽여라.' 다른 여유를 주지 않았습니다. 부모를 거역하는 자는 죽이라는 것입니다. 이게 끝입니다. '돌로 쳐 죽이라!' 했습니다. '그래서 모든 사람으로 하여금 교훈을 받도록 하라.' 이것이 성경말씀입니다. 왜 그랬을 것 같습니까? 꼭 잊지 마십시오. 부모에게 불효하는 것은 살인죄보다 더 큰 죄입니다. 그렇게 때문에 이렇게 무서운 형벌을 성경은 말씀하고 있는 것입니다.

그런데 오늘본문은 간단히 아주 이해하기 쉽게 세 가지로 말씀합니다. 마음속에 깊이 새겨두시기 바랍니다. 첫째, '주 안에서 순종하라!'입니다. 주 안에서! 아주 확실한 말입니다. 부모님과 나와의 관계에서 부모가 좋고 나쁘고, 부모가 나에게 잘했고 못했고, 유산이 있고 없고, 부모가 본이 되고 못되고…… 묻지 마십시오. 주 안에서! 이걸 잊지 말아야 합니다. 동기는 내 신앙에 있는 것입니다. 부모가 나한테 어떻게 했느냐? 남의 부모들처럼 어떻게 했느냐? 단 한 가지도 생각하지 마십시오. 주 안에서 신앙적으로 생각할 때 주님께서 내게 주신 부모님과의 관계입니다. 주 안에서 주님을 믿는 신앙을 가진 사람들, 구속함을 받은 사람들, 하나님의 자녀들은 주를 믿는 신앙고백 안에서 부모를 공경해야 됩니다. 마르틴 루터는 그의 해석으로 이렇게 말합니다. '적어도 우리가 어렸을 때, 네 살 전에 그는 몽학선생(蒙學先生)이고, 적어도 어렸을 때 부모는 어린아이에게 하나님을 대신하는 것이다.' 그렇습니다. 생명을 손에 쥐고 있잖아요? 이 얼마나 소중합니까. 정신적으로나 영적으로나. 그런고로 주 안에서 하나님께 대한 신앙, 예수 그리스도에 대한 신앙, 주님에 대한 신앙고백과 함께 주 안에서 순종하라, 이것입니다.

둘째, 순종입니다. 순종이라는 것은 히브리적으로 몇 가지 개념이 있습니다. 하나는 굴종이고, 하나는 복종이고, 하나는 순종입니다. 여러분, 굴종이라는 게 무엇입니까? 억지로 하는 것입니다. 원치 않으면서 "가라!" 하면 "예, 가겠습니다!" 그러지 않고 "가요, 가!" 이건 아니지요. 이건 굴종입니다. '내가 이 집에서 밥을 얻어먹어야 되겠으니까, 내가 밥 얻어먹는 동안은 내가 참을 것이다.' 이게 될 일입니까. 굴종입니다. 그 다음에는 또 복종입니다. 힘이 없고 부족하니까 얻어먹기 위해서! 안 됩니다. 이건 다 복종입니다. 굴종,

복종, 그리고 마지막이 순종입니다. 순종은 이해입니다. 충분히 부모님의 뜻을 이해하고, 이것이 나를 위한 것임을 아는 것입니다. 어디까지나 나 자신을 위하고, 나의 행복을 위해서 주시는 교훈이라는 것을 알고 순종하는 것이지요. 이 얼마나 중요합니까.

제가 언젠가 한번 이런 특별한 장면을 봤습니다. 경기노회에서 수백 명의 목사님들 가운데 한 분을 뽑아 효자 상을 주었습니다. 전에도 후에도 없었습니다. 워낙 특별한 분이기에 효자 상을 준 것입니다. 그분의 집에 제가 한번 가봤습니다. 그때 그분, 환갑이 넘은 나이였는데, 자기 어머니를 얼마나 공경을 잘하는지 모릅니다. 한데 그 어머니가 또 친어머니도 아니고 계모였습니다. 그래서 소문이 났고, 노회에서 목사님들이 그분에게 효자 상을 드리기로 한 것입니다. 제가 속으로 '어떻게 하나 보자!' 하고 있는데, 그 어머니가 참 말이 많더구먼요. '이래라. 저래라, 저래라. 이래라.' 잔소리가 정말 많습디다. 저 같으면 도저히 그 소리를 다 들을 수가 없겠더라고요. 하지만 그 목사님은 "예, 그렇죠. 알았습니다. 어머니, 그렇습니다!" 하고 잘 듣더라고요. 그리고 문을 열고 나갈 때에 그 어머니가 지금 환갑이 넘은 아들한테 하는 말이 이랬습니다. "얘야, 길 조심해라. 얘야, 여자 조심해라." 그러니까 또 목사님이 "예, 꼭 그러겠습니다!" 하더라고요. 그래 제가 목사님과 함께 가면서 이랬습니다. "목사님, 지금 어머니의 저런 잔소리를 이렇게 잘 듣고 '아, 그러겠습니다!' 하시는데, 참 대단하십니다." 그랬더니, 목사님 대답이 너무나 재미있습니다. "세상에 누가 나를 위해서 이런 말을 해주겠습니까?" 그 모든 것이 자기를 사랑하기 때문이라는 것이지요. 그래서 순종하는 것입니다. 효자더라고요. '누가 나를 위해서 이런 말을 할까?' 깊이 이해하고 보니까 그 많은 잔소리가 다 나에게 약이 되고 지혜가 되는 것이라는 말입니다. 그래서 잘 이해하고, 고마운 마음으로, 감사한 마음으로 응답하라, 이것입니다. 순종입니다.

셋째, 공경입니다. 중요한 말입니다. 지극히 동양적인 표현입니다. '티마'라고 하는 공경, 마르틴 루터는 이걸 강하게 주장합니다. 순종이 아니고, 복종도 아니고 공경입니다. Honor, 높여야 합니다. 부모를 공경하라! 존경입니다. 높이는 것입니다. 그의 지혜를 높입니다. 그의 명예를 높입니다. 그의 오랫동안 고생해 오신 경륜을 높입니다. 그 인격을 높입니다. 이것이 바로 효라는 말입니다. 공경하라! 높여야 합니다. 부모를 공경하는 것을 요새는 마치 구제하는 것처럼 생각합니다. 불쌍히 여기는 것처럼 합니다. 불효자입니다. 어떤 경우에도 부모는 구제의 대상이 아닙니다. 깊이 생각하면 그의 수고, 그의 많은 고생, 그의 많은 기도, 그리고 내가 있지 않습니까. 깊이 존경해야지요. '부모를 존경하라. 부모를 공경하라.' 이걸 잊지 말아야 됩니다. 마르틴 루터는 말합니다. '하나님 다음으로 부모를 높여야 한다.' 요새 와서 부모를 불편하게 생각할 뿐만 아니라, 좀 더 나아가서는 아주 구제의 대상으로 생각하고, 마치 불쌍히 여기는 것 같은 그런 불효가 있더라는 말입니다. 아닙니다. 깊은 곳에서부터 높은 감사와 존경이 앞서야 됩니다. 왜요? 그에게 지혜가 있으니까요. 높은 지혜가 있거든요.

우리나라에 내려오는 이야기 가운데 이런 설화가 있습니다. 중국의 어느 사신이 우리나라에 와서 우리나라에 쓸 만한 사람이 있나 없나를 보기 위해서 시험을 걸었습니다. 말 두 마리가 있는데, 똑같은 말 두 마리를 갖다놓고 "어느 쪽이 새끼고 어느 쪽이 어미냐?" 그랬습니다. 그걸 찾을 수가 없잖아요? 똑같으니까요. 그때 재상이 자기 어머니께 여쭈어보았답니다. "어머니, 이런 질문을 받았는데 어떻게 하면 좋겠습니까?" "야, 그거 별 것도 아니다. 여물을 그릇에 담아서 갖다놔봐라. 먼저 먹는 놈이 새끼고, 나중에 먹는 놈이 어미다." 그래서 그 재상이 지혜 있는 사람으로 높임을 받았다는 이야기입니다. 많은 경륜 속에서 이렇게 살고, 이런 고생, 저런 고생을 하면서 거기에서 지혜를 얻는다는 말입니다. 자세히 들으면 엄청난 지혜가 있습니다. 저는 그래서 우리 아버지께서 제게 늘 하시던 말씀을 하나하나 생각나는 대로 수첩에 적어놓았습니다. 그래 가지고 다니면서 종종 읽어보면 보통 말씀이 아닙니다. 귀한 지혜가 있습니다.

또한, 공경하라는 말은 자랑하라는 뜻입니다. '그를 높이고 자랑하라. 그의 자녀가 된 것을 자랑하라.' 여러분, 내 마음 깊은 곳에서 우리 어머니 아버지를 자랑할 수 있어야 됩니다. 이것이 효도입니다. 여기에 대해서는 너무나 유명한 이야기가 있습니다. 아브라함 링컨이 미국의 대통령이 되었을 때 처음으로 상원을 방문했습니다. 상원의원들 다 부자요, 공부도 많이 한 분들입니다. 공부라는 것은 전혀 해본 일이 없는 아브라함 링컨 대통령이 여기를 방문하니까 이것이 못마땅해가지고 "당신 같은 무식한 사람을 대통령으로 모시게 된 것을 우리는 부끄럽게 생각합니다!" 하고 막말을 하는 것입니다. 그러면서 어떤 상원 하나가 자기가 신고 있던 구두를 딱 벗어가지고 들고 "이것이 당신 아버지가 만들어준 신이요. 당신 아버지가 구두장이라며? 구두장이의 아들이 대통령이 되었으니 이런 부끄러운 일이 어디에 있소?" 아, 이러지 않습니까. 그때에 아브라함 링컨이 가만히 서 있다가 "대단히 감사합니다. 내가 그만 바빠서 그동안 아버지를 잘 가까이 돌아보지 못했는데, 생각나게 해줘서 감사합니다. 우리 아버지는 훌륭합니다. 우리 아버지는 정직합니다. 우리 아버지는 경건한 분입니다. 우리 아버지는 구두수선쟁이로 살았지만, 나는 아버지를 자랑합니다. 당신의 구두가 만약 고장이 나거든 나한테 가져오세요. 내가 등 너머로 배운 바가 있으니 당신의 구두를 수선해드리겠습니다." 이 말에 모든 상원들이 엄숙해졌다는 것 아닙니까. 아주 유명한 이야기입니다. 여러분, 아버지를 자랑한다는 것이 무엇입니까? 아버지의 직업을 자랑하고, 아버지의 가치관을 자랑하고, 아버지의 일생을 자랑해야 됩니다. 이걸 잊지 말아야 합니다. "아버지, 잘 하셨습니다." 이것이 효도입니다. "하필이면 왜 이렇게 사셨습니까?" 이것은 아닙니다. "부모님 다 잘하셨습니다. 훌륭했습니다. 더더욱 내게는 너무나 훌륭한 분입니다." 자랑을 해야 됩니다.

뿐만 아니라, 아무 보상도 바라지 말아야 합니다. 효에는 다른 보상이 없습니다. 바라지 말아야 합니다. 좀 더 나아가서는 부모님의 깊은 곳에 있는 궁극적 소원을 들어드려야 합니다. 부모님의 소원이 무엇입니까? 여러분, 여러 번 말씀드렸습니다마는, 제게는 뼈아픈 경험이 있습니다. 1951년, 저희 아버지가 공산당에게 총살을 당하셨습니다. 제가 그 가까운 곳에 숨어 있었는데, 숨어서 아버지가 총살당하시는 것을 봤습니다. 그리고 아버지를 쓰러트리고 세 사람을 죽여놓고 그들은 멀리 가버렸습니다. 시체 셋이 거기에 놓여 있었습니다. 제가 뒤에 그곳으로 갔습니다. 두 분은 이미 죽었고, 한 사람은 아직도 살아 있었습니다. 아버지의 시체에 엎드려서 제가 울었습니다. 너무나 기가 막혔습니다. 어찌 할 도리가 없었습니다. 그

때 세상 떠난 아버지께서 제게 말씀하십니다. 강하게 말씀하십니다. "이놈아, 살아야 효자다. 잘 살아야 효자다. 빨리 떠나라!" 그래서 제가 그 자리에서 아버지의 시체를 놓고 산으로 도망갔습니다. 한 달 뒤에야 집에 들어갈 수 있었습니다. 여러분, 잊지 마십시오. 살아야 효자입니다. 건강해야 효자입니다. 아무렇게나 먹고, 아무렇게나 놀지 마십시오. 이 몸은 소중한 것입니다. 건강을 지키는 그 자체가 효도입니다. 또한 명예를 지키는 것이 효도입니다. 부끄러운 자녀가 되어서는 안 됩니다. 자랑스러운 자녀가 되어야 됩니다. 그 자체가 효도입니다. 부모님이 이 세상을 떠났다고 효도가 끝난 것 아닙니다. 지금부터, 이제부터 효도가 있습니다. 아버지를 자랑하고, 그를 높이고, 그를 본받고, 그의 소원을 이루어드리고…… 이것이 효입니다.

오늘본문에 너무나 귀중한 말씀이 있습니다. 하나님께서 '이런 불효한 사람은 죽여라! 이런 사람은 돌로 쳐라!' 하고 말씀하셨는데, 신학적으로 해석해봅시다. 이것이 무슨 말씀입니까? 우리가 돌로 치지 않으면 하나님께서 치십니다. 불효한 사람, 내가 손을 대지 않아도 하나님께서 심판하십니다. 이걸 잊지 말아야 합니다. 그리고 오늘본문에는 긍정적인 면으로 좋은 귀한 복음이 있습니다. '네가 부모에게 순종하라. 이것이 약속 있는 첫 계명이다.' '이로써 땅에서 잘 되고, 장수하리라.' 여러분, 장수의 비결이 효에 있다는 걸 모르셨지요? 보약을 먹는다고 오래 사는 것 아닙니다. 부모님께 효도하십시오. 부모님의 마음을 기쁘게 해드릴 때 당신이 장수할 수 있는 것입니다. 이걸 잊지 말아야 합니다. 근본적인 것은 성경에 있습니다. '부모에게 순종하라. 장수하리라.' 문자대로 받으십시오. 부모님께 순종할 때 내게, 효도의 가문에 장수가 있습니다. 줄줄이 장수합니다. 여러분, 효가 장수의 비결이라는 걸 잊지 말아야 됩니다. 뿐만 아니라, 잘 되고, 모든 일에 형통하리라, 잘 되리라…… 제가 50년 동안 목회하면서 많은 사람을 봤습니다. 잘 되는 집안, 부모에게 효도합니다. 이름을 다 댈 수가 없습니다. 숨은 효도가 있더군요. 그런 효가 있어서 오늘이 있고, 그 명예가 있고, 그 부가 있는 것을 보게 됩니다. 성경은 이렇게 말씀합니다. '주 안에서 부모에게 순종하라. 이것이 옳으니라. 효도하면 너희가 장수하고 범사에 잘 되리라.'
△

성령 충만한 사람

그들이 이 말을 듣고 마음에 찔려 그를 향하여 이를 갈거늘 스데반이 성령 충만하여 하늘을 우러러 주목하여 하나님의 영광과 및 예수께서 하나님 우편에 서신 것을 보고 말하되 보라 하늘이 열리고 인자가 하나님 우편에 서신 것을 보노라 한대 그들이 큰 소리를 지르며 귀를 막고 일제히 그에게 달려들어 성 밖으로 내치고 돌로 칠새 증인들이 옷을 벗어 사울이라 하는 청년의 발 앞에 두니라 그들이 돌로 스데반을 치니 스데반이 부르짖어 이르되 주 예수여 내 영혼을 받으시옵소서 하고 무릎을 꿇고 크게 불러 이르되 주여 이 죄를 그들에게 돌리지 마옵소서 이 말을 하고 자니라

(사도행전 7 : 54 - 60)

성령 충만한 사람

성도 여러분이 익히 아시는 유명한 아브라함 링컨은 이렇게 말했습니다. '사람이 나이 40이 넘으면 자기 자신의 얼굴에 대해서 책임을 져야 한다.' 대단히 심각한 이야기입니다. 얼굴은 내적 존재에 따라서 계속 변한다는 뜻입니다. 사람이 불만과 불안과 짜증과 낙심과 피곤과 좌절과 근심으로 찌들어 가면 어느 사이에 얼굴도 변합니다. 본디 의학적으로 사람의 피부는 4년마다 한 번씩 바뀐다고 합니다. 그러니까 사람이 며칠만 근심에 시달려도 벌써 그 얼굴이 달라집니다. 그런고로 얼굴에 대해서 책임을 지라는 것입니다. 대단히 심각한 말입니다. 어린이들의 얼굴은 티 없는 깨끗합니다. 흔히 말하기를 '천사 같다'고 합니다. 그런 해맑은 얼굴이 점점 커가면서 어느 사이에 변하여 아주 보기 싫은 흉악한 얼굴로 바뀌고 만다는 것입니다. 인상은 곧 심상이라고 합니다. 마음이 얼굴로 나타나기 때문입니다.

사람은 세 가지로 구분해볼 수 있습니다. 첫째는 육체 주도적 인간입니다. 육체적 욕망에 끌려 사는 것입니다. 가끔 신문이나 방송에서 봅니다마는, 음주운전, 사실 부끄러운 일입니다. 하루도 안 빼고 음주운전 이야기가 나옵니다. 외국에는 이 음주운전을 아예 살인죄로 다스립니다. 하지만 우리는 술을 너무나 많이들 마시고 있기 때문에 상대적으로 술에 대해서 후합니다. 안 됩니다. 이는 남을 죽이는 일입니다. 얼마나 무서운 일입니까. 음주운전, 차는 운전사가 운전하는데, 바로 그 운전사를 운전하는 것이 술입니다. 사람이 아닙니다. 여기에 문제가 있습니다. 요새 와서 '자녀학대'라고 하는, 참 생각할 수 없는 범죄가 있습니다. 그 천진한 아이들을 그냥 무자비하게 때려서 병신 만들고, 심지어는 죽이기까지 하지 않습니까. 세상에 이런 학대가 없습니다. 이 문제와 관련하여 섬뜩한 뉴스가 있습니다. 자녀학대의 주체가 계모나 계부가 아니라는 사실입니다. 학대받는 자녀의 80퍼센트가 친자식이라고 합니다. 남의 자식이 아닙니다. 내가 낳은 자식입니다. 그런 자녀를 학대한다니, 이게 어디 인간입니까. 동물도 이런 짓은 안 합니다. 사람이 동물 이하로 추락한 지가 벌써 오래됐습니다. 그 잔인성은 말할 것도 없습니다. 어느 동물이 자기 새끼를 그렇게 죽입니까. 어쩌다 이런 세상이 된 것입니까?

둘째는 이성 주도의 인간입니다. 그가 가진 지식과 양심과 그의 도덕성의 의를 따라서 살아갑니다. 귀한 일입니다. 하지만 그 이성 자체가 타락하고 병들었다는 데에 문제가 있습니다. 병든 이성, 병든 정신력에 따라서 도덕이 다 무너져가는 것을 볼 수 있습니다.

좀 더 나아가 영 주도적 인간이 있습니다. 창세기 1장 27절에 보면 하나님께서 인간을 창조하실 때 자기 형상대로 인간을 창조하셨다고 되어 있습니다. 동물성은 만들어진 것이지만, 우리의 영성은 하나님께서 직접 창조하신 것입니다. 헬라어로는 '에이콘'이라고 합니다. 하나님의 에이콘으로 우리 사람을 만드신 것입니다. 이것은 영성을 말합니다. 그런데 영이 범죄하고, 영이 타락했습니다. 그래서 인간 전체가 망가지는 것입니다. 사람은 육체를 가졌으나, 육체는 이성이 지배하고, 이성은 영성이 지배합니다. 이렇게 되어야 바른 인간인데, 영성이 타락하면서부터 온 인격, 온 성품, 온 인간성이

다 타락해버리고 말았다는 것입니다. 그래서 그리스도의 영으로 말미암아 오직 그리스도의 말씀과 그리스도의 영에 의해서 비로소 영이 다시 회복합니다. 이 '다시 회복하는 것'을 우리는 '중생(重生)'이라고 합니다. 새로운 생명의 기점을 말합니다. 그래서 로마서 8장 9절은 이렇게 말씀합니다. "그리스도의 영이 없으면 그리스도의 사람이 아니라." 중요한 말씀입니다. 그리스도의 영이 없으면 그건 사람도 아니다, 이것입니다. 여러분, 깊이 생각해야 합니다. 갈라디아서 5장 1절은 말씀합니다. "그리스도께서 우리를 자유롭게 하려고……" 또 고린도후서 3장 17절은 말씀합니다. "주의 영이 계신 곳에는 자유가 있느니라." 성령 충만할 때 죄와 사망과 사탄과 모든 고난으로부터 우리의 영을 자유하게 하십니다. 자유의 영, 진리의 영, 그리스도의 영을 받아서 비로소 그리스도인입니다.

오늘본문에 '충만'이라는 말이 나옵니다. Fullness, 성령 충만했다…… 무엇입니까? 그리스도의 영이 강하게 역사하시면서 그의 이성과 그의 육체적 욕망과 그의 모든 생각이 다 사로잡혔습니다. 그리스도의 영으로 완전히 사로잡힌, 온전히 충만한 모습을 오늘본문은 말씀합니다. 그러니까 그의 생각, 그의 판단, 그의 욕망, 육체적 욕망까지도 다 그리스도의 영으로 다스려지는 것입니다. 여기에 자유함이 있습니다. 온전한 자유함입니다. 오늘본문에 이 충만함의 모습이 잘 나타납니다. 첫째, 스데반은 하늘을 우러러 보았습니다. 스데반은 지금 순교를 앞두고 있습니다. 자기를 죽이겠다고 돌을 던지는 사람들을 만납니다. 정당한 재판도 없이 끌어내가지고 돌로 쳐 죽입니다. 이런 부조리한 죽음을 앞에 보고 있습니다마는, 그는 성령 충만했습니다. 성령 충만한 자는 땅을 보지 않습니다. 하늘을 봅니다.

여러분, 부디 부탁입니다. 우리 기도제목입니다. 우리가 세상을 떠나서 요단강을 건너갈 때 제발 땅을 보지 말고 하늘을 볼 수 있는 충만함이 있어야 됩니다. 더는 세상을 볼 것 없습니다. 잘했다, 못했다…… 그 다음 어떻게 될 것이냐? 쓸데없는 생각하지 말고, 하늘을 우러러 보는, 항상 하늘을 우러러 보는 그런 영적 상태, 그것이 충만함입니다. 땅에 매이지 않고 하늘을 보는 것입니다. 또한 과거에 얽매이지 않고 미래를 봅니다. 지난날 잘한 일도 있고, 못한 일도 있고, 아쉬운 일도 있고, 불만스러운 일도 많지만, 싹 지워버리고 스데반은 하늘을 우러러 봅니다. 미래를 봅니다. 앞을 봅니다. 여러분, 생각해보십시오. 저는 많은 사람들이 세상을 떠나는 것을 봅니다. 그 순간에 과거를 생각하며 후회하기도 하고, 심지어는 누군가를 욕하기도 하고, 짜증을 내는 사람들도 있고, 불만과 원망으로 가득 차기도 합니다마는, 성령 충만한 사람은 싹 지워버리고 앞에 열리는 세상을 봅니다. 하나님 나라를 바라봅니다.

오늘본문에서는 '하늘이 열렸다'고 그랬습니다. 하늘이 열려야지요. 순간순간 하늘이 열려야 됩니다. 하늘을 쳐다보고, 하늘이 열리고…… 이것이 바로 성령 충만한 사람의 모습입니다. 오늘본문은 성경에 딱 한 번 있는 귀중한 말씀입니다. 스데반이 하늘을 쳐다봅니다. 그때의 말씀합니다. "인자가 하나님 우편에 서신 것을 보노라……(56절)" 여기에 '인자'라는 단어가 나옵니다. 인자, 특별한 신학적인 문제입니다. 예수님께서 세상에 계실 때 예수님과 그 제자들의 대화를 한번 생각해보십시오. 예수님께서는 늘 자기를 가리키실 때 "인자가…… 인자가……"라고 말씀하십니다. 많은 경우에 "인자가…… 인자가……"라고 말씀하시는데, 제자들은 예수님을 보고 "랍비여! 랍비여!" 합니다. "선생님이시여! 그리스도시여!" 합니다. 여기에 차이가 있습니다. 어느 제자라도 예수님께서 십자가를 지시기 전에 "인자여!" 한 마디 했으면 얼마나 좋겠습니까. 예수님의 정체는 인자거든요. 이것은 언제 나타나는가 하면, 가장 중요한 신학적 계기가 여기에 있습니다. 예수님께서 재판을 받으실 때, 그래서 제사장 앞에 서셨을 때 가야바가 예수님께 묻습니다. "네가 그리스도냐? 네가 메시아냐?" 이에 예수님께서 대답하십니다. "인자가 구름을 타고 오는 것을 보리라." 끝. 그때에 제사장이 기절합니다. "저놈을 죽여라!" 합니다. 인자는 가장 높은 이름입니다. 하나님께서 친히 세상에 나타나시는 것을 말합니다. 높은 이름입니다. 그리스도냐 메시아냐, 하는 것은 다 이 세상에서 부르는 이름입니다. 인자는 하나님 앞에서 불리는 이름입니다. "인자가 하나님께서 구름을 타고 오시는 것을 보리라." 그러니까 "아, 이거 재판 끝났다. 저놈 죽여라!" 이렇게 되는 것 아닙니까. 그가 바로 인자입니다.

그런데 예수님께서는 스스로 적어도 50회 이상 "인자가……"라고 말씀하셨는데, 제자들은 예수님을 단 한 번도 "인자여!"라고 부른 일이 없었습니다. 오직 스데반만이 딱 한 번, 그것도 순교하기 직전 하늘이 열리는 그 순간에 "인자가 하나님 우편에 서신 것을 보노라!" 하고 간증합니다. 이것은 기독론적 차원에서 매우 중요한 클라이맥스입니다. 인자의 영광을 봅니다. 하나님 우편에 서서 스데반을 기다리고 계신 인자를 보았습니다. 그렇게 인자와 스데반이 눈이 마주칩니다. 이 순간에 아픈 것도 없고, 괴로운 것도 없고, 후회되는 것도 없습니다. 그저 영광과 충만함이 있고, 그 결과로 원수가 없습니다. 신학적으로 보면 헬라파 유대인들입니다. 스데반이 헬라파 유대인이기 때문에, 그러니까 지성인이기 때문에 헬라파 유대인들이 그걸 참지 못해서 그를 끌어내어 돌로 쳐 죽이는 판입니다. 여기에 많은 모순과 오해가 있습니다마는, 상관없습니다. 스데반은 하늘을 우러러 보고, 하나님의 영광을 보는 순간 원수가 없습니다. 다 용서합니다. 그리고 죽어가면서 기도합니다. "하나님이시여, 이 허물을 저들에게 돌리지 말아주십시오." 여기에 깊은 의미가 있습니다. 예수님께서 십자가를 지실 때는 "주여, 저들의 죄를 사하소서. 저들이 하는 것을 모르기 때문입니다!" 하십니다. 예수님 말씀입니다. 스데반은 조금 다릅니다. "이 허물을 저들에게 돌리지 말아주세요." 여기에 깊은 암시적인 내용이 있습니다. 이 허물을 저들에게 돌리지 말아달라는 것은 무슨 소리입니까? 누구에게 돌리라는 말입니까? 내게도 허물이 있다는 뜻입니다. 내가 어느 사이에 저들을 격분하게 하고, 저들을 분노케 하여 이 같은 사건이 생기는지 모르겠습니다. "제게 허물이 있어도 이 허물을 저들에게 돌리지 말아주세요." 이렇게 기도합니다.

성령 충만한 자에게는 원수가 없습니다. 다 용서합니다. 죽는 순간 스데반의 얼굴은 천사의 얼굴과 같았습니다. 사도행전 6장 15절은 말씀합니다. "천사의 얼굴과 같더라." 죽어가는 사람, 순교하는 사람의 얼굴이 환합니다. 이 모습을 사울이라는 청년이 보고 있었습니다. 저는 어떤 분이 이 문제를 연구해서 쓴 박사논문을 읽어본 일이 있습니다. 논문에 따르면 그때에 사울이라는 청년이 깊은 인상을 받았다는 것입니다. '마땅히 돌에 맞아 죽어야 할 사람이 어찌 저렇게 죽을 수 있나?' 사울은 큰 충격을 받고 발광을 한 나머지

극악해져서 다메섹까지 예수 믿는 사람을 체포하러 가게 되었다는 것 아닙니까. 결국은 발광을 한 것 같아도 사울이라는 청년은 스데반에게 완전히 포로가 되었습니다. 그리고 다시 연구해봅니다. 제가 신학대학에서 몇 년간 바울신학을 가르친 일이 있습니다. 자세히 연구해보면 놀라운 것은 바울의 신학사상이 스데반의 설교 가운데 다 나온다는 것입니다. 단적으로 말하면 사도 바울은 스데반의 제자입니다. 그는 죽어가고 있지마는, 영적으로, 신학적으로, 선교적으로 그는 사울이라는 청년을 포로로 삼았습니다. 그의 죽음은 위대했습니다. 마침내 사울이 바울이 되고, 그 바울이 온 세계를 다니며 복음을 전하는 위대한 역사를 이루게 됩니다.

성령 충만한 자의 얼굴에는 권능이 있습니다. 권세가 있습니다. 능력이 있습니다. 성령 충만. 그는 언제나 하늘을 쳐다봅니다. 약속의 땅을 봅니다. 과거에 얽매이지 않습니다. 아무도 미워하지 않습니다. 골로새서 3장 1절은 말씀합니다. “너희가 그리스도와 함께 다시 살리심을 받았으면 위의 것을 찾으라 거기는 그리스도께서 하나님 우편에 앉아 계시느니라.” 위의 것을 생각하고, 땅의 것을 생각하지 마라! 사도 바울이 이렇게 씁니다. 이걸 쓰면서 사도 바울은 스데반의 얼굴을 마음에 떠올렸을 것이라고 생각합니다. △

생명을 선택하라

보라 내가 오늘 생명과 복과 사망과 화를 네 앞에 두었나니 곧 내가 오늘 네게 명령하여 네 하나님 여호와를 사랑하고 그 모든 길로 행하며 그의 명령과 규례와 법도를 지키라 하는 것이라 그리하면 네가 생존하며 번성할 것이요 또 네 하나님 여호와께서 네가 가서 차지할 땅에서 네게 복을 주실 것임이니라 그러나 네가 만일 마음을 돌이켜 듣지 아니하고 유혹을 받아 다른 신들에게 절하고 그를 섬기면 내가 오늘 너희에게 선언하노니 너희가 반드시 망할 것이라 너희가 요단을 건너가서 차지할 땅에서 너희의 날이 길지 못할 것이니라 내가 오늘 하늘과 땅을 불러 너희에게 증거를 삼노라 내가 생명과 사망과 복과 저주를 네 앞에 두었은즉 너와 네 자손이 살기 위하여 생명을 택하고 네 하나님 여호와를 사랑하고 그의 말씀을 청종하며 또 그를 의지하라 그는 네 생명이시요 네 장수이시니 여호와께서 네 조상 아브라함과 이삭과 야곱에게 주리라고 맹세하신 땅에 네가 거주하리라

(신명기 30 : 15 - 20)

생명을 선택하라

이런 이야기를 친구 목사님들을 통해서 들었습니다. 그분들이 강릉에 갈 일이 있었답니다. 차를 타고 이제 가려는데, 일행들 사이에 이견이 생겼습니다. 그 가운데 한 사람이 이렇게 말했답니다. "강릉은 별것 아니야, 영동고속도로를 타고 죽 가면 그냥 강릉까지 가." 하지만 운전대를 잡은 사람은 다른 소리를 했습니다. "그게 무슨 소리야? 네비게이션을 보고 가야지. 네비게이션을 딱 눌러가지고 그 안내대로 따라가야 해." 이렇게 서로 의견이 분분했습니다. 하지만 결국 운전대 잡은 사람이 이겼습니다. 그리고 '네비 아가씨'가 인도하는 대로 가게 되었습니다. 그런데 웬일입니까? 그 시원한 영동고속도로를 놔두고 계속 지방도로로 안내를 하는 것입니다. 그래 2시간이면 갈 것을 4시간이나 걸렸습니다. 마침내 강릉에 도착하고 나서 다들 이렇게 말했습니다. "그 아가씨 말을 믿지 말걸……" 우리는 가끔 이런 경험을 합니다. 네비게이션의 안내를 따라가다 보면 엉뚱한 방향으로 빙빙 돌아서 가게 됩니다. 물론 목적지에 도착하기는 합니다. 하지만 시간을 낭비하는 경우가 많아서 딱합니다. 그래 저는 네비 아가씨를 안 믿습니다. 어떤 선택을 하느냐가 문제입니다. 한번 선택을 잘못하면 끝까지 그 선택한 운명을 따라갈 수밖에 없습니다.

바스 카스트의 「선택의 조건」이라는 유명한 저서가 있습니다. 이 책에서 그는 '과잉사회'에 대해서 말합니다. 오늘날 우리에게는 선택의 폭이 너무 넓어졌다는 것입니다. 옷을 예로 들어볼까요? 옛날같이 옷이 귀한 시절이라면 하나밖에 선택할 수 없습니다. 달리 선택할 여지도 없습니다. 그럼 아침에 옷을 입을 때 그 하나밖에 없는 것을 입으면 됩니다. 하지만 지금은 옷장에 옷이 너무나 많습니다. '이걸 입을까, 저걸 입을까?' 이러다가는 자칫 옷 고르는 데 30분이 넘게 걸립니다. 선택의 여지가 너무나 많습니다. 선택의 문이 넓게 열려 있습니다. 그러다 보니 때로는 빨리, 쉽게 선택을 하게 됩니다. 아주 값싼 선택을 한다는 것입니다. 별로 생각할 거리도 없습니다. 너무나 많은 선택 속에 그만 허우적거리다가 잘못된 선택을 하게 되는 것입니다. 그래도 선택은 선택입니다. 일단 선택을 했으면 다음은 어떻게 해야 합니까? 이제는 별 수 없이 그 선택을 따라가야 합니다. 그리고 그 선택한 바에 대해서 책임을 져야 합니다. 옷을 입을 때 이제 날씨가 좀 더워지니까 아마 여러분은 오늘 아침에 고민을 많이 했을 것입니다. '어떤 옷을 입을까?' 선택입니다. 또 일단 입었으면 저녁까지 그냥 계속 입고 다닐 수밖에 없잖아요? 그러니까 그만큼 책임을 져야 되는 것입니다. 지식도 그렇습니다. 이런 공부를 할까, 저런 공부를 할까? 이 책을 볼까, 저 책을 볼까? 선택의 폭이 너무 넓어서 그만 허우적허우적 하다가 세월 다 보내고 맙니다. 또한 인간관계도 마찬가지입니다. 산 속에서 달랑 두 남녀가 만났다면 그냥 그 둘이 결혼하면 됩니다. 그런데 지금은 웬 놈의 여자 남자가 이렇게 많은지요? 그러니까 이 사람 얼굴에, 이 사람 몸매에, 이 사람 지식에, 이 사람 경제력에…… 이렇게 선택을 못하고 허우적거리다가 노처녀, 노총각이 되고 맙니다. 선택의 폭이 너무 넓다는 게 바로 이런 것입니다.

그런데 여기서 중요한 것이 있습니다. 바로 '선택의 기술'이라는 것입니다. 하나를 정하면 나머지 아홉은 버려야 됩니다. 버릴 줄 아는 능력이 없으면 선택을 바로 할 수 없습니다. 두 가지를 다 가지려고 하면 안 됩니다. 우리 아버지가 옛날에 저더러 빙그레 웃으면서 하시던 말씀이 있습니다. 수없이 많이 들었던 이야기입니다. "술을 마시겠느냐, 밥을 먹겠느냐, 떡을 먹겠느냐?" 그때 저는 술에 밥 말아 떡을 안주해서 먹겠다고 답했습니다. 그러자 우리 아버지 말씀이, 그런 것은 안 된다고 하셨습니다. "하나를 택하고 나머지는 버려야지!" 이 버리는 용기가 없으면 선택이 빗나갈 수밖에 없다는 것입니다. 또 선택을 했으면 거기에 책임을 져야 한다는 것입니다. 이것이 바로 선택의 기술입니다.

인간은 고귀합니다. 선택의 능력, 선택의 지식, 선택의 기회가 우리에게 주어져 있습니다. 다시 한 번 같이 생각해봅시다. 동물은 선택의 자유가 없습니다. 그래서 동물입니다. '선택의 여지가 없다'를 영어로 하면 'I have no choice'입니다. 선택의 여지가 없다고 하는 순간 나는 인간이기를 포기하는 것입니다. 우리한테는 항상 선택의 여지가 있습니다. 선택할 기회도 있습니다. 그래서 인간입니다. 동물은 선택의 여지가 없습니다. 쉽게 말하면 누가 사자에게 "야 이놈아! 여러 짐승을 잡아먹느라고 그렇게 피를 흘리지 말고 너도 풀을 먹어라!" 한다고 사자가 풀을 먹고 살 수 있습니까? 사자는 애초 풀을 먹지 못합니다. 다른 동물을 잡아먹어야 됩니다. 여러 동물을 잡아먹어야 됩니다. 아마 하나님께서 이렇게 명령하신 것 같습니다. "잡아먹어라. 그런데 제일 약한 것, 제일 병든 것을 잡아먹어라." 강한 놈은 멀찍이 뛰어 달아나니 잡아먹을 수 없고, 그저 비실비실해서 뒤에 처진 놈만 잡아먹게 되는 것입니다. 이것이 바로 하나님께서 사자에게 주신 명령같이 보입니다. 아무튼 사자는 육식동물입니다. 선택의 여지가 없습니다. 그는 부득불 살생을 할 수밖에 없는 본능에 끌려서 살아갑니다.

동물적 본능에 끌려서 자유가 없다는 사람이 있다면 그 사람은 인간의 존엄을 포기한 사람입니다. 우리에게는 언제나 선택이 있습니다. 선택의 능력, 선택의 기회가 있습니다. 성도 여러분, 한 가지 더 생각하십시다. 노예는 선택이 없습니다. 노예한테는 선택의 여지가 없습니다. 주인이 그를 꼼짝 못하게 딱 붙들고 있습니다. 주인이 하라는 대로 해야 합니다. 도덕적 선택도 없습니다. "저 사람을 죽여라!" 하면 죽이는 것입니다. 가라고 하면 가야 하고, 오라고 하면 와야 합니다. 노예한테는 선택의 자유가 없습니다. 그래서 그는 주인의 명령을 그대로 따르면서 살아가야 합니다.

그렇다면 선택의 여지가 있다는 것이 얼마나 소중한 일인지 모릅니다. 그야말로 은총입니다. 그 자체가 인간됨의 존엄성을 말해줍니다. 여러분, 다함께 에덴동산으로 돌아가서 생각해보십시오. 하나님께서 좋은 동산을 만드시고, 많은 과일들을 다 보여주시면서 "다 먹어라! 다 소유해라!" 하셨습니다. 하지만 "선악을 알게 하는 나무의 과일은 먹지 마라!" 하셨습니다. "먹는 날에는 죽으리라!" 하셨습니다. 우리는 하나님의 이 한마디를 많이 생각합니다. '그런 걸 하나님께서는 왜 만드셨을까? 그리고 만드셨으면 거기에 아주 튼튼한 울타리를 쳐놓으셔서 아예 들어가지도 못하게 막아놓으셨으면 좋았을 텐데, 왜 그냥 방치해두셔서 아담과 하와가 거기에 손을 대서 과일을 따먹도록 만드셨을까? 어째서 쉽게 따먹을 수 있도록 해놓으시고는 먹지 말라고 하셨을까?' 생각해보면 굉장한 사건 아닙니까.

그러나 그 사건 속에 인간의 본질이 있습니다. 하나님께서는 우리에게 많은 것을 주셨습니다. 선택의 자유를 주셨습니다. 그래놓으시고 먹지는 말라고 하셨습니다. 다시 말하면 그것은 먹을 수도 있다는 것을 의미합니다. 먹을 수도 있고, 먹지 않을 수도 있는 것입니다. 그리고 안 먹을 때에 하나님께서 기뻐하시는 것입니다. 먹을 수밖에 없어서 먹으면 아무것도 아닙니다. 절대로 먹을 수 없어서 못 먹었다면 그것도 인간됨을 포기하는 처사입니다. 얼마든지 먹을 수 있습니다. 그러나 하나님의 말씀을 따라 먹지 않는 것, 바로 그 순간 그 먹지 않는 행위가 하나님께 영광이 되는 것입니다. 이것이 인간과 하나님 사이의 중요한 계약입니다. 계약적 관계! 하나님께서 이스라엘 백성으로 하여금 출애굽하게 하시고, 그들에게 가나안 땅을 주셨습니다. 이제 그들이 그 넓은 가나안땅을 다 점령했습니다. 그때에 하나님께서 그들에게 주신 메시지가 이것입니다. "생명을 선택하라! 이제부터는 너희가 선택해서 네가 선택한 운명을 살아라!" 자유선택의 능력을 주셨고, 기회를 주십니다.

특별히 오늘본문말씀은 심각합니다. '복과 저주를 너희 앞에 두나니 생명을 선택하라. 너의 선택에 따라 저주가 될 수도 있고 복이 될 수도 있다. 생명을 선택하라.' 하나님께서는 이렇게 말씀하고 계십니다. 아직도 선택의 여지가 있습니다. 그래서 인간입니다. 선택해서 하나님을 기쁘게 해드릴 수 있습니다. 인간됨을 소중히 여기면서 하나님의 명령을 선택할 때, 하나님의 말씀을 선택해나갈 때 비로소 하나님께 기쁨이 되고, 영광이 되는 것입니다. 그것이 우리 인간의 가장 중요한 존엄성입니다. '복과 저주를 앞에 놓고 너희가 선택하라.' 인간의 존재적 가치, 존엄성과 그 고귀함이 바로 여기에 있습니다. 오늘도 선택의 여지가 있습니다. 순간순간 우리는 선택해야 합니다. 그때마다 하나님을 선택하고, 신령한 것을 선택하고, 영원한 것을 선택해야 합니다. 딱 한마디로 요약하면 생명을 선택해야 합니다. 가장 중요한 생명을 선택해야 되는 것입니다. 물질이 아닙니다. 명예도 아닙니다. 부귀영화도 아닙니다. 생명을 선택해야 됩니다. 이걸 잊지 말아야 합니다. 이 얼마나 신중하고 귀한 말씀입니까. 거듭거듭 생각해야 됩니다.

여러분, 여기까지 하나님께서 인도해주셨습니다. 이스라엘 백성을 여기까지 인도해놓으시고 이제 마지막으로 하시는 말씀이 이것입니다. '너희가 선택하라!' 아주 귀한 말씀입니다. '네 선택에 따라서 하나님께 영광이 되리라.' 선택에 따라서 영광이 되지 않을 수도 있다는 것입니다. '복과 저주를 너희 앞에 둔다. 생명을 선택하라.' 자유 인간, 하나님의 백성입니다. 노예가 아닙니다. 스스로 선택하고, 스스로 책임질 때 하나님께서 기뻐하시고, 하나님께 영광이 된다는 말씀입니다. 복과 저주, 복된 삶과 저주의 길을 내가 선택한 것입니다. 오늘도 그렇습니다. 그때마다 꼭 잊지 마십시오. 번영도 권세도 아닙니다. 생명을 선택해야 합니다. 생명보다 더 중요한 것이 어디 있습니까.

제가 얼마 전에 마음 아픈 소식을 들었습니다. 어느 장로님 아들인데, 제가 결혼주례를 서준 사람이 있습니다. 그는 하버드대학에서 공부하고 왔습니다. 아주 훌륭합니다. 그래 큰 회사에 들어갔고, 일도 잘했습니다. 지위도 좋습니다. 돈도 잘 법니다. 예쁜 여자를 만나 결혼도 했습니다. 그런데 얼마 안 되어 죽었습니다. 왜요? 일이 너무 과중했던 것입니다. 자기가 죽어가는 줄도 모르고 열심히 일한 것입니다. 일은 사무실에서 해야 될 텐데, 집에까지 가지고 와서 밤새껏 했습니다. 그렇게 열심히 일만 하다가 그만 몸이 나빠졌습니다. 그래 병원에 갔더니 급성간암 판정을 받고 얼마 뒤에 죽은 것입니다. 마음이 너무너무 아픕니다. 제가 결혼주례를 해준 아까운 청년이 그 뒤로 불과 몇 년 되지도 않아서 그만 세상을 떠난 것입니다. 여기서 여러 가지를 생각해야겠지만, 그는 생명을 선택하는 것을 잊어버린 것입니다. 돈도 중요하고, 명예도 중요하고, 사업도 중요합니다. 하지만 그 모든 것보다 생명이 더 중요하지 않습니까. 생명을 잃어가면서까지 그래서야 되겠습니까.

영적 생명을 생각한다면 무엇이 더 중요한지를 잊어서는 안 됩니다. 생명의 길을 잊지 마십시오. 어차피 세상은 그럭저럭 살다가 가는 것입니다. 그렇지 않습니까. 요새는 가끔 이런 질문을 받습니다. "목사님, 아직도 운전하십니까?" "그렇지." "아직도 설교하십니까?" "설교하지." 그러나 그 대답을 하고 나서 제가 속으로 되묻는 질문이 하나 있습니다. '얼마 안 남았어.' 아무래도 얼마 안 남았지요. 여러분, 제가 앞으로 몇 번이나 더 이 강단에 설 수 있을 것 같습니까? 심각하게 생각하십시오. 그렇게 사는 것입니다. 이것은 부인할 도리가 없습니다. 그런고로 생명을 선택하라는 것입니다. 영광된 생명, 특별히 하나님과의 관계에서 깨끗하고, 하나님께 가기에 부족함이 없는 생명을 살아가야지요. 하나님의 사랑을 느끼며, 하나님의 축복을 느끼며, 하나님의 보호하심을 느끼며 살아야지요. 아니, 하나님께서 인도하시는 저 미래의 생명을 바라보며 오늘을 살아야지요. 돈, 명예, 가정, 권세? 다 소용없습니다. 생명이 중요합니다. 어떤 생명으로 삶을 마치느냐가 중요합니다.

미국의 앤드류 잭슨 대통령이 자기 친구인 유명한 정치가가 병원에 입원했다는 소식을 듣고 병원으로 그를 찾아갔습니다. 그래 병문안을 하는데, 그 친구가 병중에서 고생을 하다가 이 친구 대통령을 만나서 반갑다고, 와줘서 고맙다고 하면서 맨 마지막으로 헤어질 때 한 말이 이것입니다. "아무래도 내가 갈 것 같은데, 내가 천당 갈 수 있을까?" 이 물음에 잭슨 대통령이 이렇게 답했다고 합니다. "그건 자네 몫이야." 끝. "그건 자네 몫이야. 누구에게 얘기할 것도 없고, 부탁할 것도 못돼. 천당 가고 지옥 가는 것은 자네 몫이야."

여러분, 우리의 생명은 어떻습니까? 잘 살고 못 살고는 중요하지 않습니다. 예수님께서 해주신 드라마틱한 이야기를 한번 같이 생각해볼까요? 거지 나사로에 관한 이야기입니다. 어떤 부자가 소유한 물건들이 너무나 많아서 쌓아둘 곳이 없습니다. 그래 창고를 다시 짓느라 난리를 피우고 있습니다. 한데 저 길거리에는 거지 나사로가 있습니다. 불쌍하기 짝이 없습니다. 이제 그 둘이 다 죽었습니다. 그래 한 사람은 하늘나라에 가서 아브라함의 품에 안겼고, 또 한 사람은 지옥으로 떨어졌습니다. 이 두 사람을 놓고 예수님께서 하신 말씀이 무엇입니까? "부자는 한평생을 호의호식하면서 잘 살았다. 불쌍한 거지 나사로는 헌 데를 개가 와서 핥을 정도로 비참하게 살았다. 하지만 나사로는 아브라함의 품에 안겼고, 부자는 지옥에 갔다. 누가 복된 사람이냐?" 복되고 안 되고는 여기에 있습니다. 예수님의 말씀으로 돌아가 봅시다. 오늘 우리가 이미 교독문에서 읽었습니다. '마음이 가난한 자는 복이 있나니 천국이 저의 것이요. 핍박당하는 자는 복이 있나니 천국이 저의 것이다.' 누구입니까? 순교하는 사람, 세상에서 가장 비참하게 죽었습니다. 그러나 천국이 저의 것입니다. 여러분, 천국을 소유했으면 복된 사람이고, 세상에서 아무리 잘 살았더라도 천국을 잃어버렸으면 그 사람은 불행한 사람일 수밖에 없지 않습니까. 그래서 선택할 때마다 신령한 것을 선택하고, 영원 지향적으로 선택하고, 모든 사람을 복되게 할 수 있는 가치를 선택해야 합니다. 다른 말로 하면 영생을 선택해야 한다, 이것입니다.

예수님께서 친히 말씀하십니다. '나는 양을 위하여 목숨을 버리노라. 누가 빼앗는 것이 아니다. 내가 스스로 버리노라. 생명을 얻기 위하여, 생명을 주기 위하여 나는 생명을 버리노라.' 요한복음 15장 16절 말씀이 참 마음에 듭니다. "너희가 나를 택한 것이 아니요 내가 너희를 택하여 세웠나니……" 여러분, 우리는 다 택함 받은 백성입니다. 주님께서 우리를 어디로 택하셨습니까? 어떻게 되라고 택하셨습니까? 어떤 운명의 길로 택하셨습니까? 그 길을 나도 선택해야 됩니다. 같은 길을 가야 됩니다. 생명의 길은 좁은 길입니다. 예수님께서 말씀하십니다. '내 제자가 되려면 자기 십자가를 지고, 자기를 부인하고 나를 좇을 것이니라.' 좁은 길입니다. 십자가의 길입니다. 그러나 생명의 길입니다. '넓은 길은 사망의 길이요, 좁은 길은 생명의 길'이라고 주님께서 말씀하십니다. 자기 자신을 부인하고, 주님의 죄를 따르는 생명의 길, 영원한 길입니다. 예수님께서 말씀하십니다. 생명을 선택하라!

다시 한 번 영원한 생명을 생각합니다. 그 생명을 위해서 오늘을 사는 일이 참 중요하다고 생각합니다. 여러분, 앞으로 남은 시간이 얼마라고 하든지 간에 과거는 묻지 마십시오. 이제부터의 생은 생명 지향적이어야 합니다. 영원한 생명을 지향하고, 그것을 목표로 삼고, 그 밖의 다른 많은 것들은 다 툭툭 털어버리면서, 좀 버리면서 사십시오. 그래야 선택이 온전해질 수 있습니다. 두 가지를 다 선택하려고 하지 마십시오. 하나를 선택하고 열을 버려야 됩니다. 많이 버려야 우리 선택이 온전해질 수 있습니다. 그래서 오늘본문 19절, 20절을 다시 한 번 보게 됩니다. "내가 오늘 하늘과 땅을 불러 너희에게 증거를 삼노라 내가 생명과 사망과 복과 저주를 네 앞에 두었은즉 너와 네 자손이 살기 위하여 생명을 택하고 네 하나님 여호와를 사랑하고 그의 말씀을 청종하며 또 그를 의지하라. 그는 네 생명이시요 네 장수이시니……" 생명을 선택하라! △

날로 새롭도다

그러므로 우리가 낙심하지 아니하노니 우리의 겉 사람은 낡아지나 우리의 속사람은 날로 새로워지도다 우리가 잠시 받는 환난의 경한 것이 지극히 크고 영원한 영광의 중한 것을 우리에게 이루게 함이니 우리가 주목하는 것은 보이는 것이 아니요 보이지 않는 것이니 보이는 것은 잠깐이요 보이지 않는 것은 영원함이라

(고린도후서 4 : 16 - 18)

날로 새롭도다

「상처와 용서」라는 책에 이런 아주 재미있는 실화가 나옵니다. 어느 이비인후과 병원에서 있었던 일입니다. 한 꼬마가 중이염에 걸려서 치료를 받기 위해 엄마와 함께 병원을 찾았습니다. 그 아이의 엄마가 의사에게 하는 말입니다. "의사 선생님, 애가 겨울방학을 지내고 끝내면서 방학숙제로 읽기를 썼는데, 그 가운데 이런 말이 있었습니다. '이번 겨울방학에 가장 즐거웠던 일은 내가 중이염에 걸린 것이다.'" 이 말을 듣고 의사 선생님이 아이에게 물었습니다. "중이염에 걸린 게 왜 그렇게 좋으냐?" 그랬더니 이 아이가 하는 말이 이랬습니다. "제가 아프니까 온 가족이, 특별히 엄마가 저를 사랑해 주셨거든요. 주변의 모든 사람들이 다 나를 위해주고, 선생님까지 나를 친절하게 대해주시니까 중이염은 참 좋은 겁니다." 그래 중이염 걸렸을 때가 가장 행복했다고 일기장에 써놓은 것입니다. 이것이 바로 '고난의 역설'입니다. 고난을 통해서는 잃어버리는 것이 많지마는, 반대로 얻는 것도 많다는 점을 잊지 말아야 합니다.

지금 인간이 죽어가고 있습니다. 지구가 죽어가고 있습니다. 음식은 물론, 마시는 물까지 사 마셔야 할 정도로 우리는 오염된 세상에 살고 있습니다. 뿐입니까? 요새는 숨을 마음대로 쉴 수도 없습니다. 공기가 나빠져서 마음 놓고 함부로 숨을 쉬다가는 그대로 죽을 수밖에 없을 정도로 세상은 살기가 점점 어려워지고 있습니다. 뿐만 아니라 인간성마저 파괴되어서 과거에는 상상할 수도 없었던 끔찍한 일들이 우리 눈앞 곳곳에서 벌어지고 있습니다. 우리는 참 많은 것들을 잃어버렸습니다. 그리고 계속 잃어가고 있습니다.

하지만, 과연 꼭 그럴까요? 정말로 얻는 것이 하나도 없을까요? 엄밀히 득실을 한 번 따져봐야겠습니다. 오늘본문은 우리에게 귀중한 가르침을 줍니다. 잃어버리는 것이 있음과 동시에 얻는 것도 있다는 사실이 바로 그것입니다. 한편으로 잃어버리는 것이 있을 때 다른 한편으로는 얻는 것도 있다는 사실을 모른다는 것이 문제입니다. 모르면 완전히 잃어버린 것입니다. 그러나 잃어버리면서 동시에 얻는 것도 있다는 사실을 알았다면 그는 그만큼 손해를 보지 않은 것이라고 할 수 있습니다. 얻는 세상이요, 승리한 세상이요, 아름다운 세상으로 의미가 바뀐다는 말입니다.

오늘본문은 우리에게 중요한 말씀을 줍니다. "우리가 낙심하지 아니하노니……(16절)" 왜요? 겉사람은 후패(朽敗)입니다. 겉사람은 낡아지고 있습니다. 그러나 속사람은 아닙니다. 속사람은 날로 새로워지고 있습니다. 여러분, 자신의 처지를 스스로 한번 진단해보십시오. 육체는 자꾸 늙어갑니다. 나이 들면 안 아프던 허리도 아프고, 무릎도 아프고, 머리도 아픕니다. 웬 아픈 데가 그렇게 많습니까? 그럼 이제 다 잃어버린 것입니까? 아닙니다. 얻는 것이 더 많아야 됩니다. 득실을 말하자면 득이 더 많아야 합니다. 오늘 손익계산을 똑바로 해야겠습니다.

오늘본문이 우리에게 가르쳐주는 특별한 진리가 있습니다. 여기에 여러분은 동의하시겠습니까? 함께 생각해보십시다. 환난, 이 세상에서 우리가 당하는 고난, 그것을 오늘본문에서는 세 가지로 말씀합니다. 첫째는 '지나가는 것'입니다. '어떤 것도 지나가는 것이다. 화려한 것도 지나간 것, 행복한 것도 지나가는 것, 아픈 것도 지나가는 것, 하나의 process, 과정일 뿐이다. 다 지나가는 것이다.' 어떤 부도, 어떤 영광도 머물지 않습니다. 곧 지나가는 것, 사라지는 것입니다. 둘째는 '경한 것'입니다. 왜요? 장차 받을 영광에 견주면 이것은 경한 것입니다. 결코 중한 것이 아닙니다. 중한 것은 미래의 것입니다. 현재와 과거에 대한 것은 경한 것이요, 가벼운 것입니다. 셋째는 '잠깐 지나가는 것'입니다. 여러분, 일생이 잠깐 지나갔지요? 제가 가끔 결혼주례를 할 때마다 그거 준비하느라고 많은 사람들이 애를 씁니다. 누구보다도 신랑신부가 애를 많이 씁니다. 제가 주례를 하면서도 가만히 생각해보면 기가 막힙니다. 주례를 20분 정도 하는데, 그 20분이라는 게 땡 하면 다 지나가는 짧은 시간입니다. 그런 걸 준비하느라고 뭐 이렇게 요란을 떠나 싶습니다. 이래도 그만, 저래도 그만 아닌가 싶은 것입니다. 그러나 본인들한테는 이게 굉장한 일입니다. 그래도 어쨌든 잠깐 사이에 지나갑니다.

잠깐이라는 말을 할 때마다 꼭 생각나는 일이 하나 있습니다. 옛날, 우리 기독교가 처음 시작되었을 때 로마에서 큰 박해가 있었고, 우리 기독교인들이 로마의 원형극장에 끌려가서 사자와 같은 사나운 짐승들에게 찢겨죽지 않았습니까. 줄잡아 수만 명이 그렇게 죽었습니다. 순교입니다. 바로 그 순교사, 초대교회의 순교사에 이런 이야기가 나오는 걸 제가 젊었을 때 보고 참 깊이 감동을 받았습니다. 세월이 많이 흘렀는데도 두고두고 생각이 납니다. 한 어머니가 어린아이를 안고 있습니다. 이제 저쪽에서 굶주린 사자들이 떼를 지어 이 어머니를 향해 몰려듭니다. 그대로 두면 사자 떼는 이 어머니와 아이를 물어서 찢어죽일 것입니다. 바로 그 순간 어머니 품에 안긴 아이가 무서워서 울기 시작합니다. 그러니까 어머니가 그 아이를 달래면서 하는 말입니다. "얘야, 잠깐만 참아라. 곧 끝난다. 잠깐만 참아라. 곧 밝아질 것이다. 이 세상이 끝나면서 하늘나라가 열릴 테니까 잠깐만 참아라. 곧 밝아질 것이다." 그게 너무너무 인상적이어서 제가 일생동안 마음속에 기억하고 있습니다. 여러분, 세상일 잠깐만 참으십시오. 곧 밝아질 것입니다.

문제는 겉사람은 낡아지는데 속사람은 새로워진다는 것입니다. 겉사람이 낡아지는 것과 속사람이 새로워지는 것 사이의 인과관계는 무엇입니까? 바로 이것이 문제입니다. 겉사람이 후패한다고 속사람이 저절로 새로워지는 것은 아니거든요. 이것은 구원받은 생명, 하나님의 재창조의 역사 가운데서 이루어지는 일입니다. '겉사람이 후패한다. 그러나 속사람은 새롭다.' 요점은 여기에 있습니다. 우리가 고난당하면서 자기만 생각하던 이기주의자가 어느새 조용히 하나님의 뜻을 생각하게 됩니다. 현재만 생각하던 사람이 '죽은 다음에 어떻게 되나?' 하고 생각하게 되는 것입니다. 믿거나 말거나 죽은 다음의 세상에 대해서, 미래에 대해서 생각하게 된다, 이것입니다. 부분만 생각하던 사람이 이제는 전체를 생각하게 됩니다. 육체의 쾌락을 추구하던 사람이 고난을 당하게 되면 영혼의 문제를 생각하게 됩니다. 물질을 생각하던 사람이 이제는 영적인 세계를 생각하게 됩니다. 외모와 겉만 생각하던 사람, 이제는 속사람을 생각해야 될 것입니다. 없어질 것만 생각하던 사람이 영구한 가치가 어디에 있는지를 생각하게 됩니다.

무너짐을 생각할 때 세워짐을 생각해야 합니다. 이런 유명한 이야기가 있습니다. 성 아우구스티누스가 신성로마제국이 무너지는 소리를 듣습니다. 영원히 망하지 않으리라고 믿어지던 신성로마제국이 이민족의 침입으로 말미암아 하루아침에 불바다가 되고 맥없이 무너지는 것을 봅니다. 그러면서 그는 생각합니다. '세상의 나라는 무너지고, 하나님의 나라는 세워지도다.' 이것이 바로 그가 「하나님의 도성(City of God)」이라는 책을 쓰게 된 동기입니다. '세상나라는 무너진다. 그 속에서 보이지 않는 하나님의 나라가 세워지고 있다.' 이것이 성 아우구스티누스의 유명한 역사관입니다.

오늘본문은 낙심하지 말아야 할 것을 말씀합니다. "낙심하지 아니하노니……" 우리가 낙심하지 말아야 할 이유는 '새로워지기' 때문입니다. 아니카이노스, 날로 새로워진다! 특별한 말입니다. '아나'라는 말과 '카이노스'라는 말의 합성어입니다. 여기서 생각할 것이 있습니다. 헬라어에서는 시간적으로 새롭다는 말을 '네오스'라고 합니다. 'New'라는 말이 거기서 나옵니다. 그러나 질적으로 새로워지는 것은 '카이노스'입니다. 다시 새로워진다는 뜻입니다. 역설적이지요. '다시 새로워진다. 모든 것은 낡아지는 줄 알고 있지만, 아니다. 다시 새로워진다. 날마다 새로워진다. 계속적으로 새로워진다.' 이것이 오늘본문의 뜻입니다. 사도 바울은 그의 유명한 로마서 8장 18절에서 이렇게 말씀합니다. "생각하건대 현재의 고난은 장차 우리에게 나타날 영광과 비교할 수 없도다." 현재의 고난은 있습니다. 그러나 장차 나타날 영광과는 족히 비교할 수 없습니다. 다시 말하면, 과거에 밀려서 미래로 가는 것이 아니라, 화려한 미래를 생각하며 미래에 끌려서 현재와 과거를 초월하게 된다는 말씀입니다.

고난당한 자의 대표격인 인물 욥을 생각해보십시오. 욥은 한평생 수많은 고난을 당합니다. 물질적으로, 육체적으로, 가정적으로, 정치적으로 많은 고난을 당하지만, 가장 큰 고난은 왜 자신이 고난

당하는지를 몰랐다는 것입니다. '왜 제게 이런 일이 있어야 합니까? 세상에는 죄인이 많은데 왜 제가 고난을 당해야 합니까? 세상에 악한 사람이 얼마나 많은데, 왜 저의 재산이 없어져야 합니까? 왜 제 자식이 죽어야 합니까?' 왜 자신이 고난을 당해야 하는지를 몰라서 고민하는 것이 바로 욥기 전체의 주제입니다. 마지막 욥기 42장 5절은 이렇게 말씀합니다. "내가 주께 대하여 귀로 듣기만 하였사오나 이제는 눈으로 주를 뵈옵나이다." 전에는 듣기만 했는데, 고난 속에서 이제는 주님을 본다는 것입니다. 이것 때문에 고난은 있어야 했다는 것입니다.

잊어버린 생각을 되찾고, 세상으로 기우는 생각을 하나님께로 향하게 합니다. 물질로 기울어지던 사람이 신령한 세계로 자기 생각을 바꾸는 것입니다. 그래서 전에는 주께 대하여 듣기만 하더니, 이제는 이 고난을 통해서 주님을 보는 것입니다. 다시 말하면, 나로 하여금 주님께 가까이 가게 하기 위해서, 좀 더 주님을 확실히 알게 하기 위해서, 아니, 내가 가야 할 미래를 내가 올바로 전망할 수 있게 하기 위해서 이 고난은 있어야 했다는 것입니다. '이 모든 일은 있어야 했다.' 욥의 간증입니다.

'날로 새롭다'라는 말은 동사입니다. 새로워지고, 또 새로워지고, 거듭거듭 새로워지는 것을 말합니다. 겉사람은 낡아집니다. 여러분, 오늘 아침에도 무릎이 아프고, 허리도 아팠지요? 때로는 머리도 아프지요? 그럴 때마다 '아, 이거 왜 이러지?' 하고 걱정되지요? 그게 다 낡아서 그렇습니다. 고물이 된 것입니다. 중고품입니다. 중고품은 원래 그런 것입니다. 이래저래 수리해가면서 살아야 됩니다. 그러나 잃어버리는 것만 생각하면 안 됩니다. 얻는 것을 생각해야지요. 전에는 생각하지 못했던 것을 생각합니다. 전에는 모르던 하나님을 알게 되었고, 전에는 없던 믿음을 새로이 가지게 되었습니다. 신령한 믿음, 위대한 믿음, 큰 믿음을 가지기 시작합니다. 뿐입니까. 전에 생각하지 못했던 하늘나라를 생각하게 됩니다. 소망의 세계, 더 온전한 소망의 세계를 생각합니다.

더 나아가 사랑하게 됩니다. 지난날 젊었을 때 화끈하게 사랑한 것은 지금 생각하면 장난입니다. 진짜 사랑은 이제부터입니다. 참사랑, 진실한 사랑이 무엇인지, 이제부터 공부합니다. 이제부터 배웁니다. 이제부터 몸에 익힙니다. 그리고 사랑의 세계를 발견하게 될 때 이렇게 생각합니다. '이제 죽어도 한이 없다.' 사도 바울의 말입니다. '너희의 믿음과 봉사 위에 내가 나를 관제로 드릴지라도 기뻐하리라. 내가 너희를 사랑하고 보니까 너희를 위해서 내가 피를 쏟아부어도 나는 기뻐하리라.' 사도 바울의 위대한 고백입니다. 이렇게 깨닫는 사람이 바로 날로 새로워지는 사람입니다.

히브리서 12장 2절은 예수 그리스도를 우리 생활의 모델로 지시합니다. "그는 그 앞에 있는 기쁨을 위하여 십자가를 참으사……" 여기에 기독론이 있습니다. 예수님께서 십자가를 지시는 모습을 생각해보십시오. 억지로 지셨습니까? 부득이하게 지셨습니까? 원망하면서 지셨습니까? 저주하면서 지셨습니까? 아닙니다. 예수님께서는 십자가 뒤에 있는 부활과 영광을 바라보셨습니다. 그 즐거움을 생각하셨습니다. 그리고 행복한 마음으로 십자가를 지셨습니다. "그 앞에 있는 기쁨을 위하여 십자가를 참으사……" 얼마나 아름다운 말씀입니까. 본질적으로 새로워져야 합니다. 영원을 바라보면 현재란 아무 의미가 없습니다. 속사람을 생각하는 사람은 겉사람에 대해서 신경 쓸 필요가 없습니다. 낡아지는 것을 왜 봅니까. 약해지는 것을 왜 봅니까. 아니, 떠나야 할 시간이 가까운 것을 왜 봅니까. 오히려 우리는 저 앞에 있는 영광을 바라보아야 합니다. 그래 날로 새로워지고, 순간마다 새로워지고, 더 새로워지는 역설적인 신앙생활이 되어야 할 것입니다.

더러는 어디가 아프기도 합니다. 무엇을 잃어버리기도 합니다. 심지어는 일이 잘못될 때도 있습니다. 생각을 다시 해야 됩니다. 유명한 물리학자 아이작 뉴턴은 당시 최고의 천재였습니다. 그가 나이 많아서 세상을 떠나게 되었습니다. 건망증이 생겼습니다. 기억을 죄다 잊어버립니다. 제자들이 와서 "제가 누구입니다!" 해도 "자네 누구인가?" 합니다. 사람을 알아보지도 못하는 것입니다. 그 천재의 머리가 그만 다 하얗게 되어버렸습니다. 아무것도 기억하는 것이 없습니다. 제자들이 하도 기가 막혀서 "선생님, 다 잊어버리셨으면 지금 기억하시는 것은 무엇입니까?" 하고 물었더니 뉴턴이 빙그레 웃으면서 이렇게 답했다고 합니다. "두 가지가 있지. 내가 죄인이라는 것, 예수께서 내 구주가 되신다는 것. 이 두 가지만은 분명하지. 이것만은 내가 꼭 기억하고 있어." 그래서 과학자 아이작 뉴턴의 시체가 웨스트민스터 사원에 있는 것입니다. 거룩한 죽음이었기 때문입니다.

여러분, 잊지 말아야 합니다. 날로 새로움을 느끼고, 날로 새로움을 깨닫고, 날로 새로워지는 체험 속에 살아가야 할 것입니다. △

네 원수를 사랑하라

그러나 너희 듣는 자에게 내가 이르노니 너희 원수를 사랑하며 너희를 미워하는 자를 선대하며 너희를 저주하는 자를 위하여 축복하며 너희를 모욕하는 자를 위하여 기도하라 너의 이 뺨을 치는 자에게 저 뺨도 돌려대며 네 겉옷을 빼앗는 자에게 속옷도 거절하지 말라 네게 구하는 자에게 주며 네 것을 가져가는 자에게 다시 달라 하지 말며 남에게 대접을 받고자 하는 대로 너희도 남을 대접하라

(누가복음 6 : 27 - 31)

네 원수를 사랑하라

평소에 사이가 별로 좋지 않던 두 사람이 아주 좁은 길에서 우연히 마주치게 되었습니다. 둘 가운데 누군가 한 사람은 양보해야만 길을 지나갈 수 있는 절박한 상황입니다. 한 쪽이 길을 막고 서서 이렇게 말합니다. "나는 악당에게 절대로 길을 양보하지 않는 걸 내 삶의 원칙으로 알고 사네." 그러자 다른 쪽이 길을 비켜주면서 이렇게 말합니다. "그런가? 내 삶의 원칙은 악당을 만나면 그냥 조용히 길을 비켜주며 지나가는 것이 나의 삶의 원칙일세." 이렇게 길을 양보한 사람이 바로 미국의 국무장관을 지낸 유명한 헨리 클레이(Henry Clay)입니다.

제 아버지는 종종 저를 데리고 일도 하셨고, 낚시질도 가셨습니다. 그렇게 이것저것 하시면서 제게 여러 말씀을 하셨는데, 그럴 때마다 똑같은 말씀으로 저를 가르치신 것이 하나 있습니다. "얘야, 사람이 미친개에게 물렸다. 개 잘못이냐, 사람 잘못이냐?" 그저 지나가는 말처럼 하셨지만, 두고두고 제 인생에 얼마나 소중한 지혜가 되는지 알 수 없습니다. 여러분이 길을 가다가 미친개를 만났다고 가정해보십시오. 어떻게 해야겠습니까? 조용히 비켜가는 것이 지혜로운 처신입니다. 미친개와 싸워서 어쩌자는 것입니까. 뭘 얻자는 것입니까. 미친개에게 사람이 물렸다면 사람 잘못입니까, 개 잘못입니까? 백이면 백 다 사람 잘못입니다.

일방적으로 나를 괴롭히고 나한테 손해를 끼치는 사람을 가리켜 우리는 원수라고 합니다. 그래서 우리는 이런 말을 합니다. '이웃은 사랑하고 원수는 미워하라. 원수는 사랑할 수가 없다. 아니, 때로는 용서할 수도 없다.' 자연스레 이런 생각을 품게 됩니다. 그러나 오늘본문에서 예수님께서는 너무나도 높은 차원의 윤리를 말씀하십니다. 아무리 다시 생각해봐도 세상에 이럴 수가 있을까 싶을 정도로 높은 수준의 윤리입니다. 그러니까 원수를 너무나 높게 말씀하시는 것입니다. '사랑하라. 선대하라. 위해서 기도하라. 원수를 축복하라.' 우리 평범한 사람으로서는 상상조차 하기 힘든 높은 윤리입니다. 그러나 여러분, 잊지 마십시오. 이 길을 통하지 아니하고는 내가 하나님의 자녀가 될 수 없습니다. 구원 받을 수도 없고, 하나님의 얼굴을 볼 수도 없습니다. 그래서 히브리서는 말씀합니다. '모든 사람으로 더불어 화평함과 거룩함을 좇으라. 이것이 없이는 아무도 주를 보지 못하리라.' 화평함이 없이는 아무도 주를 보지 못하리라, 이것입니다. 여러분, 마음속이 항상 어둡고, 기도가 막히고, 답답하고, 이유 없이 불안합니까? 왜 그렇습니까? 저 깊은 곳에서 여러분이 말씀을 떠났기 때문입니다. 성경은 언제나 깊은 곳, 아주 깊은 곳에서 우리를 만납니다.

우리는 종종 스스로를 피해자라고 생각합니다. '저 사람 때문에 내가 괴롭다.' '저 남자 때문에 내가 일생이 망가졌구나.' '아, 저 사람 때문에 내가 손해를 봤구나.' 이렇게 자신이 피해자가 되었다고 생각하고 늘 괴로워합니다. 그러나 잠깐 생각을 멈추고 스스로를 돌이켜보십시오. 내가 피해자가 아니라 가해자인지도 모릅니다. 사람들은 흔히 이런 생각을 잘 못합니다. 나 때문에 슬퍼하는 사람, 나 때문에 일생 괴로워하며 사는 사람, 내 잘못 때문에 상처를 입고 한평생을 어두운 그늘에서 살아가는 누군가가 있을지도 모른다는 걸 생각해야 합니다. 우리는 이걸 곧잘 잊어버리고 삽니다. 자기 자신이 피해자가 아니라 가해자라는 사실을 잊어버립니다. 저 사람이 내 원수라고 생각하지만, 어쩌면 저 사람한테 내가 원수인지도 모릅니다. 이런 생각을 할 줄 알아야 합니다. 내가 원수라는 걸 생각하고, 나 때문에 불행한 사람이 얼마나 많으냐, 하는 생각을 할 줄 알아야 합니다. 하지만 우리는 이걸 까맣게 잊어버리고 산다는 말씀입니다. 그런고로 우리는 다시 한 번 하나님의 말씀에 귀를 기울여야 합니다.

사도 바울은 로마서 5장 8절에서 이렇게 말씀합니다. “우리가 아직 죄인 되었을 때에 그리스도께서 우리를 위하여 죽으심으로 하나님께서 우리에 대한 자기의 사랑을 확증하셨느니라.” 우리는 하나님께 사랑을 받고 삽니다. 의인으로 받는 것이 아닙니다. 우리가 죄인 되었을 때, 아니, 과거도 현재도 미래도 계속 죄인의 모습 그대로 사랑을 받고 있는 것입니다. 여기에는 무한한 하나님의 용서하시는 사랑이 깃들어 있습니다. 하나님께서는 죄인을 사랑하고 계십니다. 우리는 다름 아닌 죄인으로 사랑을 받고 있는 것입니다. 누구라도 오늘까지 죄를 지었습니다마는, 지금 회개하고 ‘이제부터는 절대 죄를 안 짓겠습니다!’ 할 수 있는 사람 있습니까? 어차피 내일도 모레도 또 죄를 지을 것입니다. 그러니까 시작도 끝도, 요단강을 건너가는 그 시간까지 우리는 죄인의 모습으로 살아가는 것입니다. 아니, 죄인으로 사랑을 받을 것입니다. 좀 더 깊이 말씀드리면, 하나님과 원수 된 가운데서 하나님의 그 크고 위대한 원수사랑을 내가 받고 있는 것입니다. 그래서 로마서 5장 10절은 말씀합니다. “우리가 원수 되었을 때에……” 하나님께서는 우리가 하나님과 원수 되었을 때 그 아들의 죽음으로 말미암아 하나님의 사랑을 확증해주셨습니다. 내가 하나님을 사랑해서 그 대가로 내가 사랑을 받는 것이 아닙니다. 하나님 앞에 사랑받을 만한 자격은 과거에도 없었고, 지금도 없습니다. 오히려 하나님과 원수 된 사이에서 우리는 하나님의 그 크고 위대한 원수 사랑의 사랑, 그 사랑을 받고 오늘 내가 여기에 있는 것임을 잊어서는 안 됩니다.

영국의 유명한 순교자 토마스 모어는 정치에 휘말려서 그리 큰 잘못도 없는데 왕의 분노를 사 마침내 사형을 받게 됩니다. 재판장은 그에게 죄가 없는 줄을 잘 압니다. 그러나 왕의 명령을 따라서 그는 모어에게 사형선고를 내립니다. 참 마음 아픈 일이었습니다. 사형선고를 내리는 순간 재판장의 마음은 찢어지게 아팠습니다. 그때 마지막으로 하고 싶은 말을 하라니까 모어는 이렇게 말합니다. "성경을 읽으면, 사도 바울이 스데반을 죽였습니다. 분명히 사도 바울이 스데반을 죽였는데, 그러나 내가 아는 대로 스데반은 순교해서 순교자 반열에 올라갔고, 사도 바울은 그 다음에 일생동안 복음을 전하고 마침내 그도 순교를 합니다. 하늘나라에서 스데반과 사도 바울이 만났을 것입니다. 그때 얼마나 반가웠겠습니까. 그처럼 오늘은 당신이 나한테 사형선고를 내렸지마는, 내가 하늘나라에 먼저 가서 기다릴 테니까 당신도 예수를 믿고 거룩한 사람이 되어 하늘나라에 오면 우리 서로 반갑게 사도 바울과 스데반처럼 만납시다." 이렇게 빙그레 웃으면서 말하니 재판장이 기가 막혔습니다. 그래 크게 감동을 받아 재판장이 이렇게 말했습니다. "나는 당신에게 억울하게 사형선고를 내렸는데, 어떻게 당신은 그토록 귀한 약속을 할 수가 있습니까?" 그때에 모어가 유명한 말을 합니다. "그리 어려운 일이 아닙니다. 주님께서 이미 내게 그렇게 하셨거든요." 주님께서 내게 이미 그렇게 하신 고로 이는 어려운 일이 아니라는 것입니다. 대단히 중요한 간증이라고 생각합니다. 내가 하나님과 원수 되었다는 걸 잊지 마십시오. 그런 내가 사랑을 받고 있는 것입니다. 스스로 피해자라고 너무 슬퍼하지 마십시오. 잠시라도 내가 가해자가 된 것을 잊어서는 안 됩니다. 거기서부터 문제가 불어납니다. 용서하기 힘듭니까? 용서 못하면 나는 자유인이 아닙니다.

남아공의 대통령이었던 넬슨 만델라는 남아공의 독립을 위해서 죄 없이 감옥에서 27년 동안 모진 고생을 했습니다. 채석장에서 매를 맞아가며 돌을 캤습니다. 무려 27년 동안을요. 나중에 상황이 잘 풀려서 그는 자유의 몸이 되었고, 남아공의 영웅으로 그는 쉽게 대통령이 됩니다. 그래 대통령 취임식 날, 그 영광스러운 날에 자기를 그렇게도 괴롭히던 감옥의 교도관들을 전부 취임식에 초청했습니다. 이 사람들을 VIP로 초청을 해가지고 큰 잔치를 하게 됩니다. 이 이야기가 세계에 전해졌을 때 모두가 깜짝 놀랐습니다. 미국의 빌 클린턴이 대통령으로 있을 때 만델라를 백악관에서 만났습니다. 그는 만델라의 손을 잡으면서 이렇게 말했습니다. "그래, 당신을 27년 동안이나 괴롭힌 사람들을 당신의 대통령 취임식 날 초대하셨다니, 어찌 그런 일이 있을 수 있습니까?" 그때에 만델라가 한 유명한 말이 있습니다. "그렇게 아니하면 나는 지금도 감옥에 있는 거나 마찬가지니까요. 나는 참으로 자유하고 싶었습니다." 눈물겨운 이야기입니다. "이렇게 하고는 나는 자유인이 아니요, 감옥 밖에 나왔지만 내 마음은 감옥 안에 있는 거나 마찬가지입니다. 그런고로 나는 자유하고 싶었습니다."

용서만으로는 부족합니다. 제가 북한에 갈 때마다 저를 담당하는 분들이 자꾸 바뀝니다. 그래 제가 초대받은 만찬에서 저를 소개하는 내용이 늘 똑같습니다. "이 곽 목사 동무의 아버지가 우리 공산당에게 총살을 당할 때 곽 목사님은 그 옆에 계셨습니다. 그런 경험을 하신 분입니다. 그럼에도 불구하고 우리 조국을 위해서 이렇게 와서 도와주시고 애를 써주시니, 우리는 특별한 마음으로, 조국의 이름으로 목사님을 환영합니다." 그리고 종종 제게 묻습니다. "목사님 아버지가 공산당에게 총살당하셨는데, 어떻게 그 아들인 목사님은 우리 북한을 돕기 위해서 이렇게 애를 쓰십니까?" 제가 무슨 성자도 아니고, 대단한 사람이 아닙니다. 그러나 이것 없이는 내 마음에 자유가 없습니다. 이것 없이는 하나님의 뜻을 이룰 수 없습니다. 원수를 갚고, 또 갚고, 또 갚고…… 그러면 언제 이 악순환이 그칠 것입니까? 잊지 마십시오. 원수를 사랑하는 계기가 있고서야 자유도 있고, 화평도 있고, 사랑도 있는 것입니다. 어느 순간에라도 그렇습니다. 용서만으로는 부족합니다.

오늘본문은 말씀합니다. '원수를 사랑하라. 선대하라. 원수를 위해 기도해라. 원수에게 축복하라.' 여러분, 하나님의 말씀을 믿고 한번 해보십시오. 새로운 세상이 전개될 것입니다. 나를 미워하는 사람을 위해서 기도해본 일이 있습니까? 도저히 잊을 수 없는 원수 같은 사람을 위해서 축복기도를 해봤습니까? 그때부터만 여러분은 그리스도인이 될 수 있습니다. 오늘본문에서 예수님 말씀은 추상적이지 않습니다. 언제나 그러셨듯이 아주 구체적으로 말씀하십니다. "너의 이 뺨을 치는 자에게 저 뺨도 돌려대며……(29절)" 이 장면에는 생각할수록 많은 의미가 있습니다. 누구 다른 사람이 아닌 남편이 아내를 때릴 때 화가 난 그 아내가 "이쪽도!" 하면서 다른 쪽 빰을 내밀었다고 칩시다. 이건 무엇입니까? 반항이지요. 오히려 상대를 더 화나게 만드는 일입니다. 하지만 오늘본문은 그런 이야기가 아닙니다. "이 빰을 치거든 저 빰을 돌려대라. 피하지 마라." 왜요? "이렇게 해서 당신의 분이 풀릴 수 있다면 그리하세요. 나를 때려서 당신이 분이 풀릴 수 있다면 때리세요." 바로 이런 마음입니다. "네 겉옷을 빼앗는 자에게 속옷도 거절하지 말라(29절)." 그 다음 말씀이 너무나 재미있습니다. "네 것을 가져가는 자에게 다시 달라 하지 말며(30절)." 여기에 중요한 원리가 있습니다. 빼앗겼습니까? 줘버리십시오. 다시 달라고 하지 마십시오. 누가 여러분 돈을 떼먹었습니까? 그냥 줘버리십시오. 일생동안 그를 원수로 삼고 쫓아다니지 마십시오. 그렇게 하는 동안 당신은 어둠에서 벗어날 수 없습니다. 돈은 잃어버렸지만, 내 영혼마저 잃어버릴 수는 없지 않습니까. 빼앗겼습니까? 줘버리십시오. 사랑해버리십시오. 축복해버리십시오. 이 얼마나 굉장한 이야기입니까. 다시 달라고 하지 마라! 가장 중요한 신학적 문제가 여기에 있습니다.

유명한 벡스터의 설교에 이런 이야기가 나옵니다. "He's part and our part." 하나님의 일과 내 일이 있습니다. 하나님께서 하실 일과 내가 할 일이 따로 있습니다. 하나님께서 하실 일은 공의를 집행하는 것입니다. 내가 할 일은 사랑하는 것뿐입니다. 나는 심판자가 아닙니다. 나는 하나님이 아닙니다. 저주를 받든 복을 받든, 그건 하나님께서 하실 일입니다. 나는 내가 해야 할 일, 해야 할 부분만 하면 됩니다. Our part. 하나님께서 하실 일과 내가 할 일을 분명히 구분해야 합니다. 아주 중요합니다.

여러분, 내 근심, 내 고통이 있습니까? 어두운 그림자가 떠나지 않습니까? 깊은 곳에 아직 용서 못한 일이 있는 것입니다. 아직도 미워하는 것이 있습니다. 이 미움을 사랑으로, 이 저주를 축복으로 바꾸어놓지 않으면 절대로 나는 자유인이 아닙니다. 그리스도의 사람도 아닙니다. "사랑하라. 선대하라. 축복하라." 이 얼마나 귀한 말씀입니까. "거저 주라." 이것이 주님의 확실한 말씀입니다. 주님 자신이 그렇게 하셨습니다. 십자가에 못박혀 돌아가시면서 주님께서는 말씀하셨습니다. "하나님이여, 저들의 죄를 사하소서. 저들이 하는 것을 모르기 때문입니다." 이 한마디가 얼마나 중요합니까. 이에 대하여 어떤 비판적인 신학자는 이렇게 말합니다. '이 한마디가 없었다면 예수는 그리스도가 아니다.' 십자가에서 죽어 가시면서도 이렇게 간구하셨습니다. "하나님이여, 저들의 죄를 사하소서." 용서하고, 사랑하셨습니다.

이렇게 사랑하고 나면 이제 그 다음 문제가 있습니다. 모든 것이 다 은혜일 뿐입니다. 은사가 됩니다. 다 은인이 됩니다. 여러분, 생각해보십시오. 나에게 잘한 분이 계십니다. 그 때문에 오늘의 내가 있기도 하지요. 나를 괴롭힌 사람이 있습니다. 그 괴롭힌 사람이 있기 때문에 오늘의 내가 된 것입니다. 이걸 잊어서는 안 됩니다. 이모저모로 나를 어렵게 한 분들이 있지마는, 생각하고 나니 이제는 그분들이 다 내게 은사입니다. 내 은인입니다. 그리스도의 사람에게는 원수는 없습니다. 다 고마운 분들입니다. 생각할수록 눈물이 날만큼 고마운 분들입니다. 그런 분들이 있어서 오늘의 내가 있는 것입니다. 내가 하나님의 사람이 될 수 있고, 하나님 앞에 갈 수 있기 때문입니다. 온전한 자유인은 그 눈앞에 원수가 없습니다. 오직 은인이 있을 뿐입니다. 하나님께 감사하고, 두루두루 감사하고, 고맙고, 생각할수록 감사하고, 그리고 감사의 기도를 드리고, 축복하는 기도를 합니다. 그때에 우리는 우리 앞에 하늘이 열리는 축복을 누리게 될 것입니다. △

참 행복의 신비

그러므로 우리가 믿음으로 의롭다 하심을 받았으니 우리 주 예수 그리스도로 말미암아 하나님과 화평을 누리자 또한 그로 말미암아 우리가 믿음으로 서 있는 이 은혜에 들어감을 얻었으며 하나님의 영광을 바라고 즐거워하느니라 다만 이뿐 아니라 우리가 환난 중에도 즐거워하나니 이는 환난은 인내를, 인내는 연단을, 연단은 소망을 이루는 줄 앎이로다 소망이 우리를 부끄럽게 하지 아니함은 우리에게 주신 성령으로 말미암아 하나님의 사랑이 우리 마음에 부은 바 됨이니 우리가 아직 연약할 때에 기약대로 그리스도께서 경건하지 않은 자를 위하여 죽으셨도다 의인을 위하여 죽는 자가 쉽지 않고 선인을 위하여 용감히 죽는 자가 혹 있거니와 우리가 아직 죄인 되었을 때에 그리스도께서 우리를 위하여 죽으심으로 하나님께서 우리에 대한 자기의 사랑을 확증하셨느니라

(로마서 5 : 1 - 8)

참 행복의 신비

저는 나름대로 세계를 돌면서 많은 여행을 했습니다마는, 대체로는 다 기억에서 사라지고, 큰 인상을 받은 것은 많지 않습니다. 그러나 여러 해 전에 제가 탄자니아에 갔던 경험은 일생동안 잊을 수 없고, 또 종종 생각이 나는 특별한 경험이었습니다. 탄자니아에는 응고롱고로(Ngorongoro)라는, 직경이 40km나 되는 큰 분화구가 있습니다. 그 분화구 속에는 사자나 코끼리를 비롯하여 많은 짐승들이 삽니다. 그냥은 위험하기 때문에 차를 타고 다니면서 그 동물들을 구경하게 되어 있습니다. 어떤 곳에 갔더니 사자 가족 20마리가 언덕 위에 모여 있었습니다. 한데 놀랍게도 그 사자들 바로 앞에서 사자의 먹잇감이 될 수 있는 임팔라, 노루, 사슴, 토끼 같은 것들이 한데 어울려 놀고 있는 것이었습니다. 깜짝 놀랐습니다. '내가 에덴동산에 왔나?' 말이 안 되는 일입니다. 어떻게 사자와 노루가 같은 언덕에서 함께 놀고 있다는 말입니까. 하도 이상해서 제가 거기 안내자에게 물어보았습니다. 이거 웬일이냐고, 어떻게 사자하고 토끼가 한자리에서 같이 놀 수 있느냐고요. 그랬더니 그 안내자가 제게 중요한 진리를 가르쳐주었습니다. 사자라는 동물은 아주 신사적이어서 일단 배가 부르면 절대로 다른 짐승을 해하는 법이 없답니다. 자기 배가 부르면 결코 다른 짐승을 해치지 않는다, 이것입니다. 또 나중에 마저 먹을 생각으로 음식을 남기지도 않습니다. 사자가 먹을 만큼 먹고 딱 돌아서면 다른 짐승들이 와서 남은 것을 먹어버립니다. 한마디로 사자는 저축을 하지 않습니다. 내일 걱정을 안 하는 것입니다. 이것이 사자의 신사도입니다. 그런가하면 또 한 가지 중요한 이야기가 있습니다. 사자는 식사시간이 아니면 절대 식사를 안 한답니다. 저녁이 되어 노을이 지면 식사시간이 된 것입니다. 그러면 나머지 짐승들은 다 도망을 갑니다. 이제부터 사자의 식사시간인 걸 알기 때문입니다. 참 신기한 장면이었습니다. 그래 제가 두고두고 그 생각을 합니다.

배부르면 아무 욕심도 없다, 이것인데, 그만하면 괜찮은 것 아니겠습니까. 그런데 사람은 왜 고민이 많습니까? 배고플 때보다 배부른 다음에 고민이 더 많습니다. 더 많다는, 바로 여기에 문제가 있습니다. 칼 마르크스가 실수한 대목이 바로 여기입니다. 모든 사람이 배부르고 편안하면 평등과 평화가 올 줄 알았습니다. 아닙니다. 사람은 그렇지 않습니다. 많이 가지면 많이 가질수록 욕심은 점점 더 커지고, 고민도 점점 더 커집니다. 문제가 더 많아지는 것입니다. 그걸 몰랐던 것입니다. 동물은 동물 나름의 행복이 있습니다. 일단 배가 부르면 행복합니다. 그 욕망을 채우고 나면 행복합니다. 동물적 욕망, 소유, 지배력이 충족되는 순간 나름대로 동물은 만족해 합니다. 인간은 인간적 행복이 있습니다. 이성적 욕구에서 생겨나는 행복입니다. 성취감, 자존감, 자존심, 명예와 같은 것들에 대한 욕망입니다. 이것이 채워지기 전에는 행복, 안 됩니다. 요새도 보면 많은 문제들이 있고, 우리가 참 생각하기도 싫은 사건들이 많지 않습니까. 그 원인을 잘 살펴보십시오. 쉽게 말하면 마지막에 욱해서 그렇습니다. 욱하는 게 무엇입니까? 기분이 나빴다는 것이지요. 자존심을 건드린 것입니다. 이것이 바로 인간적 고민입니다. 인간의 그 자존감, 존재감이 채워지기까지 인간은 행복할 수가 없다, 이것입니다.

하지만 그리스도인은 그렇지 않습니다. 그리스도인은 자신이 하나님의 자녀임을 확인할 때 행복합니다. 지금 어떤 고생을 하든, 무슨 병이 들었든, 얼마나 어려움이 있든 상관하지 않습니다. 저 위에서 내게 들려오는 음성이 있습니다. “너는 내가 사랑하는 자녀다. 네가 지금 고생하는 것도 내가 너를 특별히 사랑하기 때문이다.” 위에서 자기한테 이런 음성이 들려온다면 그는 어떤 고민도 할 필요가 없습니다. 이것이 바로 인간입니다. 다시 말하면, 의롭다함을 얻고, 오늘성경에 있는 대로, 하나님과 화평을 누리자는 것입니다. 하나님과 화평, 샬롬, 에레네, peace, 하나님과 화평을 누리자! 하나님과의 관계 속에 하나님의 사람들의 행복이 깃들어 있습니다.

우리가 주기도문을 외울 때 하나님을 ‘하늘에 계시는 우리 아버지’라고 부르지 않습니까. 주기도문에는 ‘하나님’이라는 말이 없습니다. ‘아버지’뿐입니다. 예수님께서 부활하신 다음 그 소중한 시간에, 요한복음 20장 17절에 보면, 부활하신 신령한 몸으로 마리아에게 말씀하십니다. “내 아버지, 곧 너희의 아버지……” 이것이 예수님의 메시지의 클라이맥스입니다. 내 아버지, 곧 너희의 아버지입니다. “나는 이 세상을 살며 하나님 아버지와 나, 아버지와 자녀의 관계로 살아왔다. 십자가를 질 때도 ‘아버지께서 내게 주신 잔을 내가 마시지 않겠느냐?’ 하고 아버지께서 주신 잔인 줄 알고 마셨다. 모든 고난, 어려움도 다 사랑하는 아버지가 사랑하는 아들에게 주시는 거라고 믿었다. 아버지의 아들의 관계로 믿었다. 그리고 십자가를 지고 이제 부활한다.” 이제 말씀하십니다. 내 아버지, 곧 너희의 아버지! 주께서 우리를 위하여 십자가에서 돌아가시고, 그렇게 이루신 역사의 그 종점, 그 실체가 무엇이냐? 하나님과 우리와의 관계, 그 아버지와 자녀의 관계를 회복시켜주신 것입니다. 바로 여기에 있습니다. 그러니까 관계성입니다. 구원받은 하나님의 자녀로, 죄 사함 받은, Justification, 의롭다함을 받은 하나님의 자녀로, 그리고 그 하나님과 자녀의 관계로, 그 관계성의 회복으로, 그 관계성을 유지하고 관계성을 온전케 하는 데에 행복이 있습니다.

세상에서는 출세도 행복이고, 건강도 행복이고, 형통함도 행복이라고 할는지 몰라도 여러분의 심령 깊은 곳에 있는 영혼은 그런 것을 욕구하지 않습니다. 하나님과의 관계입니다. 그래서 옛날 목사님들이 설교할 때 곧잘 쓰던 비사가 있습니다. "불교란 뭐냐? 상징적으로 말하면 불교란 상갓집과 같다. 인생무상. 불교란 상갓집과 같다. 그럼 유교란 뭐냐? 제삿집과 같다. 밤낮 조상만 탓하고, 그 무덤만 생각한다. 그래서 유교란 제삿집과 같다. 그럼 기독교란 뭐냐? 잔칫집 같다. 그래서 목사님들이 설교할 때 기독교는 찬양의 종교요, 감사의 종교요, 잔칫집과 같다고 하는 것이다." 이렇게 목사님들이 설교하는 걸 제가 어렸을 때 많이 들었습니다. 기독교인의 행복은 신비로운 것입니다. 깊은 곳에 있습니다. 죄와 사망과 사탄과 율법으로부터 자유함을 얻고 의롭다함을 얻은 바로 거기에 기독교인의 행복의 핵심이 있습니다. 하나님과 화평을 누릴 자는 하나님이 무섭지 않습니다. 오히려 하늘을 쳐다볼 때 반갑습니다. 심지어는 어려운 고난을 당할 때에도 두렵지 않습니다. 왜요? 이것이 다 하나님께서 나를 사랑하시기 때문에 주시는 일이니까요. 사랑의 일환으로 되는 일이기 때문에 아무 두려움이 없는 것입니다. 하나님과의 관계가 완전하게 설정된 사람입니다. 그 속에 행복이 있습니다. 이것은 소유도 아니고, 물질도 아니고, 출세도 아닙니다. 하나님과의 화평, 그것이 기독교인의 행복의 핵심입니다.

오늘본문에는 '즐거워한다'는 말이 계속 나옵니다. 즐거워한다, 곧 행복하다는 말입니다. 그리고 '이 은혜에 들어감을 얻는다'에서 '이 은혜'가 무엇입니까? 유명한 신학자 칼 바르트는 이런 말을 합니다. 'God's love does not find it's object but create it.' 너무나 좋아서 제가 늘 외워보는 말입니다. '하나님의 사랑은 대상을 찾아 헤매는 것이 아니고, 대상을 창조하시는 것이다.' 하나님의 사랑은 창조적 사랑입니다. 달라고 한다고 그냥 주시는 것이 아닙니다. 하나님께서 원하시는 사람을 만드시는 것입니다. 하나님의 사랑은 내가 달라는 것을 주시는 것이 아닙니다. 문제는 하나님께서 원하시는 사람, 그런 존재를 만드시는 것입니다. 창조하시는 사람입니다. 그 하나님의 창조의 역사를 여러분은 경험했을 것입니다. 때로 교만했다가 어떤 사건을 당해서 겸손해지고, 잘못을 저질렀다가 그 다음에 부끄러움을 당합니다. 가만히 보십시오. 하나님의 손길이 얼마나 세밀합니까. 나로 하여금 하나님께서 원하시는 자녀가 되게 하시기 위하여 하나님께서는 세밀하게 역사하고 계십니다. 그래서 이 은혜에 들어감을 얻는다는 것은 창조적 은혜요, 절대적 은혜입니다. 우리가 하나님 앞에 바르게 살아서 받는 사랑이 아닙니다. 하나님께서는 우리를 하나님 보시기에 합당한 자로 만들어가십니다. 교육입니다. 가르치시고 다시 재창조하시는 것입니다.

요한복음 14장 27절은 말씀합니다. "나의 평안을 너희에게 주노라 내가 너희에게 주는 것은 세상이 주는 것과 같지 아니하니라……" 예수님께서 십자가를 지시기 바로 몇 시간 전에 하신 말씀입니다. 나의 평안을 너희에게 주노라! 십자가를 눈앞에 두고도 예수님의 마음속에는 평안이 있었습니다. 샬롬이 있었습니다. 왜요? 하나님과의 관계가 깨끗하게 설정되어 있었으니까요. 그런가하면 그 평화를 또 우리에게 주노라 하십니다. 그리고 마음에 근심하지 말라 하십니다. "하나님을 믿으니 또 나를 믿으라 내 아버지 집에 거할 곳이 많도다." 주님께서 세밀하게 말씀하십니다. 이걸 잊지 말아야 합니다. 하나님과의 관계, 하나님 아버지, 사랑하는 아버지, 그의 사랑하는 자녀…… 이런 관계 속에 그리스도인의 행복이 깃들어 있습니다. 신비로운 것입니다.

오늘본문에서는 '즐거워한다'는 말이 반복됩니다. 하나님의 영광을 바라고 즐거워하느니라! 가끔 우리는 즐거움을 말할 때 과거를 생각합니다. 옛날에 어쨌고 저쨌고…… 노인들 만나면 만날 그 소리만 합니다. 그래서 노인들 만나면 참 재미있는 것이 있습니다. 듣는 사람은 없고 말하는 사람만 있습니다. 그래서 그만 하라고, 나 좀 말하자고 합니다. 그렇게 자꾸 자기 말만 하는데, 그 주제가 무엇이냐 하면 다 옛날에 자기가 잘 살았다는 것입니다. "내가 이래 뵈도 옛날에 어쩌고저쩌고……" 저는 그걸 들으면서 속으로 이럽니다. '많이들 웃기고 있구먼. 그래서 어쩌란 얘기야, 지금 와서?' 제가 나이 많은 어른들을 많이 만나는데, 그럼 그들이 제게 자기명함을 내놓습니다. 그 명함에는 꼭 '전(前) 국회의원'이니 '전(前) 장관'이니 하는, 이제는 다 지나간 옛날 직함들이 적혀 있습니다. 그런 명함 들고 다니는 동안 그는 불행합니다. 잊어버리십시오. 그 국회의원이니 장관이니 하는 것, 이제 다 늙어가지고 어쩌라는 얘기입니까? 그만하십시오. 그냥 싹 지워버리세요. 나는 초라한 하나의 인간일 뿐이고, 하나님의 자녀일 뿐입니다. 우리는 바야흐로 그 주님 앞으로 가고 있습니다.

오늘본문은 말씀합니다. “영광을 바라고 즐거워하느니라(2절).” 우리의 즐거움은 미래에 있습니다. 그 근거가 미래에 있지, 과거에 있지 않습니다. 내가 과거에 어쩌고저쩌고…… 아닙니다. 앞에 있는 영광을 바라고 즐거워하는 것이 그리스도인의 행복의 신비입니다. 지금 보기에는 초라하지만, 그 마음속에는 큰 기쁨이 있습니다. 앞에 있는 영광을 바라고 사도 바울이 로마서 8장에서 말씀합니다. ‘앞에 있는 영광과 지금 당하는 고난은 장차 나타날 영광과 족히 비교할 수 없도다.’ 앞에 있는 영광은 너무나 크고, 지금 내가 당하는 고난은 아무것도 아니라는 것입니다. 그 영광 속에 다 흡수되는 것입니다. 이것이 그리스도인이 누리는 행복입니다. 그리스도인이 누리는 행복은 신비로운 것이고, 미래지향적인 것이고, 영광을 바라는 것입니다. 하나님의 약속 속에 있습니다. 신학자들은 이걸 좀 어려운 말로 표현합니다. Eternal now, 영원한 현재입니다. 영원성을 가진 현재, 거기에 행복의 신비가 있습니다.

또 좀 더 실제적인 말씀을 오늘본문에서 읽게 됩니다. “환난 중에도 즐거워하나니……(3절)” 왜요? 알기 때문입니다. 아는 것이 앞서야 됩니다. 행동이 앞서는 게 아닙니다. 지나간 다음에 후회하는 게 아닙니다. 내 생각이 벌써 저만큼 가 있어야 됩니다. 생각이 저만큼 가 있어야 됩니다. 이것이 중요합니다. 앎으로— 왜요? 환난은 인내를, 인내는 연단을, 연단은 소망을 이루는 줄 앎으로— 아주 중요합니다. 우리의 생각과 우리의 뜻이 저만큼 항상 멀리 가 있어야 한다, 이것입니다. 마치 공부하는 학생들이 공부 다 끝난 다음에 올 영광을 생각하는 것과 같습니다. 저 앞의 일을 생각하는 것, 이것 없이는 안 되는 것입니다.

지난 1963년에 저는 신당동 중앙교회에서 전도사 일을 보고 있었습니다. 하루는 어떤 가정에 심방을 갔는데, 세상에, 저는 그렇게 엉망으로 어질러진 방을 본 적이 없습니다. 창문은 다 깨졌고, 옷장 문도 떨어져나갔고, 방바닥에서는 흙이 나옵니다. 방 안 벽에다가는 아이들이 전부 그림을 그려서 아주 만물상을 만들어놨습니다. 그런 꼴로 사는 것입니다. 한데도 그 가정의 부인 집사님은 싱글벙글 웃고 있습니다. 제가 하도 이상해서 물어보았습니다. “아니, 아이 셋과 함께 이 모양을 하고 사시면서 어떻게 그리 행복해하실 수가 있습니까?” 그랬더니 대답이 이랬습니다. “목사님, 걱정하지 마세요. 애 아버지가 의사로 미국에 공부하러 갔는데, 오늘이 돌아오는 날입니다. 그래서 제가 그동안 얼마나 고생했는지를 좀 보여주려고 일부러 이렇게 하고 있는 것입니다.” 재미있지요? 일부러 그렇게 산다는 것입니다. 이것이 신비 아니겠습니까. 다른 사람은 모릅니다. 그러나 그 마음속에서는 영원한 행복을 생각하며 즐거워하는 것입니다. 왜요? 환난은 인내를 낳고, 끈기를 만듭니다. 그리고 그 인내는 연단을 만듭니다.

헬라어로 ‘토키메’라고 하는 말이 있습니다. ‘캐릭터’라는 뜻입니다. 사람을 만드는 것입니다. 인내하는 가운데 성품이 만들어집니다. 인간이 만들어지는 것입니다. ‘이렇게 발전될 것을 알기 때문에 기뻐한다. 환난이 있어도 환난 다음에 있는 걸 알기 때문에 기뻐한다. 고난이 있어도 고난 다음에 있는 것을 알기 때문에 기뻐한다. 병들어도 내 앞에 있는 약속의 땅을 바라보기 때문에 오늘 기뻐한다.

그래서, 그러므로 기뻐한다. 앎으로 기뻐한다. 미래를 앎으로, 약속된 세계를 앎으로 나는 기뻐한다.' 이것이 그리스도인의 행복의 극치입니다. 이것은 소유도 성취감도 아닙니다. 아니, 이것 없이는 누구도 행복할 수 없습니다. 미래가 꽉 막혔는데, 절망인데, 무슨 행복이 있습니까. 근심과 걱정뿐입니다. 그 세상이 어떻다는 얘기입니까? 여러분, 오래 살면 뭐한다는 얘기입니까? 그런고로 영광을 바라고 즐거워하는 그 즐거움, 환난과 고통 중에 이것이 만들어내는 저 확실한 미래적 작품, 하나님께서 원하시는 그런 귀한 세계를 바라볼 때, 그걸 앎으로 내가 기뻐하는 것입니다. 오늘본문은 확실하게 말씀합니다. '십자가로 자기 사랑을 확증하셨느니라.' 여러분, 잠시잠깐이라도 하나님의 사랑을 의심하지 마십시오. 지난날에도 사랑하셨습니다. 죄인 되었을 때 사랑하셨습니다. 앞으로도 죄인일 것입니다. 그러나 그 사랑은 영원히 변치 않습니다. 이걸 잊지 말아야 합니다. 마음과 생각은 벌써 저 먼 곳에 가 있습니다.

요새 재미있는 말이 가끔 방송에서 들려옵디다. 여러분도 많이 들으셨겠지요? 진실한 인격에서는 '늙어가는 것'이 아니라 '익어가는 것'이다, 이것입니다. 몸은 늙어갑니다. 그러나 내적 인간은 점점 성숙해갑니다. 영적인 인간은 더 즐거워합니다. 왜요? 주님 만날 시간이 가까이 왔기 때문입니다. 이것이 그리스도인의 행복의 신비입니다. 미숙한 어린아이는 현재만 생각합니다. 반대로 성숙한 어른은 과거만 생각하고, 여기에 매입니다. 그러나 그리스도인은 확실히 약속된 미래를 바라봅니다. 그리고 그 밝은 미래를 생각하며 현재를 기뻐합니다. 고난을 당할수록 기뻐합니다. 어려운 일을 당할수록 그 미래가 점점 가까이 오고 있다는 사실을 생각하며 기뻐합니다. 여기에 그리스도인의 행복의 신비가 있습니다. 아주 비밀스러운 것입니다. 하나님과 나만이 아는 비밀입니다. 이 귀한 말씀을 집에 돌아가서 읽고 또 읽고 또 읽으십시오. 그리고 속으로 빙그레 웃으면서 내일을 열어가는 행복한 그리스도인들이 되시기를 바랍니다. △

스스로 성결케 하라

여호수아가 옷을 찢고 이스라엘 장로들과 함께 여호와의 궤 앞에서 땅에 엎드려 머리에 티끌을 뒤집어쓰고 저물도록 있다가 이르되 슬프도소이다 주 여호와여 어찌하여 이 백성을 인도하여 요단을 건너게 하시고 우리를 아모리 사람의 손에 넘겨 멸망시키려 하셨나이까 우리가 요단 저쪽을 만족하게 여겨 거주하였더면 좋을 뻔하였나이다 주여 이스라엘이 그의 원수들 앞에서 돌아섰으니 내가 무슨 말을 하오리이까 가나안 사람과 이 땅의 모든 사람들이 듣고 우리를 둘러싸고 우리 이름을 세상에서 끊으리니 주의 크신 이름을 위하여 어떻게 하시려 하나이까 하니 여호와께서 여호수아에게 이르시되 일어나라 어찌하여 이렇게 엎드렸느냐 이스라엘이 범죄하여 내가 그들에게 명령한 나의 언약을 어겼으며 또한 그들이 온전히 바친 물건을 가져가고 도둑질하며 속이고 그것을 그들의 물건들 가운데에 두었느니라 그러므로 이스라엘 자손들이 그들의 원수 앞에 능히 맞서지 못하고 그 앞에서 돌아섰나니 이는 그들도 온전히 바친 것이 됨이라 그 온전히 바친 물건을 너희 중에서 멸하지 아니하면 내가 다시는 너희와 함께 있지 아니하리라 너는 일어나서 백성을 거룩하게 하여 이르기를 너희는 내일을 위하여 스스로 거룩하게 하라 이스라엘의 하나님 여호와의 말씀에 이스라엘아 너희 가운데에 온전히 바친 물건이 있나니 너희가 그 온전히 바친 물건을 너희 가운데에서 제하기까지는 네 원수들 앞에 능히 맞서지 못하리라

(여호수아 7 : 6 - 13)

스스로 성결케 하라

1950년 6월 25일, 6·25전쟁이 나던 바로 그 시간에 저는 북한에 있는 강제노동수용소 광산에서 아주 모진 고생을 하고 있었습니다. 그러던 중에 전쟁이 터졌다는 소식을 들었습니다. 그리고 그 위험 속에서 용케 은혜 가운데 살아남았습니다. 제가 듣기로 그 광산에는 2천 명이 있었다고 하는데, 나중에 겨우 다섯 명만 살아남았다는 말이 있습니다. 그 가운데 한 사람이 바로 저입니다. 어쨌든 그런 과정을 거쳤고, 또 제 아버지가 제 목전에서 총살당하시는 걸 직접 보아야 했습니다. 그런 끔찍한 일을 당하고, 남쪽으로 와서 군에 입대하고, 수색대에 들어가 많은 고생을 했습니다. 수많은 사람들이 여러 모양으로 죽고 죽이고 하는 전쟁의 한가운데서 온갖 경험을 다 하였습니다. 가만히 생각하면 북쪽과 남쪽, 북한과 남한, 이 두 곳에 다 있으면서 전쟁을 경험한 셈입니다. 그런 의미에서 6·25라고 하는 큰 전쟁의 사건뿐만이 아니라, 저는 개인적으로도 아주 대표적인 절절한 경험을 많이 한 셈입니다. 그렇기에 6·25가 제게 주는 감동은 특별한 것입니다.

저는 미국에 갈 때마다 워싱턴DC에 있는 6·25전쟁기념관을 꼭 방문합니다. 벌써 한 세 번쯤 갔다 온 것 같습니다. 거기에 가면 한국에 와서 희생된 수만 명의 미군들 이름이 벽에 죽 새겨져 있습니다. 그리고 큰 글자로 이렇게 쓰여 있습니다. 참 인상적입니다. 'Freedom is not free.' 딱 이 한마디입니다. 이것이 모든 문제에 대한 해답을 줍니다. 왜 전쟁이 있었는지, 왜 전쟁이 있어야 했는지, 전쟁의 결과는 무엇인지를 말해주는 딱 한마디입니다. '자유는 공짜가 아니다.' 자유는 거저 얻어지는 것이 아닙니다. 우리의 이 자유를 위해서 외국에서까지 수만 명이 여기에 와서 싸우다 죽었습니다. 자유는 거저 얻어지는 것이 아닙니다. 우리가 누리는 이 자유가 얼마나 소중한 것인지, 얼마나 엄청난 값을 지불하고 얻은 것인지를 우리는 잠시도 잊어서는 안 됩니다. 그 자유수호의 희생자들을 통해서 우리가 이 자유를 누리고 있는 것입니다.

전쟁은 왜 있어야 합니까? 여러 가지로 많은 사람들이 공부하고, 연구하고, 논문을 내놓았습니다마는, 제가 아는 대로는 에밀 부르너(Emil Brunner)의 「Justice and Freedom in Society(정의와 자유)」라는 책이 제일 마음에 듭니다. 이 에밀 부르너의 생각은 이렇습니다. '왜 전쟁이 있느냐? 인간의 끝없는 욕심 때문이다. 넉넉한데도 불구하고 인간은 너무 많이 가지려 하고, 나아가 더 가지려 하고, 그것도 모자라 남의 것까지도 빼앗으려 한다. 이렇듯 끝없는 욕심 때문에 전쟁은 있는 것이다. 또 하나는 살아남기 위해서다. 악한 사람들에게서 살아남기 위하여 전쟁은 있다.' 그렇습니다. 최 일선에 여러 번 나가보았습니다마는, 무엇보다도 총을 들고 상대보다 먼저 쏘기가 어렵습니다. 그러다 저쪽에서 총알이 피용 하고 날아오면 그제야 나도 총을 쏠 수 있습니다. 내 쪽에서 먼저 총을 쏘기란 참 쉬운 일이 아닙니다. 전쟁이란 왜 있느냐고요? 살아남기 위해서입니다. 가만히 있다가는 내가 죽잖아요? 몰살당하잖아요? 정의가 무너지잖아요? 그런고로 살아남기 위해서 싸워야 하는 것입니다. 이걸 잊어서는 안 됩니다. 살아남는 최고의 수단이 전쟁이다, 그 말입니다. 이것을 알아야 합니다.

또 하나는 정의구현을 위해서입니다. 높은 개념입니다. 전쟁이 아니면 악한 사람들에게 이 세상을 내어주고 말게 되는 것이니까요. 그럼 험악한 세상, 무질서한 세상, 죄악의 세상이 됩니다. '정의 구현을 위하여 싸운다. 조금 더 나아가서는 평화와 자유를 위하여 싸운다. 자유를 지키기 위하여 싸운다. 전쟁을 통해서 비로소 자유를 지킬 수 있기 때문에 부득불 전쟁을 할 수밖에 없는 것이다.' 조금 더 깊이 연구하고 에밀 부르너는 말합니다. '하나님의 권능과 그 심판을 대행하기 위하여 싸운다. 우리가 모르고 있지만, 전쟁 속에는 하나님의 능력, 하나님의 권능, 하나님의 사랑이 있다. 이것을 통해서 중요한 당신의 사람들을 구원하시는 역사를 이루어가고 계시는 것이다. 당신이 원하시는 재창조의 역사를 전쟁을 통하여 이루어가시는 것을 우리는 부인할 수가 없다.' 이것이 바로 에밀 부르너의 말입니다.

제가 예전에 학생 때 교수님의 강청으로 유명한 역사가 베어드(Baird)의 역사서를 읽은 적이 있습니다. 세 개의 역사로, 모두 열두 권이나 되는 것이었습니다. 신학전공자인 우리도 반드시 읽어야 하는 책이라고 말씀하셔서 부득불 읽게 되었습니다. 왜 읽으라고 하셨는지는 다 읽고 나서야 깨달았습니다. 베어드는 이 책에서 묻습니다. '역사는 무엇이냐?' 베어드의 이론은 딱 한마디로 '전쟁사'입니다. 어느 나라의 역사를 보든지 전부 이리 싸우고 저리 싸웁니다. 우리나라의 역사도 전부 싸움입니다. 싸움 외에 다른 이야기가 없습니다. 그런가하면 그 속을 가만히 들여다보면 약육강식의 원리가 통하지 않습니다. '강자가 이기고 약자가 망한다. 큰 자가 이기고 작은 자는 죽는다.' 이것이 양육강식 아닙니까. 한데 이상하게도 현실은 정반대입니다. 동물의 세계에서도 마찬가지입니다. 강자는 다 멸종되고 약자만 살아남습니다. 역사를 보아도 강한 자는 다 무너지고 턱없이 약한 자가 최종승자가 됩니다. 이것이 베어드가 본 역사입니다.

그런가하면 역사 속에서 부인할 수 없는 것이 있으니, 그것은 바로 하나님의 심판과 구원이 동시에 역사한다는 사실입니다. 한쪽으로는 심판을 하시면서 다른 한쪽으로는 구원의 역사를 이루십니다. 심판과 구원이 한 사건 속에서 동시에 이루어지는 것입니다. 6·25라는 전쟁 속에서 하나님께서는 심판과 구원, 이 두 가지 역사를 동시에 이루셨습니다. 여러분, 잊어서는 안 됩니다. 하나님의 심판은 우리 인간의 눈으로 볼 때 좀 더디게 보입니다. '이 사람 망했으면 좋겠는데……' '이런 사람은 그냥 당장 빼버렸으면 좋겠는데……' '하나님이 왜 그러실까?' 이런 생각이 들 때가 많을 것입니다. 하나님께서는 매사에 너무 더디신 것 같아 보입니다.

그래서 옛날에 우리가 시골서 자랄 때 흔히 듣던 아주 무섭고 조용한 욕설이 하나 있습니다. 못된 사람이 저기에 하나 있으면 어른들이 뭐라고 하는지 아십니까? "아이고, 남산의 호랑이는 뭘 먹고 사나? 저런 것들 좀 잡아먹지." 이것이 어른들의 습관적인 한탄입니다. '하나님의 심판은 왜 이렇게 더딜까?' 악한 것들은 그날로 그냥 벼락을 맞으면 좋겠는데, 실은 그렇지가 않거든요. 왜 그럴까요? 그래서 베어드는 이렇게 말합니다. '하나님의 심판의 연자 맷돌은 커다란데, 천천히 돌아간다. 어떤 때는 안도는 것 같은데, 돌고 있다, 천천히. 그런데 부드럽게 간다. 예외 없이 심판하시더라.' 그리고 베어드가 가르쳐주는 중요한 진리가 있습니다. 우리가 보기에 악한 자가 있습니다. 그를 두고 우리는 이렇게 생각합니다. '이 악한 자를 그냥 멸하셨으면 좋겠는데, 왜 남겨두실까?' 아니올시다. 묘한 진리가 있습니다. 하나님께서는 악한 자를 멸하실 때에 그보다 더 악한 자를 통해서 하십니다. 선한 자를 통해서 악한 자를 멸하신 역사는 거의 없습니다. 악한 자를 심판하실 때에는 또 다른 악한 자를 통하여 역사하십니다. 이것이 역사가의 말입니다.

악한 자가 많은 장면을 가만히 보면 하나님의 심판은 우선 악한 자를 성공하게 하는 것으로부터 시작됩니다. 우선은 악한 자가 승리하게 하십니다. 전쟁에서도 초반에는 악한 자가 이기게 하십니다. 그리고 교만하게 하십니다. 그러고 난 다음에야 꽝 하고 악한 자가 무너집니다. 이것이 하나님의 심판입니다. 악한 자를 처음부터 실패하게 하시고, 무너지게 하시지 않습니다. 우선은 성공하게 하십니다. 그들의 욕심을 채워주십니다. 그래서 교만의 끝까지 올라갔을 때 꽝 하고 치십니다. 이것이 하나님의 심판의 방법이더라는 것입니다. 일평생 역사를 연구한 베어드의 중요한 발견입니다. 그리고 또 있습니다. 이상한 것은 전쟁이 일어나서 죽고 죽이고 하면서 다 망하는 것 같아도, 아닙니다. 그 속에 오묘하고 신비로운 일이 이루어지고 있다는 것입니다. 그 관계를 가리켜 베어드는 '벌과 꽃과 같은 관계'라고 말합니다. 벌은 꽃에서 꽃으로 날아다니면서 꿀을 빨아냅니다. 꽃이 뭐라고 하겠습니까? "이 날강도야! 남의 꿀을 왜 빼앗아 가느냐?" 이러겠습니까? 아닙니다. 꿀을 빨아내고 다음 꽃으로, 또 그 다음 꽃으로 계속 옮겨 다니면서 동시에 꽃가루를 옮겨놓습니다. 벌이 꽃을 섬기는 것입니까? 꽃이 벌을 섬기는 것입니까? 신비로운 조화입니다. 겉으로는 꽃이 벌한테 꿀을 빼앗기는 것 같은데, 실은 꽃이 벌한테 심부름을 시키고 있는 것입니다. 겉으로는 잃어버리는 것 같은데, 실은 더 큰 것을 얻고 있는 것입니다. 이런 조화, 이런 신비로운 역사가 역사 안에 전개되고 있다는 것이 베어드의 말입니다.

오늘본문에서 여호수아는 전쟁에 패했습니다. 그러고 나서 통곡을 합니다. 별로 크지도 않은 아이 성에 들어갔다가 전쟁에 패하고 많은 사람들이 죽었습니다. 그래서 오늘본문 6, 7절에서 여호수아는 자기 옷을 찢고 이스라엘 장로들과 함께 궤 앞에 엎드려 날이 저물도록 머리에 티끌을 뒤집어쓰고 있습니다. "슬프도소이다, 주 여호와여! 어찌하여 이 백성을 인도하여 요단을 건너게 하셨습니까? 어찌하여 이 전쟁에 패하게 하셨습니까? 하잘것없는 전쟁, 이 가나안 정복의 전쟁에서 우리가 이렇듯 비참하게 패해서 죽었습니다. 왜 이런 일이 있습니까?" 이러면서 여호수아가 통곡을 합니다. 너무 지나치게 생각을 한 나머지 통곡을 하는 것입니다. "이스라엘을 왜 이리로 인도하셨습니까? 저희가 죽기 위해서 여기로 온 것입니까? 아니, 저희를 죽이려고 여기로 인도하셨습니까? 왜 이런 일이 있어야 합니까?" 이렇게 여호수아는 하나님 앞에 원망하며 울부짖고 있습니다. 그러나 하나님의 대답은 이렇습니다. "이스라엘이 범죄하여 내가 그들에게 명한 나의 언약을 어겼으며 또한 그들이 온전히 바친 물건을 가져가고 도둑질하며 속이고 그것을 그들의 물건들 가운데에 두었느니라(11절)." 무슨 말씀입니까? 아간이 그 전쟁 통에 도둑질을 했습니다. 하나님의 명령을 어기고, 탐심과 이기심에 사로잡혀 불신앙을 행한 바가 있었던 것입니다. 그때 하나님께서 그 숨겨진 악을 향해서 화살을 쏘십니다. 왜 이 사건이 있느냐고요? 요새도 우리는 신문에서 이러저러한 사건들을 봅니다. 왜 이런 일들이 있느냐고요? 아간 같은 사람이 있기 때문입니다. 이기적이고, 하나님의 뜻을 생각하지 않고, 자기만 생각했던, 그리고 도둑질한 사람, 그 사람 하나 때문에 이 전쟁은 패한 것입니다. 다시 말합니다. 숨겨진 악을 하나님께서는 심판하고 계십니다.

여러분, 다 알고 계시지 않습니까. 전쟁을 겪고 보니 '이랬구나, 이랬구나. 이래서 못된 놈이 있구나!' 하는 걸 비로소 알게 되는 것입니다. 전쟁이 아니라면 그런 모든 악이 노출될 수가 없거든요. 불의가 다 정당화되고, 악한 자가 제멋대로 날뛰는 세상이 된다는 말씀입니다. 하나님께서 심판하시는 것입니다. 전쟁 속에는 하나님의 심판이 있다! 국가적으로, 민족적으로, 개인적으로, 정치적으로 계속 심판이 있습니다. 정말 무섭습니다. 숨겨진 악을 향하여 하나님께서 화살을 쏘십니다. 다 드러날 때까지 쏘십니다. 이것이 전쟁이 있는 이유입니다.

다윗은 어렸을 때 골리앗 대장을 향해 나아가면서 한마디 유명한 말을 하지 않습니까. "전쟁은 하나님께 속한 것이니……" 전쟁은 하나님의 손에 있다는 것입니다. 그럼 그 속에는 무엇이 있는 것입니까? 하나님의 심판과 하나님의 구원이 있습니다. 악한 자에 대한 심판, 선한 자에 대한 구원, 이방에 대한 심판, 하나님의 백성에 대한 구원…… 그것이 전쟁 속에 있는 비밀한 하나님의 뜻입니다. 그래서 하나님의 뜻을 알게 하시고, 깨닫게 하시고, 믿게 하시는 것입니다. 나아가 우리로 자유를 알게 하시고, 우리를 자유케 하시고, 우리가 자유를 지키게 하십니다. 그 모든 역사를 전쟁을 통하여 이루어가시는 것입니다. 하나님께서는 심판을 통하여 역사하십니다. 전쟁을 통하여 우상을 진멸하십니다. 허상을 진멸하십니다. 모든 교만한 자들을 다 내려치십니다. 이걸 잊지 말아야 합니다.

저는 그저 웃기는 이야기 같지만 진실한 이야기입니다. 일본에 동조라는 정치가가 있었습니다. 태평양 전쟁을 일으킨 사람입니다. 그가 언젠가 동맹을 맺느라고 독일에 갔습니다. 그래 히틀러하고 만났습니다. 그때 히틀러는 사열식을 열어 그에게 자기군대가 착착 질서 있게 행진해가는 모습을 보여주었습니다. 히틀러가 기세 좋게 말합니다. "보시오, 우리 독일군을! 우리 독일군은 하나님 외에는 아무도 무서워하지 않습니다!" 그랬더니 동조가 이랬다는 것입니다. "우리 일본군은 하나님도 무서워하지 않습니다!" 그 결과가 무엇입니까? 망했잖아요? 하나님의 심판입니다. 정말 오묘한 것은 하나님께서는 전쟁이라는 엄청난 사건을 통하여 하나님께서 원하시는 백성을 구원하시고, 특별히 복음을 전하는 역사를 이루신다는 것입니다. 제가 예전에 공부하면서 「선교사」라는 책을 열심히 읽은 적이 있었습니다. 선교가 어떻게 이루어졌는지, 하는 것이 주제인데, 이런 기가 막힌 말이 있었습니다. '많은 사람이 선교하느라고 애쓰고, 애쓰고, 애쓰지만, 전쟁을 통하지 아니하고는, 전쟁 상황을 통하지 않고는 선교에 성공한 역사가 없다.' 깊은 말씀입니다. 정말입니다. 이런 눈으로 가만히 보면 모든 선교의 역사가 전쟁을 통해서 이루어집니다.

우리나라의 교회들이 지금 부흥이 좀 침체되어서 걱정입니다마는, 우리나라가 복음을 받아가지고 큰 부흥을 이루었는데, 딱 두 경우입니다. 하나가 3·1운동입니다. 일본인들이 한국을 점령해가지고 우리민족을 괴롭힐 때 그에 저항하여 우리 온 백성들이 독립만세를 부르고, 독립을 위해서 애를 썼는데, 그 과정에서 많은 교인들이 희생되었습니다. 바로 이 3·1운동을 통해서 교회가 크게 부흥됩니다. 또 하나의 계기가 6·25전쟁입니다. 이 전쟁을 통해서 많은 것을 잃었습니다마는, 교회가 크게 부흥된 것도 사실입니다. 우리 한국 사람들은 어디를 가나 몇 사람만 모이면 교회를 세운다는 말이 그때 생겼습니다. 어느 나라에 가든지 그렇습니다. 이것이 우리가 전쟁을 통해서 얻은 소득입니다. 하나님께서 주려고 하시는 역사입니다.

그런고로 이제 우리가 마지막으로 할 일이 있습니다. 오늘 여호수아를 통해서 우리에게 말씀하십니다. '스스로 성결케 하라. 전쟁에 이기고 지는 것은 군의 문제도 아니고, 전략의 문제도 아니다. 성결의 문제다. 역사를 풀어나갈 수 있는 길은 거룩함에 있다. 스스로 성결케 하라. 그리고 내일을 기다리라.' 그리고 내일을 기다리라! 여러분, 통일을 바라봅니다. 언제 있느냐고 묻습니다. 조용히 스스로 성결케 하고, 내일을 기다릴 것입니다. △

마음에 근심하지 말라

너희는 마음에 근심하지 말라 하나님을 믿으니 또 나를 믿으라 내 아버지 집에 거할 곳이 많도다 그렇지 않으면 너희에게 일렀으리라 내가 너희를 위하여 거처를 예비하러 가노니 가서 너희를 위하여 거처를 예비하면 내가 다시 와서 너희를 내게로 영접하여 나 있는 곳에 너희도 있게 하리라 내가 어디로 가는지 그 길을 너희가 아느니라 도마가 이르되 주여 주께서 어디로 가시는지 우리가 알지 못하거늘 그 길을 어찌 알겠사옵나이까 예수께서 이르시되 내가 곧 길이요 진리요 생명이니 나로 말미암지 않고는 아버지께로 올 자가 없느니라

(요한복음 14 : 1 - 6)

마음에 근심하지 말라

역사상 가장 유명했던 한 사람의 죽음의 광경에 대해서 많은 이야기들을 합니다. 그것은 바로 소크라테스의 죽음입니다. '맨발의 노옹' 소크라테스는 지신을 시기하고 질투하던 아덴 시민들의 음모에 걸려들어 무고죄로 사형판결을 받았습니다. 아무 죄도 없는데 무고죄로 그렇게 사형판결을 받고 그가 형장으로 나아갈 때 그의 제자들은 울면서 그를 따라갔습니다. 그리고 이렇게 물었습니다. "아무 죄도 없으신 선생님이 왜 죽으셔야 합니까? 왜 죽으셔야 합니까?" 그랬더니 소크라테스가 제자들한테로 빙글 돌아서서 이랬답니다. "이 사람들아, 그러면 내가 죽을죄가 있어서 죽어야 되겠나?" 아주 뜻 깊은 이야기입니다. 소크라테스는 그렇듯 의연하게 형장으로 나아갔습니다. 마침 옥사장은 소크라테스를 존경하는 사람이었지만, 법에 따라 사형을 집행할 수밖에 없었습니다. 옥사장은 많이 망설이던 끝에 하는 수 없이 소크라테스에게 독배를 권하며 부끄러운 마음으로 이렇게 말했답니다. "불가피한 일은 조용히 감내하십시오." 그러자 소크라테스는 선선히 "알았네!" 하고는 조용히 독배를 마시고 삶을 끝마쳤다는 것입니다. 이래서 소크라테스는 "너 자신을 알라!"라는 한마디와 "불가피한 일은 조용히 감내하시오!"라는 한마디, 이렇게 두 가지 명언을 남겼습니다.

인간에게는 인간다운 고통이 있습니다. 무엇을 먹을까, 무엇을 마실까, 배가 고프다, 춥다, 어디가 아프다…… 이런 육체적인 고통은 동물들에게도 있지만, 인간에게는 이보다 한 차원 더 높고 큰 정신적인 고통이 있습니다. 어쩌면 육체적인 고통이라는 것도 결국은 정신적인 고통에 기인하는지도 모릅니다. 심지어 의사들은 이렇게까지 말합니다. '우리가 겪는 질병의 85퍼센트는 마음에서 온다.' 우리 마음이 상쾌하고 깨끗하면 우리 몸도 건강할 수 있지만, 우리 마음이 걱정근심에 시달리고 좌절과 절망에 빠져 있으면 우리 몸은 무서운 불치병에 걸릴 수도 있다는 것입니다. 물론 이것은 의학적인 이야기입니다. 여러 정신적인 고통들을 종합해서 우리는 흔히 걱정근심이라고 일컫습니다. 우리 인간은 이성적 존재입니다. 이와 관련해서 파스칼의 명언이 있습니다. '사람은 생각하는 갈대다.' 갈대는 연약합니다. 그러니까 인간은 갈대처럼 연약한 존재라는 말 아니겠습니까. 하지만 동시에 인간은 '생각하는' 갈대입니다. 그런고로 인간이 인간인 것은 생각하는 능력이 있는 까닭입니다. 그러니까 생각하는 만큼 인간이라는 뜻입니다. 생각이 없으면 인간이 아니라는 것이지요. 이런 말이 있습니다. IQ가 70이하인 사람은 아무 걱정이 없답니다. 똑똑한 것이 외려 화근이라는 말입니다. 생각이 너무 많아서 어려움과 고난을 겪게 된다는 말입니다.

우리 인간의 이성에는 두 가지 기능이 있습니다. 하나는 비판기능이요, 또 하나는 추리기능입니다. 지난날을 생각할 때 그걸 가리켜 흔히 기억이라고도 하고 추억이라고도 합니다. 이 기억과 추억이 생각 속에 있을 때 우리를 괴롭힙니다. '그때 그러지 말았어야 되는데……' 이 추억, 이 기억, 이 생각, 이 과거에 대한 생각은 결코 우리에게 행복을 주지 못합니다. 과거를 생각하면서 행복할 수 있는 사람은 아주 복 된 사람입니다. 또 하나, 미래에 대한 추리능력이 있습니다. 실은 행복도 이 추리능력에서 오는 것입니다. 앞으로 잘 될 일, 앞으로 있을 좋은 일, 앞으로 받을 영광…… 이런 것을 생각하면 행복합니다. 예를 들면 결혼을 앞둔 신부가 신혼을 생각하며 행복해하는 것이 그렇습니다. 다 생각 속에서 오는 것입니다. 그런데 이 생각이 병들면 반대로 불안이 됩니다. 걱정이 됩니다. 초조해집니다. 절망하게 됩니다. 이래서 인간은 생각하므로 말미암아 인간이라고 하지만, 그 생각이 가장 무서운 절망과 고통의 요소가 된다는 말입니다.

이 근심걱정이라는 것을 심리학적으로, 철학적으로, 또 사회학적으로 잘 분석해 나아가면 마지막에 가서는 두 가지만 남는답니다. 그러니까 사람의 걱정은 둘 밖에 없다는 것입니다. 첫째, 죽을까 하는 걱정입니다. 뭐니 뭐니 해도 죽음보다 무서운 것은 없거든요. 다가오고 있으니까요. 누구나 다 이걸 알고 있잖아요? 이것이 없다고 생각하는 사람은 없습니다. 멀지도 않습니다. 죽음이 점점 가까워오고 있습니다. 이 절대사건 앞에서 우리는 자유할 수가 없습니다. 그러니까 죽음의 문제를 해결하기 전에는 누구도 행복할 수 없는 것입니다. 돈이 아무리 많으면 뭐합니까. 죽음 앞에는 아무 소용이 없습니다. 명예가 어떻다는 말입니까? 지식이 어떻다는 말입니까? 죽음 앞에는 아무 소용이 없는 것입니다. 그러니까 근본적으로 죽음의 문제를 그리스도 안에서 해결하지 않고는 행복이란 없습니다. 만약 행복하다면 그는 멍청한 사람이지요. 심지어 기쁨 자체도 기뻐할 수 있는 요소가 못 됩니다.

그런가하면 둘째 고민은 죄책입니다. 내 양심이 나를 정죄합니다. 때로는 누구 때문이라고, 무엇 때문이라고 그 원인을 남에게 돌리면서 항변합니다. "내게는 잘못이 없었다. 누구 때문에 나는 망했다. 뭐 때문에 나는 망했다. 환경 때문이다. 뭐 때문이다." 이렇게 항변하지마는, 조용한 시간에 내 양심이 말합니다. '아니, 네 잘못이야. 누구 잘못도 아니라, 너 자신이 죄다.' 이렇게 심판합니다. 아무도 여기서 떠날 수가 없습니다. 이에 대해서 변명할 수가 없다는 말입니다.

그런데 오늘본문은 우리에게 이 모든 것을 해결해줄 수 있는 가장 중요한 답을 주고 있습니다. 너무나도 귀한 말씀입니다. 두고두고 기억하십시다. "너희는 마음에 근심하지 말라 하나님을 믿으니 또 나를 믿으라(1절)." 아무 걱정 하지 말라는 것입니다. 여기서 우리가 깨달아야 할 것이 있습니다. 걱정의 원인은 Context, 상황이 아닙니다. 믿음의 문제입니다. 이걸 잊지 말아야 합니다. 경제 때문에, 정치 때문에, 문화 때문에…… 이렇게 말하지 말고 잠깐 멈추십시오. 그것들 때문이 아니라 믿음 때문입니다. 예수님께서 배를 타고 가실 때 고물에 누우셔서 잠깐 쉬고 계셨는데, 마침 풍랑이 일어나서 바다물이 막 배 위로 올라옵니다. 제자들이 겁이 나가지고 예수님을 깨우면서 "선생님, 우리가 죽게 되었습니다. 안 돌아보십니까?" 하고 난리를 피울 때 예수님께서 일어나셔서 말씀하십니다. "적게 믿는 자여, 어찌 의심하느냐?" 생각해보십시오. 이것이 상황의 문제입니까, 풍랑의 문제입니까? 결국 믿음의 문제 아닙니까. 이걸 알아야 합니다. 차원을 돌리십시오. 모든 걱정의 뿌리는 믿음입니다. 믿음이 없기 때문입니다. 가난하기 때문에, 병들었기 때문에, 정치 때문에, 경제 때문에…… 세상은 늘 혼란스럽습니다. 그러나 내 마음의 평정, 내 마음의 평안은 믿음에 있을 뿐입니다. 왜요? 이 모든 일이 하나님의 손에 있으니까요. 이 모든 풍랑도 하나님의 손에 있으니까요. 모든 전쟁의 상황도 하나님의 손에 있으니까요. 내 운명도 하나님의 손에 있으니까요. 믿음, 얼마간의 믿음을 가졌느냐고 묻고 싶습니다. 다시 한 번 믿음을 진단해야 됩니다.

오늘본문의 문맥을 잘 살펴보면 우리는 걱정해야 될 것을 걱정하면 걱정 안 해도 될 것은 걱정 안 할 수 있게 된다는 것을 알 수 있습니다. 필요 없는 걱정을 하기 시작하면 정작 가장 걱정해야 할 일을 망각하게 됩니다. 이걸 잊지 말아야 합니다. 그래서 흔히들 말하지 않습니까. 큰 걱정은 작은 걱정을 해결할 수 있다고요. 종종 그런 일이 있잖아요? 우리 가정에서도 그런 일이 있고요. 부부간에도 네가 잘했느니, 못했느니 하고 다투다가도 소중한 자녀가 머리가 따끈따끈하고 아파보십시오. 이 아이의 병 때문에 싸우던 걸 멈추게 되지 않습니까. 더는 다툴 필요가 없게 됩니다. 가장 근본적인 것, 가장 귀한 것을 걱정하게 되면 그 나머지 온갖 잡스러운 일들에 대한 걱정은 자연스레 사라집니다. 걱정으로부터 자유할 수 있다는 말입니다. 이걸 잊지 말아야 합니다.

우리는 과거 때문에 고생합니다. 지난 문제들로 말미암아 많이 시달리고 있습니다마는, 다 어리석은 생각입니다. 적어도 미래를 걱정하는 사람은 과거로부터 자유할 수 있습니다. 중요한 것은 미래지 과거가 아니기 때문이지요. 그래서 예수님께서는 요한복음 15장에서 선한 목자의 말씀을 하십니다. '나는 선한 목자다. 너희를 위하여 목숨을 버린다.' 목자와 양의 관계로 말씀하십니다. 양이 평안할 수 있으려면 풀이 많아야 됩니다. 먹을 풀이 넉넉한 초장이 있어야 됩니다. 풀을 바라보면 양은 평안합니다. 또 잔잔한 시냇물이 있어야 됩니다. 목이 마를 때 물을 마셔야 되니까요. 또 너무 뜨거울 때 잠깐 쉴 수 있는 그늘도 좀 있어야 됩니다. 이정도 되면 양은 편안합니다. 끝났습니다. 그러나 아니올시다. 문제는 목자가 옆에 있어야 된다는 것입니다. 선한 목자만 곁에 있으면, 그 선한 목자와 자기 사이에 확실한 믿음만 있으면 어떤 여건에서도 양은 평안합니다. 그래서 다윗은 시편 23편에서 이렇게 노래합니다. '내가 사망의 음침한 골짜기로 다닐지라도 해를 두려워하지 않을 것은 주께서 나와 함께 하심이라. 주는 선한 목자시요, 여호와는 나의 목자시니, 내게 부족함이 없으리로다.' 다윗의 고백입니다. 양에게 중요한 것은 목자입니다. 그 밖의 문제는 하나도 없습니다. 이와 같이 우리가 주님을 믿는 믿음, 주님을 따르는 신앙만 확실하게 선다면 어떤 여건에서도 두려울 것이 없습니다. 근심할 것도 없습니다. 좌절할 것도 없습니다. 예수님께서 십자가를 지시기 바로 몇 시간 전에 이렇게 말씀하십니다. "또 나를 믿으라. 아무것도 근심하지 말라. 하나님을 믿으니 또 나를 믿으라." 다른 말로 바꾸면 이런 것입니다. "하나님을 믿는 믿음 안에서 나를 믿으라. 나를 믿는 믿음 안에서 하나님을 믿으라." 여기에 진정한 평안이 있습니다. 예수님께서 십자가로 가시면서 하신 말씀입니다. 십자가를 지시기 몇 시간 전에 하신 말씀입니다. "하나님을 믿으니 또 나를 믿으라. 아무것도 걱정하지 말라." 아주 귀한 말씀입니다. "내 아버지 집에 거할 곳이 많도다." 우리는 어차피 이쪽으로 가야 합니다. 아버지의 집으로 가야 합니다. 이 세상은 떠나야 하고, 아버지 집으로 가야 합니다.

유명한 발명왕 토머스 에디슨은 85세에 세상을 떠났습니다. 그는 "당신은 1천 가지를 발명한 발명왕인데, 그 발명의 비결이 무엇입니까?"라는 질문에 이렇게 대답했습니다. "믿음입니다. 영원한 믿음이 저로 하여금 현재의 삶을 더 충실하게 했습니다. 사람에게 영원한 세계가 있음을 저는 확실히 믿습니다. 죽음은 현세의 출구요, 동시에 영원한 나라로 향하는 입구입니다." 죽음이란 이 세상에서의 출구요, 하늘나라로 가는 입구다, 이것입니다. 토머슨 에디슨이 이미 말해준 바입니다. 여러분, 깊이 생각해야 합니다. "내 아버지 집에 거할 곳이 많도다." 그 옛날 욥은 말할 수 없는 고생을 했습니다. 그러는 가운데 마지막 고백을 합니다. "내가 육체 밖에서 주를 뵈오리라." 이 육체를 벗고, 주님을 반가이 뵈오리라는 고백입니다. 우리는 언젠가 이 세상을 떠나서 죽음이라는 출구를 통하여, 죽음이라는 입구를 통하여 하나님 앞으로 가게 될 것입니다. 내 아버지의 집, 아주 중요합니다. 아버지의 집을 믿는 이 믿음, 아버지의 집을 느끼는 이 믿음, 아버지의 집을 사모하는 이 믿음이 신앙의 근본입니다. 그래서 예수님께서는 말씀하십니다. "내 아버지 집에 거할 곳이 많도다. 가서 예비한 다음에 너희로 와서 내게 있게 하겠다. 그러면 너희가 나와 함께 있으리라. 나와 함께 있으리라."

좀 더 신학적으로 중요한 말씀을 드리면 우리가 '부활' 이라는 말을 하지 않습니까. 부활, 부활 하지마는, 잘 보면 성경에는 부활이라는 말보다 '변화'라는 말이 더 많습니다. 변화가 부활이고, 부활이 변화입니다. 그런데 부활이란 무엇입니까? 딱 한 마디로 하면, 그리스도의 부활하신 신령한 몸과 같이 변화되는 것이 바로 부활입니다. 그리스도와 같이 변화되는 것이 우리가 지향하는, 저 앞에 바라보이는 다음 단계의 생명입니다. 이제 우리가 걱정할 것이 무엇이겠습니까? 한 가지만은 생각합시다. 많은 사람들이 책에서 이렇게 말합니다. '제일 큰 걱정은 내가 떠난 다음에 사람들이 나를 어떤 사람으로 기억할까?' 이런 걱정을 한다고요. '어떤 사람이라고 기억할까?' 여러분, 이 한 가지는 생각해봐야겠습니다. 이제 많은 근심이 정리가 됩니다. 그것은 오직 믿음입니다. 상황문제가 아닙니다. 경제, 정치, 문화의 문제가 아닙니다. 하나님과 나와의 관계입니다. 확실한 믿음의 문제입니다. 많은 근심들이 오직 믿음 안에서 깨끗이 정리가 됩니다. 오직 내 앞에 있는 아버지의 집, 예수님과 함께하게 될 그 집, 또 주님께서 약속하신 그 약속을 바라보며 미래를 향할 것입니다.

「내 아버지 집에 거할 곳이 많도다」라는 책이 있습니다. 저자는 여러 목사님들입니다. 모두가 자기 자녀들이 세상을 먼저 떠나는 아픔을 당한 목사님들입니다. 그래 그 아들딸의 장례식에서 설교를 했는데, 그 설교문 16개를 모아놓은 것이 이 책입니다. '내 아버지 집에 거할 곳이 많도다.' 그런데 첫 페이지, 첫 번째로 다룬 사람이 유명한 신학자 칼 바르트입니다. 그의 아들은 스무 살에 세상을 떠났습니다. 앞길이 창창한 스무 살 청년이 스위스에 등산을 갔다가 그만 산사태에 휩쓸려 죽었습니다. 그 시체가 아버지인 바르트의 눈앞에 왔을 때 그는 아들의 시체를 앞에 놓고 사흘을 기도하면서 설교를 했다고 합니다. 그 설교문이 그대로 나와 있습니다. 설교문에서 그는 고린도전서 13장 12절을 인용합니다. "우리가 지금은 거울로 보는 것 같이 희미하나 그 때에는 얼굴과 얼굴을 대하여 볼 것이요……" 지금은 슬픔 중에 보내지만, 그때에는 기쁨이다, 이것입니다. 그렇게 아들의 시체를 앞에 놓고 칼 바르트 목사님은 설교를 했습니다.

'마음에 근심하지 말라. 하나님을 믿으니 또 나를 믿으라.' 우리는 이 말씀을 읽을 때마다 이렇게 대답하고 싶어 합니다. '걱정할 수 없도록 좀 해주시죠. 걱정 없도록 좀 해주십시오.' 그러나 이에 대해서는 응답이 없습니다. 주께서 말씀하십니다. '마음에 근심하지 말라. 하나님을 믿으니 또 나를 믿으라.' △

경건 지향적 성품

누구든지 다른 교훈을 하며 바른 말 곧 우리 주 예수 그리스도의 말씀과 경건에 관한 교훈을 따르지 아니하면 그는 교만하여 아무 것도 알지 못하고 변론과 언쟁을 좋아하는 자니 이로써 투기와 분쟁과 비방과 악한 생각이 나며 마음이 부패하여지고 진리를 잃어버려 경건을 이익의 방도로 생각하는 자들의 다툼이 일어나느니라 그러나 자족하는 마음이 있으면 경건은 큰 이익이 되느니라 우리가 세상에 아무 것도 가지고 온 것이 없으매 또한 아무 것도 가지고 가지 못하리니 우리가 먹을 것과 입을 것이 있은즉 족한 줄로 알 것이니라 부하려 하는 자들은 시험과 올무와 여러 가지 어리석고 해로운 욕심에 떨어지나니 곧 사람으로 파멸과 멸망에 빠지게 하는 것이라 돈을 사랑함이 일만 악의 뿌리가 되나니 이것을 탐내는 자들은 미혹을 받아 믿음에서 떠나 많은 근심으로써 자기를 찔렀도다

(디모데전서 6 : 3 - 10)

경건 지향적 성품

여러분은 2500년 전에 있었던 헬라의 철학자 플라톤을 잘 아실 것입니다. 그의 「행복론」이라는 중요한 글이 있는데, 이 책에서 그는 많은 지혜의 말을 합니다. 수천 년이 지난 오늘에도 그의 말은 우리 마음속에 깊은 감동을 줍니다. '행복한 사람, 어느 정도면 행복할 수 있을까?' 그는 그 옛날에도 이렇게 생각했습니다. '재산? 재산이란 그저 먹고, 입고, 살고 싶은 수준에서 조금 부족한 듯한 정도가 좋다.' 만족하다, 지나치다, 하는 것은 사실 그때부터 불행입니다. 재산관리라는 것이 쉬운 일이 아닙니다. 재산에 치여서 정신적 장애까지 일으키게 됩니다. 그래서 철학자는 말합니다. '그저 먹고 입고 살 정도의 재산, 오히려 조금 부족한 정도의 재산을 가지고 살아야 행복하다.'

그는 또 이런 말도 합니다. '모든 사람이 칭찬하기에는 약간 부족한 얼굴이 행복하다.' 너무 잘 생긴 얼굴, 좋은 것 아닙니다. 여러분, 지금껏 다 봐와서 아시겠지만, 잘생긴 사람치고 팔자 좋은 사람이 없습니다. 가정도 별로 좋지 않습니다. 제가 소망교회에서 목회할 때 미인대회에 나가서 1등을 한 여자와 사는 분이 있었습니다. 그분을 만날 때마다 그게 저는 좀 부러워서 "집사님, 얼마나 행복하십니까?" 하니, 그분이 정신을 차리고 하는 말이 이랬습니다. "역사적인 실수였습니다." 그 여자분, 아침마다 두 시간 동안 거울을 들여다보며 얼굴을 두드리고 있답니다. 거기다 대고 뭐라고 말했다가는 날벼락이 떨어진답니다. 절대 건드리지 못하는 것입니다. "제가 어쩌다가 이 신세가 되었는지 모르겠습니다." 여러분, 그저 적당히 태어난 것을 고맙게 생각하십시오. 남녀 불문하고 용모가 너무 뛰어난 것, 정신적으로 별로 좋지 않은 일 같습니다.

그리고 그는 자신이 자만하고 있는 것에 대해서 사람들이 절반밖에 알아주지 못하는 명예가 좋다고 말합니다. 내가 나를 알고 있는데, 이걸 모두가 다 알아주기를 바라는 것, 문제입니다. 내가 알고 있는 나보다 더 크게 사람들이 나를 알아주면 불안해집니다. 이거 힘든 일입니다. 내가 생각하는 나보다 조금 낮춰서, 한 절반 정도는 나를 알아주고, 나머지 절반은 알아주지 않는, 딱 이 정도의 명예가 좋다는 것입니다. 그렇게 사는 것이 행복하다는 것입니다. 역시 철학자다운 말입니다.

또한 사람의 체력이 어느 정도 되어야 하느냐에 대해서도 그는 말합니다. 체력은 그저 한 사람과 겨루어서는 내가 이기고, 두 사람과 겨루면 내가 지는, 딱 그 정도의 체력이 좋다는 것입니다.

마지막 말이 재미있습니다. '내가 연설을 한다고 하자. 그러면 청중들이 절반은 박수를 치고, 절반은 박수를 안 치는, 그 정도가 제일 좋다. 모두가 박수를 칠 정도가 되면 내가 흔들리니까 그러면 안 된다. 그래서 말솜씨라는 것은 그저 절반만의 지지를 받을 수 있는 정도가 좋다.'

플라톤은 이렇게 「행복론」에서 말하고 있습니다. 이 모든 것은 무엇을 말하는 것입니까? '모든 부분에서 적당히 모자라는 것이 좋다. 적당히 부족한 상태가 좋다. 그걸 채우기 위해서 우리가 이모저모로 노력하며 사는 그것이 행복의 근본이다.' 이것이 플라톤의 생각입니다.

옛날부터 전해 내려오는, 저 이스라엘 사람들이 사람을 알아보는 기준이 아주 재미있습니다. '키소코소카소'라고 합니다. 무슨 말이냐 하면, '키소'는 돈 주머니입니다. 돈 주머니를 주었을 때 그 돈을 어떻게 쓰는지를 보면 그 사람 됨됨이를 알 수 있다는 것입니다. 또 '코소'는 술잔입니다. 술을 마셔도 절대 취하지 않고, 술로 말미암아 실수하지 않는 사람이 괜찮은 사람이라는 것입니다. 마지막으로 '카소'는 노여움입니다. 분한 일을 당할 때 내가 그 분을 얼마나 잘 참을 수 있는지를 보면 그 사람을 알 수 있다는 것입니다. 그것이 그 사람의 인격이라는 것입니다. 「탈무드」에 나오는 이야기입니다.

유난히 화를 잘 내는 사람들이 있습니다. 자기가 자기를 압니다. 그러면서도 스스로를 다스리지 못해서 늘 후회하고, 뉘우치고, 눈물 흘립니다. 경건에 큰 손해가 되는 일입니다. 물질에 대한 욕심도 마찬가지입니다. 적당한 데에서 선을 그으면 좋은데, 이 물질이라는 욕심은 끝이 없습니다. 또 명예에 대해서도 그렇습니다. 하찮은 명예에 끌려서 그만 신앙도 인격도 다 망가지는 걸 볼 때에 역시 이 성경말씀은 아주 귀한 말씀이라고 생각됩니다.

오늘본문은 단적으로 이렇게 말씀합니다. "자족하는 마음이 있으면……(6절)" 자족하는 마음, 경건 지향적 성품을 가지면 그는 인격이나 신앙생활에 아주 큰 도움이 될 것이라고요. 받은 것으로 만족하고, 현재로 만족하고, 나로서 만족합니다. 조금도 부족함이 없습니다. 넉넉합니다. 아니, 분에 넘칩니다. 저는 다윗의 고백을 늘 마음에 새겨봅니다. "나의 잔이 넘치나이다." '내가 수고한 것보다 소득이 더 크다. 나는 나의 인격보다 더 크고, 나의 나 됨보다 더 큰 대접을 받고 산다. 더 큰 복을 누리고 산다.' 이렇게 늘 자족하는 마음이 있으면 경건에 큰 도움이 되겠다고 오늘본문은 말씀하고 있습니다.

오늘본문을 자세히 살펴보면 경건 지향적 성품의 몇 가지 특징이 있습니다. 첫째는 교만 예방법입니다. 교만을 억제할 수 있는 능력이 꼭 필요합니다. 사람은 늘 어느 순간에 덜컥 교만할 수 있거든요. 좀 성공할 때 교만할 수 있거든요. 칭찬을 들을 때 교만할 수 있거든요. 그 어느 지점에서 딱 선을 긋고 교만하지 않아야 됩니다. 그 한계를 딱 넘어서서 정신장애 쪽으로 옮겨가면 그때부터는 걷잡을 수 없게 됩니다. 거기서부터는 내가 나 아닙니다. 다른 사람이 됩니다. 그런고로 교만하지 아니할 수 있는 지혜가 절대 필요합니다.

누구에게나 교만해지는 순간이 있습니다. 그 찰나에 딱 끊어야 합니다. 그리고 '여기까지. 교만해서는 안 된다!' 하고 자기 자신을 억제하면 교만해지지 않을 수 있습니다. 칭찬을 들어도 교만해지지 않고, 성공해도 교만해지지 않고, 권력을 가져도 교만해지지 않을 수 있는 사람이 위대한 사람입니다.

반대로 근심에 빠질 때 또한 절망의 순간이 옵니다. 우리는 이것을 감지할 수 있습니다. 걱정도 한계가 있어야 됩니다. 여기까지! 이 이상 걱정하게 되면 내적으로 많은 손해를 보게 됩니다. 그래서 교만도 말고, 절망도 말고, 자기 자신을 잘 다스려나갈 수 있는 것이 바로 지혜요, 성공이요, 행복의 비결입니다. 내 지혜, 내 능력, 내 성공, 내 건강…… 여기서 만족하고, 절망하지도 말고, 교만하지도 말 것입니다. 나도 모르게 교만해지기 쉽습니다. 그런고로 제 때에 억제해야 됩니다. 스스로 통제능력을 가져야 합니다. 내가 나를 통제할 수 있어야 됩니다. 요새 불안장애라는 말이 있지요? 왜 장애가 되겠습니까? 불안한 것은 있습니다마는, 불안이 어느 한계를 넘어서서 장애가 되어버리면 out of control, 이제는 내가 나를 다스릴 수 없게 됩니다. 병이 되기도 하고, 이상한 사람이 되기도 합니다. 요샛말로 미치게 되는 것입니다. 이 한계를 넘어서서는 안 됩니다.

다윗 왕의 너무나도 유명한 이야기가 있지 않습니까. 다윗 왕은 역시 지혜로운 사람입니다. 전쟁에서 승리하여 백마를 타고 돌아옵니다. 많은 군중들이 "호산나! 만세!"를 외칩니다. 전쟁에서 승리하고 돌아오는 기분, 어떻겠습니까? 모두가 "만세! 만세!" 할 때 다윗 왕은 자신이 점점 더 교만해져가는 것을 느꼈습니다. 그는 스스로 자기를 알았습니다. 그래서 지혜자를 불러 물어보았습니다. "내가 자꾸 교만해지려고 하는데, 이렇게 교만해지면 안 되는데, 어떻게 하면 교만해지지 않을 수 있겠느냐?" 그러면서 신하들한테 이 문제를 연구해오라고 시켰습니다. 그랬더니 많이들 가서 연구해가지고 와서 이렇게 말합니다. "커다란 반지를 만들어 거기에 큰 글자로 뭐라고 교훈이 될 만한 말을 써서 그걸 손가락에 끼우고 항상 들여다보면 겸손할 수 있을 것입니다. 교만해지지 않을 수 있을 것입니다." 다윗 왕이 물었습니다. "그럼 그 반지에다가 뭐라고 써야 하나?" 한 지혜자가 대답합니다. "왕의 아들 솔로몬이 아직 어리지마는, 아주 지혜가 있습니다. 그런고로 솔로몬에게 물어보면 어떻겠습니까?" "그러자!" 그래 솔로몬에게 가서 자초지종을 얘기하고 그 반지에다가 뭐라고 쓰면 좋겠느냐고 아버지 다윗 왕이 물었습니다. 그러자 어린 솔로몬이 장난감을 가지고 놀다가 하는 말입니다. "모든 것은 지나간다." 끝. 그랬습니다. 여러분, 모든 것은 지나갑니다. 건강도 지나가고, 아름다움도 지나가고, 재산도 지나갑니다. 모든 것은 순간입니다. 지나갑니다. 이렇게 해서 다윗 왕이 반지에다가 그 글귀를 딱 써놓고 그걸 늘 들여다보면서 스스로 교만해지지 않고 겸손해지도록 노력했다는 참 좋은 이야기입니다. 교만의 억제능력이 있어야 됩니다. 오늘본문은 '자족하는 마음'이라고 말씀합니다. 스스로 족하게 여기는 마음, 그 자족하는 마음을 가질 수 있는 비결이 어디에 있습니까? '모든 것은 지나간다.' 이것입니다. 아름다움, 지나가지요? 젊음도 지나가지요? 돈도 지나갑니다. 다 지나갑니다. '가지고 온 것이 없음에 가지고 가지 못하리라.' 유명한 말 아닙니까.

저는 어렸을 때 어른들이 하는 부흥회에 많이 참석했습니다. 조그마한 어린아이가 부흥회에 참석하니까 목사님들이 저를 참 귀엽게 보았습니다. 그런데 그 목사님들이 하시는 말씀 가운데 늘 한 이야기를 또 하고, 또 하고 그래서 수없이 들은 이야기가 있습니다. 바로 알렉산더 대왕의 이야기입니다. 당시에 세상을 호령했던 알렉산더 대왕이 서른세 살에 죽지 않습니까. 그때 그가 유언을 했습니다. "내가 죽은 다음에 관을 매고 나갈 때 내 두 손은 관 밖으로 내놓아라." 이제 그 유언대로 해서 관을 둘러매고 장례식에 갑니다. 어떻겠습니까? 관이 가는데 관 밖으로 손 둘이 나와 있습니다. 흔들흔들하지 않겠습니까. 많은 사람들이 그걸 봅니다. 무엇을 말하는 것입니까? 부흥회에서 목사님들이 아주 강조하여 설명해주었습니다. "공수래공수거다. 알렉산더 대왕도 아무것도 못 가지고 간다. 알았냐? 이놈들아? 똑똑히 알아라. 알렉산더 대왕, 아무것도 없다." 이것입니다. 여러분, 가지고 온 것이 없습니다. 그러니 가지고 가지 못합니다. 그렇다면 내가 이걸 어떻게 해야겠습니까? 여기서 지혜를 찾아야 합니다.

오늘본문은 말씀합니다. "족한 줄로 알 것이니라(8절)." 자족하는 지혜입니다. 먹을 것이 있으니 감사하고, 입을 것이 있으니 감사하고, 이대로 다 감사합니다. '내가 나 됨보다 넉넉하게 주셨습니다. 나는 수고한 것이 없으나, 넉넉하게 주셨습니다. 내가 별로 의롭지 못했으나, 넘치도록 주셨습니다.' 저는 늘 생각합니다. 내가 수고한 것보다 몇 배, 몇 천 배 하나님의 은혜는 더 컸다고요. 그 가운데 하나, 제 개인적인 간증이 있습니다. 저는 북한에서 나왔습니다. 거기서 중고등학교를 나왔고, 남쪽에 와서는 사실 공부한 게 없습니다. 그런데 그런 제가 어떻게 유학을 간다는 말입니까? 그건 말이 안 되는 일입니다. 그런데 유학을 갔지요? 공부를 무사히 해냈습니다. 중요한 것은 그때 하나님께서 제가 좋은 사람을 만날 수 있게 해주셨다는 것입니다. 이런 사람도 만나고, 저런 사람도 만났습니다. 다 제때, 제때 만났습니다. 하나님께서는 세밀하십니다. 너무너무 놀랍습니다.

제가 미시간 대학에 가서 공부할 때 어떤 젊은 집사님을 만난 적이 있습니다. 그분이 저를 보고 이런 말을 했습니다. "목사님, 제가 목사님을 멀리서 봤는데요, 공부하러 오셨구먼요. 그런데 한국에서 공부하는 것과 미국에서 공부하는 것은 다릅니다. 이 사람들의 공부 방법은 전혀 다릅니다." 그러면서 그분이 저한테 보름 동안 공부방법을 가르쳐주었습니다. 제 손을 잡고 도서관까지 들어가서 책 찾는 방법에서부터 읽는 방법, 논문 쓰는 방법까지 전부 다 가르쳐 주었습니다. 그 다음에 제가 생각했습니다. '이 사람은 하나님께서 내게 보내주신 선지자구나!' 그 사람이 아니었으면 저는 절대 공부 못했을 것입니다. 그 이름도 모르는 사람을 만나게 해주셔서 제가 공부를 무사히 마쳤습니다.

또 프린스턴 대학에 가서 공부할 때는 첫 학기 논문을 써야겠는데, 제가 쓸 줄을 압니까? 영어로 쓰는 것이니까요. 참 걱정이었습니다. 쓰는 방법도 모르겠고요. 그랬는데, 아주 재미있게도 바로 그때 또 어떤 사람을 만났습니다. 바니라는 이름의 예쁜 여자입니다. 그분이 나무 밑에 앉아 책을 보고 있기에 제가 "How are you?" 하고 인사를 건넸습니다. 그러자 누구시냐고 묻기에 간단히 제 소개를 했습니다. 공부를 하러 왔는데, 어쩌고저쩌고…… 이렇게 얘기가 됐는데, 이 아가씨가 자기 애인이 프린스턴에 와서 공부하다가 차 사고로 죽었다는 이야기를 하는 것입니다. 너무나 마음이 아파서 애인이 공부하던 학교에 지금 잠시 놀러 온 거였습니다. 그래서 저를 만난 것입니다. 그래 이런저런 얘기를 하다가 그 여자가 저한테 묻더라고요. "What can I do for you?" 뭘 좀 도와드릴까요? 그래서 논문 쓰는 것 좀 도와달라고 그랬지요. 그래가지고 첫 학기 시작할 때 제가 쓴 것을 그분이 교정해주었습니다. 얼마나 좋은지요? 그래 이렇게 생각했습니다. '아, 이 여자도 하나님께서 내게 보내주신 의인이구나!' 여러분, 꼭 잊지 마십시오. 미처 몰라서 그렇지, 하나님께서는 우리로 순간순간 귀인을 만나게 해주십니다. 그래 우리를 선한 길로 인도하십니다. '자족하는 은혜, 분에 넘칩니다. 감사합니다.' 이런 마음이 경건에 도움이 됩니다. 부하려는 마음은 필요 이상의 것을 바라는 마음입니다. 한계 이상의 명예, 한계 이상의 자존심은 다 화근입니다.

오늘본문은 마지막으로 이런 말씀을 합니다. "돈을 사랑함이 일만 악의 뿌리가 되나니……(10절)" 돈 사랑, 헬라어로는 '피날구리아'입니다. '필리아'가 사랑이고 '알구리아'가 돈입니다. 그래서 '피날구리아'라고 하면 돈에 미친 사람을 뜻합니다. 물론 돈은 중요합니다. 돈, 가져야 합니다. 그러나 돈은 다스려야지 내가 돈의 노예가 되어서는 안 됩니다.

제가 지금까지 목회를 해오면서 별의 별 것을 다 보았습니다. 인천에서 목회할 때에는 이런 일도 있었습니다. 당시 경제상황이 인플레가 심해서 다들 계를 많이 했습니다. 한 여 집사님이 계주가 되었습니다. 엄청난 손해를 봤습니다. 돈을 많이 만지다가 그만 손해를 끼치고 정신이 나갔습니다. 제가 그분 집에 심방을 갔는데, 이 여 집사님이 손에 돈을 잔뜩 쥐고 있는 것입니다. 그러면서 계속 돈만 세고 있었습니다. 그걸 빼앗으면 웁니다. 미쳐도 이런 식으로 미칩니다. 제발 돈에 미치지 마십시오. 돈은 필요한 것이고, 내가 다스려야 하는 것입니다. 돈이 내 주인이 되면 안 됩니다. 돈 사랑, 일만 악의 뿌리입니다. 요새 보십시오. 얼마나 많은 사람들이 돈 때문에 실수를 하고 부끄러움을 당합니까.

유명한 케네스 블랜차드(Kenneth H. Blanchard) 교수가 「부자의 황금률」이라는 좋은 논문을 내놓았습니다. 요지는 이렇습니다. '부자란 뭐냐? 내가 돈을 가짐으로 해서 나도 좋고 저도 좋아야 된다. 만약에 장사를 한다면 사는 사람도 즐겁고, 파는 사람도 좋아야 한다. 사는 사람은 좋았는데, 파는 사람은 재수 없는 날이라고 하게 되면 안 된다. 사는 사람, 파는 사람이 다 같이 행복해야 한다. 다 함께 더불어 즐거워야 진짜 행복한 것이다.'

그런가하면 목적의 테스트를 말합니다. '도대체 내가 무엇을 위해서 살고 있는가?' 이걸 생각해야 됩니다. '누구를 위하여? 무엇을 위하여?' 그 가치를 깊이 물어야 할 것입니다. 또, 창의성의 테스트입니다. '내가 세상을 위해서 뭔가 기여를 하고 있나?' 한 걸음 앞으로 나아가도록, 좀 더 좋은 세상에 살도록 무언가 기여를 해야지, 아무 기여가 없는, 창의력이 없는 생은 실패입니다. 그리고 영원성의 테스트가 있습니다. '나의 이 생이 영원한 생이기까지 의미가 있는가? 하늘나라에까지 의미가 있는가?' 이렇게 물어야 할 것입니다. '천국에서 어떤 대접을 받을 것인가?' 이렇게 물으며 살아가야 한다, 이것입니다.

오늘본문은 말씀과 경건에 따르지 아니하면 교만해지고, 물질의 노예가 되고, 비참하게 된다고 말씀합니다. 경건과 행복은 함께 가야 하는 것입니다. 우리의 행복이 조금이라도 경건을 잃어버리고 경건을 저해해서는 안 됩니다. 우리의 삶에서는 경건이 날마다 더 큰 보탬이 되고, 힘이 되고, 용기가 되고, 자랑이 되어야 합니다. 그런 경건과 행복이 이어지는 귀한 축복의 생이 되어야 할 것입니다. △

소금을 두고 화목하라

누구든지 너희가 그리스도에게 속한 자라 하여 물 한 그릇이라도 주면 내가 진실로 너희에게 이르노니 그가 결코 상을 잃지 않으리라 또 누구든지 나를 믿는 이 작은 자들 중 하나라도 실족하게 하면 차라리 연자맷돌이 그 목에 매여 바다에 던져지는 것이 나으리라 만일 네 손이 너를 범죄하게 하거든 찍어버리라 장애인으로 영생에 들어가는 것이 두 손을 가지고 지옥 곧 꺼지지 않는 불에 들어가는 것보다 나으니라 만일 네 발이 너를 범죄하게 하거든 찍어버리라 다리 저는 자로 영생에 들어가는 것이 두 발을 가지고 지옥에 던져지는 것보다 나으니라 만일 네 눈이 너를 범죄하게 하거든 빼버리라 한 눈으로 하나님의 나라에 들어가는 것이 두 눈을 가지고 지옥에 던져지는 것보다 나으니라 거기에서는 구더기도 죽지 않고 불도 꺼지지 아니하느니라 사람마다 불로써 소금 치듯 함을 받으리라 소금은 좋은 것이로되 만일 소금이 그 맛을 잃으면 무엇으로 이를 짜게 하리요 너희 속에 소금을 두고 서로 화목하라 하시니라

(마가복음 9 : 41 - 50)

소금을 두고 화목하라

구약성경에 나오는 야곱은 형과 아버지를 속이고 동생으로서 장자의 축복을 받아냅니다. 그 때문에 형의 노여움을 사서 하란으로 도망을 갑니다. 그리고 무려 20년 동안을 거기 있는 외삼촌댁에서 삽니다. 장가도 가고, 자식도 얻고, 부자도 됩니다. 마침내 큰 가족을 이루어 돌아오게 됩니다. 귀로에서 그는 얍복이라는 이름의 큰 강을 만납니다. 거기서 그는 재산과 가족을 먼저 건너보내고 자신은 그 강 건너편에서 밤새 하나님 앞에 기도합니다. "내일 제가 형님을 20년 만에 만납니다. 지금 형님이 4백명을 거느리고 온다는데, 형을 만났을 때 제가 어떻게 하면 좋겠습니까?" 이렇게 하나님 앞에 홀로 기도합니다.

우리는 그 기도하는 모습을 직접 보지 않았지만, 그가 어떻게 기도했는가를 충분히 미루어 알 수 있습니다. 또 한 가지, 그의 기도 제목이 무엇인가를 알 수 있습니다. 그는 자기 재산을 위해서 기도하는 것이 아닙니다. 건강을 위해서 기도하는 것도 아닙니다. 오래 살기 위해서 기도하는 것도 아닙니다. 성공을 위해서 기도하는 것도 아닙니다. 오직 하나, 형님과 화목하게 해주십사 하는 기도입니다. "제가 죽기 전에 형님과 화목하게 해주세요!" 오직 이 한 가지 제목으로 야곱은 밤을 새워 하나님 앞에 기도합니다. 그리고 이 기도의 결과로 힘을 얻고, 하나님의 음성을 듣고, '이스라엘'이라는 거룩한 이름을 새롭게 하나님께로부터 받습니다. 그러고 나서 형님을 만납니다. 20년 만입니다. 이제는 서로 원수지간입니다. 그러나 이제 형님과 동생으로 반갑게 만나고, 서로 끌어안고 입을 맞추게 됩니다. 그때에 야곱이 유명한 말을 합니다. 창세기 33장 10절입니다. "내가 형님의 얼굴을 뵈온즉 하나님의 얼굴을 보는 것 같사오며 형님도 나를 기뻐하심이니이다." 간증입니다.

화목은 축복의 근본이요 시작이요 끝입니다. 여러분, 이걸 아셔야 됩니다. 행복이라고 할 때 우리는 우선 소유부터 생각합니다. '재산이 많아야 되겠다!' 합니다. 아닙니다. 중요한 것은 역시 성취감입니다. 성공을 해야 됩니다. 명예도 중요하고, 승리도 중요합니다. 행복의 요건은 많습니다. 그러나 한 가지 꼭 잊지 말아야 할 것이 있습니다. 인간관계가 바로 되어야 한다는 것입니다. 인간관계가 바로 서지 않으면 그 많은 행복이 아무 소용이 없습니다. 형제간에 불화하고 돈 벌어서 어쩌자는 얘기입니까. 요새 신문에 많이 나지 않습니까. 형제간에 싸우면서 재벌이요? 반갑지 않습니다. 또 부자지간에도 싸웁니다. 화목하지 못하니 모든 관계, 모든 행복과 성공이 다 무너지고 맙니다. 인간관계에서 화목은 그 무엇보다도 중요합니다. 화목이라는 관계가 없다면 결국 나 자신의 존재감도 없어지는 것입니다. 이걸 잊어서는 안 됩니다. 인간관계, 참 중요합니다.

인간관계를 형성하는 가장 적극적인 방법, 그 첫째가 용서입니다. '아무리 잘못된 일이 있다고 하더라도 그저 내가 용서하면 되지.' 아닙니다. 용서 가지고는 안 됩니다. 흔히들 사랑하면 그만이라고 말합니다. 죽도록 사랑하면, 뜨겁게 사랑하면 될 것이라고 합니다. 아닙니다. 용서나 사랑은 일방적일 수 있습니다. 내 딴에는 용서했고, 내 딴에는 사랑한다고 하지만, 저쪽에서는 내 용서와 내 사랑을 받아들이지 않을 수 있습니다. 그러면 화목은 이루어지지 않는 것입니다.

그러나 화목은 쌍방적입니다. 상대방으로부터 기쁨을 얻어내야 됩니다. 상대방과 화목한 관계, 샬롬의 관계가 이루어지기까지는 절대로 내 용서도 내 사랑도 내 기쁨도 내 행복도 없습니다. 화목은 참으로 중요합니다. '화목케 하는 자는 하나님의 아들이라 일컬음을 받으리라!' 하였습니다. 하나님의 자녀의 아이덴티티, 그것이 바로 화목입니다. 야곱은 말합니다. "아, 제가 형님을 뵈니까 하나님의 얼굴을 보는 것 같습니다." 기가 막힌 감격의 순간입니다. 히브리서 12장 14절에 이런 말씀이 있습니다. "모든 사람으로 더불어 화평함과 거룩함을 좇으라 이것이 없이는 아무도 주를 보지 못하리라." 우리가 아무리 기도해도 화목이 없이는 응답이 없습니다. 어떤 수고를 해도 화평 없이 행복은 없습니다. 이걸 잊지 말아야 합니다.

레오나르도 다 빈치의 유명한 일화가 있습니다. 그가 성만찬의 그림을 그립니다. 예수님과 열두 제자가 성만찬을 하는 거룩한 모습을 담은 그림입니다. 그가 이 그림을 정성껏 기도하며 그리고 있었는데, 어느 부분에서 딱 막혔습니다. 그림이 안 나갑니다. 진척이 안 됩니다. 아무리 해도 안 됩니다. 그래 며칠 동안 무진 애를 쓰다가 문득 깨달았습니다. 자기 친구와 불화한 일이 생각난 것입니다. 잘못이야 누가 했든, 그때 그는 그 친구와 대단히 불화한 관계에 있었습니다. '아, 이거다!' 그래서 그는 다시 기도하고 친구한테로 달려가 화해를 했습니다. 화목을 되찾은 것입니다. 그렇게 화평을 이루고 돌아오니까 그제야 비로소 다시 그림이 그려지더랍니다. 이런 유명한 일화가 지금까지 전해져 오고 있습니다.

용서는 일방적일 수 있습니다. 사랑도 짝사랑일 수 있습니다.

하지만 화목은 상대와 나 사이의 쌍방관계입니다. 화평만이 온전한 행복의 근본입니다. 그래서 오늘본문은 우리에게 소중한 말씀을 합니다. "소금을 두고 서로 화목하라……(50절)" 소금이 지금은 흔하지만, 그 옛날에는 몹시 귀한 것이었습니다. 심지어 그 당시에는 월급도 소금으로 지급했습니다. 그래서 봉급을 영어로 Salary라고 하는 것입니다. Salary, 소금이라는 뜻입니다. 소금을 주었습니다. 소금이 꽤나 귀했으니까요. 그래서 이스라엘의 격언에 이런 것이 있습니다. '소금이 없으면 세상을 살아갈 수 없다.' 라틴 사람들의 격언에도 이와 비슷한 것이 있습니다. '세상에 없어서는 안 될 것 두 가지가 있나니, 하나가 태양이고 둘째가 소금이다.' 소금은 아주 중요합니다.

하지만 지금 소금은 너무나 흔합니다. 소금에는 세 가지 구실이 있습니다. 하나가 방부제입니다. 소금을 치면 썩지 않습니다. 둘째는 맛입니다. 소금은 음식의 맛을 냅니다. 기억나십니까? 예전에는 손님을 대개 집으로 초대했습니다. 저도 초대를 많이 받아보았습니다. 그래 가보면 정성껏 밤새도록 음식을 만들어서 보기 좋게 차려놓고 저희를 맞이합니다. 주로 아침에 초청을 받으니까 가서 식사자리에 앉으면 안주인이 나와서 꼭 이렇게 인사합니다. "잘 잡수세요. 즐겁게 잡수세요. 정성을 다했습니다." 하지만 이 또한 요새 하는 말입니다. 아주 옛날에는 달랐습니다. "간이 맞을런지요?" 간이 맞아야 맛이 있는 것이지, 간이 맞지 않으면 맛이 없는 것입니다. 그렇게 옛날부터 전해져왔습니다. 소금 맛이라는 것이 참 중요합니다.

어쨌거나 소금의 첫째 기능은 방부제입니다. 소금은 스스로 녹습니다. 녹아서 없어지는 듯하지만, 본질에는 변화가 없습니다. 어디까지나 소금은 소금입니다. 소금의 형태는 없어졌어도 소금 맛은 변하지 않습니다. 소금은 자신을 희생합니다. 그러나 본질의 변화는 없습니다. 여러분은 화평을 어떻게 생각하십니까? 요새 우리 정치가들이 '협치'라는 말을 많이 씁니다. 서로 하도 자주 싸우다 보니 그러지 말자는 뜻으로 시작한 일입니다. 예전에는 못 듣던 말입니다. 싸우지 말고 서로 협력해서 정치를 하자는 것입니다.

타협이니 협치니 소통이니, 다 쓸데없는 소리입니다. 그런 말 마십시오. 정의가 먼저입니다. 원칙과 정의가 없이 타협이 어디에 있습니까. 죄악과 타협하자는 것입니까? 불의와 타협하자는 것입니까? 정의가 있고야 화평이 있는 것입니다. 원칙이 있고야 화평이 있는 것입니다. 원칙을 깨면서 타협이다 협치다 해봐야 다 쓸데없는 소리입니다. 그 많은 세월을 겪었지만 되는 일이 없습니다. 원칙을 떠나서는 화해도 없습니다. 이걸 잊지 말아야 합니다. 원칙을 떠날 때에는 야합이지, 그걸 화평이라고 할 수는 없습니다. 그것은 하나의 부패를 말하는 것입니다. 그래서 방부제가 필요합니다. 소금은 썩지 않습니다. 형체가 없어지는 듯하나, 소금은 소금의 본질을 지켜갑니다. 진리 안에 화평이 있습니다. 이걸 잊지 말아야 합니다.

또, 소금은 맛을 냅니다. 제가 설렁탕을 좋아하는 편인데, 소금이 없다면 어떻게 먹겠습니까. 소금이 딱 들어가야 맛이 나는 것 아닙니까. 맛을 냅니다. 살맛을 냅니다. 화평이란 어디에서 옵니까? 행복감을 줘야 됩니다. 행복감을 만들어놓아야 됩니다. 보람을 만들어야 됩니다. 보람을 창조해야 됩니다. 상대방으로 하여금 행복감을 가지게 하는 것이 화평입니다. 불행한 가운데 손을 잡고 울면서 화평하는 것이 아닙니다. 두 사람이 다 행복합니다. 이제 죽어도 여한

이 없습니다. 그런 행복감이 있을 때, 그것이 바로 화평입니다. 이걸 잊지 말아야 합니다.

소금은 또 고르게 합니다. 구약에는 제물로 하나님 앞에 제사를 드렸습니다. 그 제물을 둘로 나누면 하나가 동물이고, 하나가 채소입니다. 식물입니다. 동물은 반드시 펄펄 뛰는 것을 죽여서 제물로 바쳤습니다. 채소는 가지고 왔을 때 채소에다가 소금을 팍 쳐서 숨을 죽여가지고 하나님께 바쳤습니다. 소금을 치면 숨이 죽어버립니다. 숨을 죽여야 됩니다. 숨이 죽어야 됩니다. 소금을 만날 때 모든 것이 다 부드러워집니다. 뻣뻣하던 채소가 소금을 한 줌 팍 뿌려놓으면 그저 부들부들해지지 않습니까. 누군가 상대방이 나를 만나서 분노한다면 이것은 누구 책임입니까?

선친께서 제게 가르쳐주신 참 오래도록 기억되는 한마디 말씀이 있습니다. "사람이 미친개에게 물렸다. 사람 잘못이냐, 개 잘못이냐?" 참 좋은 말씀입니다. 두고두고 생각해야 됩니다. 미친개에게 물렸으면 그것은 백 번 사람 잘못입니다. 내 잘못입니다. 그렇지 않습니까. 여러분, 이걸 깊이 생각해야 됩니다. 그래서 내가 만난 사람이 분노하면 내가 저를 분노케 한 것입니다. 이걸 잊지 말아야 합니다. 내가 만난 사람이 화를 낸다면 그것은 내가 그를 화나게 만든 것입니다. 이걸 잊지 말아야 합니다.

며칠 전에 재미있는 책을 봤습니다. 흔히 있는 이야기입니다. 일본에 가서 공부하는 분이 있었습니다. 공부하는 남편과, 그 남편을 따라간 부인 이야기입니다. 이 부인은 어려운 일을 맡아 하면서 그 남편의 뒷바라지를 합니다. 무려 10년 동안이나요. 마침내 남편이 박사가 되었습니다. 그런 다음 불과 2년 만에 이혼했습니다. 어떻게 10년 동안 뒷바라지를 하며 남편을 공부시킨 아내를 하루아침에 버립니까? 이게 말이 됩니까? 하지만, 이 사람 사정 들어보니 이야기가 조금 다릅니다. 그 마누라가 말끝마다 "내가 널 어떻게 공부시켰는데……" 했다는 것입니다. 자신이 남편을 공부시켰다고 말끝마다 그런다는 것입니다. 남자 분들, 그런 여자하고 살 수 있겠습니까? 아닙니다. 만날 때 마음이 편안해져야 되는데, 말끝마다 사람을 건드려가지고 피곤하게 만듭니다. 이건 아니지 않습니까. 정말입니다. 꼭 잊지 말아야 됩니다. 내가 만나는 사람은 물론이고, 개까지도 내가 만날 때 짖거든 회개하십시오. 내가 만나는 모든 사람이 부드러워져야 됩니다. 화평의 관계가 되어야 합니다.

장자(莊子)의 유명한 말이 있습니다. '애마지도(愛馬之道)'라는 것입니다. 별 것 아닙니다. 말을 극진히 사랑하는 어떤 사육사가 있었습니다. 하도 말을 끔찍이 사랑해서 손수 말의 똥을 다 치우고, 말을 닦아주고, 목욕시켜주면서 정성을 다해 잘 돌봐주었습니다. 그가 어느 날 가만히 보니 말의 등에 커다란 모기가 딱 붙어서 피를 빨아먹고 있는 것입니다. 이럴 수가 없지, 싶어서 그는 그 모기를 잡기 위해서 딱 하고 그 부분을 때렸습니다. 그런데 말이 놀라 펄쩍 뛰는 통에 말굽에 맞아 그만 이 사육사의 갈빗대가 부러졌습니다. 누구 잘못입니까? 이걸 잊지 말아야 합니다. 말을 사랑하는 것은 좋습니다. 그러나 사랑의 방법이 잘못되었습니다. 이것이 애마지도입니다. 상대방을 분노케 한다면 그것은 사랑이 아닙니다. 절대 아닙니다. 이걸 잊지 말아야 됩니다. 상대방을 죄짓게 하면 그것은 절대 화평이 아닙니다. 이걸 알아야 됩니다. 그래서 예수님 말씀하십니다. "화평케 하는 자는 복이 있나니." Peacemaker, 화평케 하는 자입니다. “하나님의 아들이라 일컬음을 받으리라.” 이 얼마나 귀한 말씀입니까. 화평은 대가를 치러야 얻습니다. 예수님의 십자가가 무엇입니까? 하나님과 우리를 화평케 하시기 위해 예수님께서 십자가에서 죽으셨습니다. 그리고 부활하신 다음에 말씀하십니다. “내 아버지, 곧 너의 아버지!” 기가 막힙니다. 내 아버지, 곧 너의 아버지! 이것이 화목의 근본원리입니다.

소금은 녹아 없어집니다. 형체가 없어지는 것입니다. 그러나 본질에는 변함이 없습니다. 끝까지 불변합니다. 의와 진리를 지키기 위해서 스스로 희생하는 것, 예수님 말씀대로입니다. “밀알 한 알이 이 땅에 떨어져 죽으면 많은 열매를 맺느니라.” 썩어 없어지는, 그런 희생이 있어서 비로소 화평을 이룹니다. 그리고 살맛이 납니다. 내가 희생하면서 상대방을 나의 본질의 세계로 인도합니다. 얼마나 소중한 진리입니까. 소금을 두고 화목하라! 여러분, 이 화목의 이치를 깊이 생각해보십시다. 예수님께서 성만찬 예식을 행하실 때 열두 제자와 함께하십니다. 한심한 제자들입니다마는, 예수님께서는 아무 말씀 없이 제자들의 발을 씻기십니다. 그리고 말씀하십니다. “지금은 모르지만 이후에는 알리라.” 그리고 제자들의 발을 씻기셨습니다. 그리고 그 제자들을 위하여 십자가를 지셨습니다. 화평이란 그렇게 쉬운 것이 아닙니다. 엄청난 값을 지불해야 합니다. 소금이 녹아 없어지듯이 말입니다. 소금을 두고 화목하라! △

선민 수업의 지상과제

내가 오늘 네게 명하는 여호와의 명령과 법도와 규례를 지키지 아니하고 네 하나님 여호와를 잊어버리지 않도록 삼갈지어다 네가 먹어서 배부르고 아름다운 집을 짓고 거주하게 되며 또 네 소와 양이 번성하며 네 은금이 증식되며 네 소유가 다 풍부하게 될 때에 네 마음이 교만하여 네 하나님 여호와를 잊어버릴까 염려하노라 여호와는 너를 애굽 땅 종 되었던 집에서 이끌어 내시고 너를 인도하여 그 광대하고 위험한 광야 곧 불뱀과 전갈이 있고 물이 없는 간조한 땅을 지나게 하셨으며 또 너를 위하여 단단한 반석에서 물을 내셨으며 네 조상들도 알지 못하던 만나를 광야에서 네게 먹이셨나니 이는 다 너를 낮추시며 너를 시험하사 마침내 네게 복을 주려 하심이었느니라 그러나 네가 마음에 이르기를 내 능력과 내 손의 힘으로 내가 이 재물을 얻었다 말할 것이라 네 하나님 여호와를 기억하라 그가 네게 재물 얻을 능력을 주셨음이라 이같이 하심은 네 조상들에게 맹세하신 언약을 오늘과 같이 이루려 하심이니라

(신명기 8 : 11 - 18)

선민 수업의 지상과제

홀로코스트의 생존자인 알리스 헤르츠 좀머의 유명한 「백 년의 지혜」라는 책이 있습니다. 이분은 나치에 붙잡혀 테레진(Terezin) 수용소에 갇혔다가 살아남은 사람입니다. 이 수용소에는 모두 15만 6천 명이 있었는데, 다 처형당해서 죽고 겨우 17,505명만 살아남았습니다. 좀머는 그 생존자들 가운데 한 사람입니다. 그곳에서 온갖 극심한 고통을 겪었지만, 그는 늘 감사하며 인생을 살았고, 삶을 통해서 배운 모든 지혜를 이 「백 년의 지혜」 속에서 이야기하고 있습니다. 내용이 아주 심오합니다. 첫째, 인생은 선물이라고 그는 말합니다. 얼마나 귀중한 말입니까. 인생은 선물, 곧 은총이라는 말입니다. 수고의 대가도 아니고, 저주도 아니고, 운명도 아니고, 팔자도 아닙니다. 인생사는 그 자체가 선물입니다. 극심한 고통을 겪은 그가 마지막으로 말해주는 백 년의 지혜입니다.

둘째, 희망을 포기하지 말라고 그는 말합니다. 어떤 어려움 가운데서도 기쁨을 선택할 자유를 잊지 말라는 것입니다. 그저 절망하는 자는 언제나 절망합니다. 기뻐하는 자는 어떤 경우에도 기쁨의 요소를 스스로 발견할 수 있습니다. 그런고로 절대로 낙심하지 말라, 이것입니다.

셋째, 하는 말이 마음에 든다고 그는 말합니다. 늙어야 인생의 아름다움을 깨닫더라는 것입니다. 아무래도 젊으면 생각이 많아 너무 복잡합니다. 그러나 나이가 많이 들어 되돌아 생각해보면 그게 다 은총이고 축복이었습니다. 잘못된 일은 하나도 없었습니다. 다

분에 넘치는 복이었다는 것을 나이 많아서 비로소 깨닫더라는 것입니다. 그러니까 여러분, 이 가운데 60이하의 사람하고는 얘기 안 하겠습니다. 늙어야 인생의 아름다움을 알겠더라, 이것입니다. 아주 중요한 말씀입니다.

넷째, 어떠한 처지에서든지, 죽음의 상황에서도 유머감각을 잊지 말라고 그는 말합니다. 유머가 삶의 균형을 잡아주기 때문이라는 것입니다. 우리는 유머가 좀 부족합니다. 언제나 유머감각을 가지고 살아야 합니다. 우스운 이야기 하나 할까요? 서양 사람들 이야기입니다. 남편이 바야흐로 죽어가는데, 아내가 옆에서 남편 손을 붙잡고 울면서 말합니다. "당신 죽으면 나는 어떻게 해? 어떻게 해?" 그러니까 죽어가던 남편이 하는 말입니다. "울지 마라. 너도 곧 죽어." 유머입니다. 유머를 잊지 말아야 됩니다.

또 그런가하면 비천한 일에서도 즐거움을 찾으라고 그는 말합니다. 이것이 백 년의 지혜입니다. 그리고 가장 귀중한 말은 이것입니다. '내게는 하루하루의 생이 기적이었다. 노력의 대가도 아니었고, 운명도 아니었다. 하나하나가 다 기적이었다.'

유명한 피터 제발트의 「사랑하라 그리고 하고 싶은 일을 하라」라는 유명한 책이 있습니다. 이 책에서 그는 이렇게 말합니다. '고통은 하나님이 내게 주신 사랑의 선물이다. 고통은 눈을 맑게 해준다. 전에 보지 못하던 것을 고통 속에서 볼 수 있게 해준다. 영원을 볼 수 있도록 눈을 맑게 해주는 것이다. 이 세상에 당연한 것은 아무것도 없다. 모든 것은 기적이다.' 마음에 쏙 들어오는 말입니다. 우리는 당연하다고 생각하기 때문에 문제가 됩니다. 당연한 일은 없습니다. 모든 일은 은총이고, 그 본질은 다 기적입니다. 기적을 고백해야 합니다.

일생은 모든 것이 다 공부입니다. 깨닫고 배우고, 느끼고 배우고, 경험하고 배우고…… 어떻습니까? 끝까지 배워가는 것입니다. 숨이 넘어가는 순간까지 우리는 공부해야 합니다. 그런데 문제는 어느 방향으로 공부하느냐, 무엇을 공부하느냐, 어떤 결론을 얻느냐, 하는 것입니다. 여러분은 어떤 사람이 되고 싶습니까? 존재의 문제입니다. 어떤 사람으로 인생을 끝내고 싶습니까? 종말의 문제입니다. 어떤 사람으로 기억되고 싶습니까? 이것은 현재의 문제입니다.

하나님께서 이스라엘 백성을 애굽에서 인도해내신 다음 광야 40년의 길을 인도하십니다. 이 기나긴 광야 40년은 왜 필요했을까요? 간단합니다. 가르치시고, 훈련시키시고, 인도하시는 과정이었습니다. 그래서 '출애굽'이라는 지정학적인 문제나 물리적인 문제는 중요하지 않습니다. 출애굽 하는 사람을 만들어야 됩니다. 출애굽을 하는 하나님의 선민을 만드시기 위해서, 그들을 교육하시기 위해서 40년이라는 교과과정이 필요하셨던 것입니다. 이스라엘 백성들은 조급했습니다. 빨리 가나안 땅에 들어가 풍요로운 생활을 즐기고 싶었습니다. 그러나 하나님께서는 그렇지 않으셨습니다. 선민으로 가르치시고, 훈련하십니다. 교육하십니다. 왜요? 사람됨이 먼저니까요. 잘 살고, 못 살고는 중요한 것이 아닙니다. 어떤 사람이 되느냐가 문제고, 어떤 사람으로 생을 마치느냐가 문제입니다. 그래 한마디로 말하면 선민수업의 교과과정이 있고, 지상과제가 있는 것입니다.

출애굽기와 신명기는 하나님께서 우리에게 무엇을 원하시는가, 하나님의 교과과정은 무엇인가, 우리 각자가 어떤 사람이 되기를 하나님께서는 원하고 계시는가를 여러분 개개인에게 묻습니다. 지금까지 여러분에게는 가난도, 질병도, 고통도, 좋은 일도 다 있었을 것입니다. 또 결혼도 하고, 자녀도 키우고 하셨겠지요. 이 모든 일들을 통하여 하나님께서는 내가 어떤 사람이 되기를 원하실지, 그 하나님의 뜻을 우리는 헤아려야 하겠습니다.

하나님께서 아브라함을 불러내십니다. 그리고 믿음의 사람으로 키워가십니다. 그의 30년 생을 이리저리 인도하시는데, 그 마지막 목표가 믿음의 사람이다, 이것입니다. 로마서 4장은 말씀합니다. 어떤 경우에도 아브라함은 하나님의 약속을 믿었다고요. 그 믿음이 오늘 우리 신앙의 뿌리가 됩니다. 죽은 것이나 다름없는 100세의 나이에도 그는 하나님의 약속을 믿는 믿음의 사람이 되었습니다. 하나님께서 아브라함에게 바라시는 것은 믿음입니다. 믿음의 사람입니다. 어디까지 믿느냐? 얼마나 믿느냐? 이것이 아브라함의 일생을 통하여 하나님께서 원하시는 교과과정입니다.

또 모세는 혈기의 사람입니다. 애굽 사람을 때려죽인 일도 있습니다. 반석을 두 번 쳐서 물을 내게 한 일도 있습니다. 이스라엘 백성을 향하여 저주도 했습니다. 엎치락뒤치락, 그야말로 혈기의 사람이었습니다. 그러다보니 실수도 많았습니다. 노년이 되었을 때 또 다시 실수를 합니다. 많은 비난의 소리가 들려옵니다. 민수기 12장은 그때에 모세가 잘 참았다고 말씀합니다. 이제는 성숙한 사람이 되어서 누구를 원망하지도 않고, 비판하지도 않고, 절망하지도 않고 잘 참았습니다. 그 모습을 보시고 하나님께서는 이렇게 말씀하십니다. "이 사람 모세는 온유함이 지면의 모든 사람보다 더하더라(3절)." 온 지면의 모든 사람들 가운데 모세처럼 온유한 사람이 없다, 이것입니다. 모세의 삶의 클라이맥스는 그의 온유에 있었습니다. 온유한 사람이 되는 것입니다. 온유한 사람으로 결정되는 것입니다. 이것이 모세에 대한 하나님의 뜻이었습니다. 또 노아에 대해서는 다들 잘 아시는 대로 120년을 앞에 놓고 방주를 준비하라고 하십니다. 노아는 낙심하지 않고 인내하며 방주를 준비합니다.

그런가하면 다윗은 실수가 많은 사람입니다. 수많은 실수를 저질렀습니다마는, 다윗 최고의 덕은 정직함입니다. 하나님께서는 말씀하셨습니다. '내 종 다윗처럼…… 내 종 다윗은 정직하다.' 그래서 다윗이 하나님께서 주시는 축복의 아주 대표적인 인물이 됩니다. 정직함입니다. 어떤 경우에도 그는 정직했습니다. 엄청난 죄를 지었을 때도 마찬가지였습니다. 밧세바를 취한 것은 용서받을 수 없는 죄입니다. 그런데 나단 선지가 와서 "당신이오!" 하고 말할 때 그는 가차 없이, 주저 없이 "내가 죄를 지었나이다!" 하고 자복했습니다. 정직입니다. 온 백성이 보고 있습니다. 모든 문무백관들이 앞에 있습니다. 그 앞에서 정직하게 자복하는 순간 그는 이제 형편없는 죄인이 됩니다. 온 백성이 그에게 돌을 던질 수도 있습니다. 그런 절박한 시간에도 그는 정직함이 먼저였습니다. "내가 죄를 지었나이다!" 시편에 보면 다윗의 참회록이 나옵니다. 많은 죄를 고백하는 말이 있는데, 그 많은 죄의 고백 속에서도 그는 단 한 번도 밧세바를 원망하지 않았습니다. "그 여자가 문제입니다! 그 여자가 저를 유혹했습니다!" 하고 얼마든지 말할 수 있었습니다. 그러나 그는 한마디도 하지 않습니다. "제가 죄를 지었고, 저 사람을 죄 짓게 한 것도 저입니다." 이렇게 그는 정직했습니다. 이것이 하나님께서 다윗이라는 사람에게 기대하신 정직의 극치입니다.

그런가하면 솔로몬도 있습니다. 그는 지혜로운 사람입니다. 끝까지 그 지혜로 하나님을 기쁘게 해드렸습니다.

하나님께서는 신명기 8장 전체에 걸쳐서 뚜렷하게 말씀하십니다. 하나님께서 이스라엘 백성에게 바라시는 것이 무엇인지, 이스라엘 사람들이 어떤 사람이 되기를 바라시는지, 그 교과과정의 극치가 여기에 있습니다. 2절, 3절, 16절에서 계속 하나님께서는 낮추시고, 낮추시고, 또 낮추십니다. 그걸 강조하고 있습니다. 하나님께서는 우리가 교만해지는 것을 원치 않으십니다. 왜요? 교만하면 망하니까요. 교만하면 하나님을 떠나게 되니까요. 낮추시고, 낮추신다! 하나님의 뜻입니다. 오직 하나님만 의지하고, 겸손하게— 그래서 하나님께서 이스라엘 백성들에게 양식을 주실 때도, 제 생각에는 이왕 주실 거면 한번 크게 풍년을 들게 하셔서 1년 동안, 아니면 10년 동안 먹을 양식을 넉넉하게 주시지 않고 어쩌면 그렇듯 감질나게 하루 먹을 것만 주십니까? 아침마다 그날 먹을 것만 주시지 않습니까. 게다가 그들이 욕심을 부려서 조금이라도 더 모아놓으면 그걸 가차 없이 썩게 하십니다. Daily bread, 일용할 양식입니다. 왜 그렇게 감질나게 하셨을까요?

하루를 1년이라고 생각해봅시다. 우리가 농사를 짓지 않습니까. 어느 해에 홍수가 나고, 태풍이 불어서 농사를 망치면 큰일입니다. 한 해, 한 해 하나님께서 주시는 양식을 가지고 사는 것입니다. 저는 여름만 되면 그런 생각을 합니다. 여름에는 덥잖아요? 옛날 시골에서 자랄 때를 돌이켜보면 그 얼마나 더웠습니까. 하도 모기가 많고 후덥지근하여 비좁은 방에서 못 자고 밖에 나와 마당에서 잤습니다. 그래 너무 더워서 “덥다! 덥다!” 하고 난리를 치면 우리 할아버지나 우리 아버지가 딱 한마디 하십니다. “이놈아, 말조심해라! 농사꾼의 자식이 덥다고 하면 안 돼!" 왜요? 더워야 먹을 것이 생기니까요. 하루만 더 더워도 풍년이 듭니다. 하루만 더위가 모자라고 서리가 내리면 그 해에는 열매를 못 맺고 마는 것입니다. 그런고로 농사꾼의 자식은 덥다는 말을 하면 안 되는 것입니다.

어떻습니까? 한 해, 한 해 우리는 그렇게 하나님께서 주시는 일용할 양식을 가지고 삽니다. 그런고로 우리는 절대로 교만하면 안 됩니다. 도무지 잘난 척할 수가 없습니다. 하루하루, 한 순간 한 순간이 그렇습니다. 그래서 '일용할' 양식을 주신 것입니다. 뿐만 아니라, 신명기 8장 3절은 말씀합니다. "사람이 떡으로만 사는 것이 아니요 하나님의 입에서 나오는 말씀으로 사는 줄을 네가 알게 하려 하심이니라." 말씀으로 산다는 이 절절한 진리를 터득하게 하시기 위하여 우리로 하여금 날마다 먹어야 하고, 농사지어야 하고, 땀을 흘려야 하게끔 하셨다는 말씀입니다. 이것이 다 무엇을 말합니까? 겸손함을 가르치시는 것입니다.

이제 여러분에게 묻습니다. 여러분은 얼마나 겸손합니까? 어디까지 겸손할 수 있습니까? 겸손한 자는 자기의 노력을 내놓지 못합니다. 자기의 선행을 내놓지도 못합니다. 다 하나님께서 주신 선물입니다. 일을 했다! 우리가 일한 것이 아니라, 우리가 일할 수 있도록 해주신 것입니다. 농사를 지었다! 우리가 농사지을 수 있도록 해주신 것입니다. 공부했다! 우리에게 공부할 수 있는 능력을 주신 것입니다. 돈을 벌었다! 우리에게 돈 벌 수 있는 기회를 주신 것입니다. 그런고로 교만할 수가 없습니다. 절대로 교만해서는 안 됩니다. 교만하지도 않을 뿐만 아니라 낙심하지 않는 것, 또 원망하지도 않는 것, 이것이 겸손입니다. 낙심하는 것은 불신앙입니다. 원망하는 것은 철저하게 교만한 것입니다. 이걸 잊지 말아야 합니다.

어느 부인이 이런 이야기를 합니다. 남편하고 한평생을 살도록 항상 남편이 잘했든 못했든 다 잘한 것이라고, 남편은 다 잘한 것이라고 했답니다. 그렇듯 고집스럽게 그저 부인이 잘하고도 잘못했다고 하고, 항상 "내가 잘못했습니다! 내가 잘못했습니다!" 하면서 살았답니다. 그런데 그 부인의 말씀이 재미있습니다. 나이 70이 넘으니까 생전에 못 듣던 말 딱 한 마디를 들었답니다. "다 내 잘못이야!" 남편이 그러더랍니다. 그렇게 철나고 난 다음에 죽더랍니다.

여러분, 잘 알아야 됩니다. 철나기 전에 겸손해져야 됩니다. 하나님께서 원하시는 교과과정이 여기에 있습니다. 끝까지 겸손하게 만들고 싶으신 것입니다. 겸손해야만 되니까요. 왜요? 겸손해야만 기적이 됩니다. 은총이 됩니다. 축복이 됩니다. 겸손한 자에게만 축복입니다. 겸손한 자에게는 모든 것이 기적입니다. 겸손한 자에게는 모든 것이 은총입니다. 그런고로 하나님께서는 우리가 겸손하기를 원하십니다. 다시 한 번 묻습니다. 얼마만큼 겸손하십니까? 어디까지 겸손하십니까?

여러분, 집에서 부인하고 이렇게 앉아있을 때 그런 얘기해봤습니까? "당신 덕에 내가 살지. 나는 못된 놈인데, 당신 덕에 내가 살지." 제가 잘 아는 제 아버지의 친구 되는 분이 계십니다. 세브란스 병원의 원장을 오래 하신 분인데, 참 고집이 셉니다. 좌우간 이런 사람 세상에 없습니다. 교회에서 장로 투표를 세 번이나 받았는데, 자신은 장로 자격이 없다고 도망가서 결국 장로가 못 됐습니다. 그렇게 고집스러운 사람입니다. 제가 만날 때마다 "김 박사님, 안녕하십니까?" 하고 물으면 "그럼, 처덕에 잘 있어!" 하십니다. 그 다음 며칠 뒤에 또 만나서 "안녕하십니까?" 하면 "처덕에 잘 있어!" 하십니다. 언젠가 한번은 제가 이렇게 물었습니다. "김 박사님, 처덕에 잘 있다는 얘기가 무슨 뜻입니까?" "자네, 그걸 모르나? 내가 못된 놈이야. 고집도 많고. 내 별명이 스톤 헤드야. 돌대가리. 얼마나 고집이 센지 내가 다 알지. 그러나 집에 딱 들어가면 집사람 홍 권사는 천사야. 그 사람만 만나면 나는 꼼짝 못해. 왜? 저 사람 덕에 내가 사니까." 그분의 신앙고백은 이렇습니다. "나는 절대로 복 받을 사람이 못돼. 그러나 저 홍 권사가 하나님 앞에 천사 같은 사람이라 복을 받아서 그 복의 그늘에서 나도 복을 받고, 자녀들도 다 잘 된다고 생각해. 그런고로 나는 처덕에 사는 거지."

여러분, 집에 가서 한번 말씀해보시겠습니까? "당신 덕에 내가 살지." 그게 겸손입니다. 크게 잘난 것도 없으면서 제발 잘났다고 하지 마십시오. 그만큼 살았으면 피곤하게 산 것입니다. 그저 겸손해지면 모든 사람이 다 고마워지고, 모든 환경이 다 은총이 됩니다. 모든 환경이 다 선물이 되는 것입니다.

이제 성경으로 다시 돌아가 보면 겸손의 극치, 클라이맥스가 누구입니까? 예수 그리스도입니다. 사도 바울은 빌립보서 2장에서 말씀합니다. "너희 안에 이 마음을 품으라 곧 그리스도 예수의 마음이니(5절)." 그리스도의 마음이 무엇입니까? 겸손입니다. '하늘보좌를 내려놓고 이 땅에 오시어 그 모진 고통을 당하시면서 말없이 십자가를 지셨다. 그게 겸손이다. 겸손의 최고는 예수 그리스도의 성육신이요, 십자가에 죽으심이다.' 여러분, 여기까지 생각해야 됩니다. 그런고로 생명을 하나님께 맡기고, 모든 후속결과를 하나님께 다 맡기고, 그리고 모든 명예도 다 하나님께 맡기고 겸손해보십시다. 어디까지 왔습니까? 조금만 더 겸손합시다. 아무 걱정도 없습니다. 한 계단만 더 내려갑시다. 모든 사람이 다 고마운 사람이 될 것입니다. 모든 사람이 다 너무나 반갑고 귀한 분들이 될 것입니다. 귀인이 될 것입니다. 은총의 길이 여기에 있습니다. 하나님의 커리큘럼이 여기에 있습니다. 우리를 겸손하게 만들려 하십니다. 조금 더, 조금 더, 한 계단 더, 한 계단 더…… 이것이 하나님의 교과과정의 지상과제입니다. 그렇다면 우리는 그 하나님의 뜻을 따라 겸손을 배워야겠습니다. 진지하게, 조금 더 겸손해지십시다. 주님과 함께— 그리하면 세상이 바뀝니다. 세상이 달라집니다. 모든 것이 은총이 될 것이고, 모든 것이 기적이 될 것입니다. △

항해자의 선택과 믿음

여러 날이 걸려 금식하는 절기가 이미 지났으므로 항해하기가 위태한지라 바울이 그들을 권하여 말하되 여러분이여 내가 보니 이번 항해가 하물과 배만 아니라 우리 생명에도 타격과 많은 손해를 끼치리라 하되 백부장이 선장과 선주의 말을 바울의 말보다 더 믿더라 그 항구가 겨울을 지내기에 불편하므로 거기서 떠나 아무쪼록 뵈닉스에 가서 겨울을 지내자 하는 자가 더 많으니 뵈닉스는 그레데 항구라 한쪽은 서남을, 한쪽은 서북을 향하였더라 남풍이 순하게 불매 그들이 뜻을 이룬 줄 알고 닻을 감아 그레데 해변을 끼고 항해하더니 얼마 안 되어 섬 가운데로부터 유라굴로라는 광풍이 크게 일어나니 배가 밀려 바람을 맞추어 갈 수 없어 가는 대로 두고 쫓겨가다가 가우다라는 작은 섬 아래로 지나 간신히 거루를 잡아 끌어올리고 줄을 가지고 선체를 둘러 감고 스르디스에 걸릴까 두려워하여 연장을 내리고 그냥 쫓겨가더니 우리가 풍랑으로 심히 애쓰다가 이튿날 사공들이 짐을 바다에 풀어 버리고 사흘째 되는 날에 배의 기구를 그들의 손으로 내버리니라 여러 날 동안 해도 별도 보이지 아니하고 큰 풍랑이 그대로 있으매 구원의 여망마저 없어졌더라 여러 사람이 오래 먹지 못하였으매 바울이 가운데 서서 말하되 여러분이여 내 말을 듣고 그레데에서 떠나지 아니하여 이 타격과 손상을 면하였더라면 좋을 뻔하였느니라

(사도행전 27 : 9 - 21)

항해자의 선택과 믿음

덴마크의 철학자 키르케고르는 이렇게 말합니다. '인생은 뒤를 보아야 이해할 수 있다. 그러나 우리는 앞을 보아야 살 수 있다.' 아주 지혜롭고 뜻 깊은 말입니다. 자신을 이해하기 위해서 우리는 과거를 말할 수밖에 없습니다. 지난날을 돌아보아야 오늘의 나를 알 수 있으니까요. 그러나 아무래도 지난날을 돌아보는 것만 가지고는 미래가 열리지 않습니다. '앞을 보아야 우리는 살 수 있다.' 유명한 이야기입니다.

스물두 권의 책을 쓴 베스트셀러 작가이자 자기계발 분야의 뛰어난 심리학자인 웨인 다이어(Wayne Walter Dyer)는 그의 최근 저서인 「행복한 이기주의자」에서 대단히 중요한 지혜를 우리에게 말해줍니다. 우리 인생의 삶의 동기(Motive)의 문제입니다. 내가 언제나 무슨 동기로 생각하고, 무슨 동기로 행동하는가, 하는 것입니다. 두 가지가 있습니다. 하나는 우선 비교적 부족한 면을 메우고자 하는 미완, 미흡의 동기입니다. 다시 말하면 조금씩 배고프니 먹어야 하고, 또 살아야겠으니 벌어야 하고, 조금씩 내가 부족한 점을 거듭 채우는 것입니다. 그걸 채우기 위함이, 그 미흡한 것을 충족하기 위함이 동기가 되는 생활, 참으로 피곤한 것입니다. 그러나 우리는 대체로 그렇게 살아갑니다. 피곤하니까 자고, 배고프니까 먹으면서 우리는 오늘 하루를 삽니다. 조금씩 미흡한 부분을 충족시키려는 마음이 동기가 되는 것입니다. 그 동기를 우리는 따라갑니다.

그러나 이것은 그리 이상적이고 바람직한 생은 아닙니다. 인간답게 사는 길, 좀 더 바람직하게 사는 길은 '성장동기'라고 웨인 다이어는 말합니다. 쉽게 말하면 멀리 바라본다는 것입니다. 내 10년 뒤의, 네 10년 뒤의 저 먼 곳을 바라보고 오늘을 사는 것입니다. 더 먼 곳을 바라보며 오늘을 사는 것입니다. 그렇다면 우리 믿는 사람들은 어떤 사람으로 세상을 마쳐야 할까요? 주님 앞에 가서는 어떤 말씀을 들을 수 있을까요? 거기까지 생각하면서 오늘을 사는 것, 그것이 성장동기요, 사람답게 사는 길이라고 그는 말하고 있습니다. '그러기 위해서 과거라고 하는 꼬리표를 가능한 한 깨끗이 떼어버리라. 잘했든 못했든 과거는 과거니까. 그리고 미지의 세계를 즐기며, 앞에 다가오는 세상을 좀 더 즐기며 살아야 한다. 그래서 젊음을 아쉬워할 것이 아니라, 노인이 됐으면 노년을 즐겨야 하고, 앞에 다가오는 현실, 그래도, 아니, 그보다 더 앞에 있는 것을 내가 즐기며 살되, 모든 일을 할 때 의무로 받아들이지 말고 기쁨으로 받아들이라.' 할 수 없이 하는 것이 아닙니다. 죽지 못해서 하는 것이 아닙니다. 하고 싶어서 하는 것입니다. 기쁨으로, 감사함으로 하는 것입니다. '오늘도 내게 이 하루가 주어지고 있다. 감사하다.' 그런 마음으로 항상 의무가 아니라 기쁨으로 사는 그것이 인생을 바로 사는 지혜라고 말합니다.

동물은 본능에 끌려 삽니다. 선택의 여지가 없습니다. 그러나 사람은 선택하며 삽니다. 큰 것이 아니라도 이걸까 저걸까, 이것이냐 저것이냐를 늘 선택하며 삽니다. 그리고 선택한 데 대한 책임을 내가 져야 합니다. 그러면서 살아가는 것입니다. 집에 살펴보면 사다놓고 한 번도 쓰지 아니한 물건들이 많을 것입니다. 그것을 살 때에는 마음에 들어서 샀습니다. 사가지고 집에 와서 보니까 마음에 안 듭니다. 벌써 그 사이에 마음이 변한 것입니다. 그래서 집에 쓰지 않고 그대로 놔둔 물건이 많은 것입니다. 어떤 것은 포장도 뜯지 않았습니다. 무엇을 말합니까? 잘못된 선택에 대한 후회입니다. 잘못 선택한 것입니다. 그 가운데 제일 큰 것이 무엇인지 아십니까? 마누라 선택입니다. 이 잘못된 선택을 일생동안 후회합니다. 그러면서 산다는 것, 참 불행한 일 아닙니까. 그러나 한 가지는 잊지 말아야 됩니다. 선택을 잘해야 된다, 이것입니다. 선택을 잘해야 됩니다. 서두를 것이 아닙니다. 뿐만 아니라, 선택한 다음에는 군소리 하지 말아야 합니다. 다른 생각하지 말고, 항상 '내가 잘 선택했다!' 하는 마음으로 사는 것이 지혜다, 이것입니다.

오늘본문은 2천 년 전에 있었던 사건입니다. 276명이 탄 배가 이제 유다를 떠나 지중해를 가로질러 로마로 가고 있습니다. 그러다 일단 미항이라는 항구에 기착을 했습니다. 그리고 날씨를 보니까 위험합니다. '이 미항에서 그대로 한 겨울을 나고, 봄이 되었을 때에 로마로 가야겠다.' 이런 생각이었습니다. 그런데 오늘본문은 이렇게 말씀합니다. "아무쪼록 뵈닉스에 가서……(12절)" 아무쪼록— 무슨 말씀입니까? 아무래도 좀 미타(未妥)합니다. 미심쩍고 위험하다, 이것입니다. 항해하기가 어렵다는 것을 알면서도 아무쪼록— 그러니까 요행을 말하는 것입니다. 사행성입니다. '아무쪼록 거기까지만 무사히 가면 평안하게 겨울을 나고 로마로 가게 될 것이다!' 이렇게 그들은 생각합니다. 그래서 의견이 둘로 갈라집니다. '여기서 겨울을 나자!' 하는 쪽과 '아무쪼록 저 뵈닉스에 가서 겨울을 나자. 어차피 로마는 못 간다. 그러나 미항에서 겨울을 날 것이냐, 뵈닉스에서 겨울을 날 것이냐? 미항에서 뵈닉스까지 가는 도중에 위험이 있는데, 어떻게 하면 좋을까?' 하는 쪽으로요. 이런 문제로 말미암아 오늘 의견이 갈라집니다.

그런데 오늘본문을 보니 여기서 선장이 먼저 말합니다. 선장은 기술의 대표입니다. 경험의 대표입니다. 기술과 경험에 비추어서 하는 말입니다. "가자. 괜찮다. 갈 수 있을 것 같다. 나를 믿어라. 가자." 다음은 선주입니다. 선주는 자본주입니다. 그리고 마지막 최종 결정을 하는 사람은 백부장입니다. 지금 죄수들을 많이 데리고 가기 때문에 군(軍)이 이 배를 장악하고 있는데, 사령관이라고 볼 수 있는 백부장이 선장과 선주의 말을 바울의 말보다 더 믿더라는 것입니다. 이것이 문제입니다. 이 최종결정을 하는 백부장이 선장과 선주의 말을 믿고 사도 바울의 말을 무시하고 떠나기로 결정을 내립니다. 그리고 뵈닉스로 향하게 된다는 것이 오늘본문에 나오는 이야기입니다. 그렇다면 선택의 기준이 무엇입니까? 무엇을 생각하고 선택합니까? 물론 지식이지요. 선장에게는 지식이 있습니다. 그리고 오랫동안 배를 운전한 경험이 있습니다. 지식과 경험보다 더 중요한 것이 어디 있습니까. 오늘도 우리가 다 잘 알고 있습니다. 다 경험했습니다. 이제는 다 압니다. 지식과 경험이 판단의 기준입니다. 그런데 여기에 시험이 있습니다.

또 자본과 권력도 중요합니다. 하지만 이것으로 결정할 문제는 아닙니다. 오늘본문에 아주 재미있기도 하고, 미묘한 말씀이 있습니다. "그 항구가 겨울을 지내기가 불편하므로……(12절)" 불편하므로 ㅡ 이 말씀을 원문으로 보면 더 중요한 의미가 있습니다. 여러 가지로 즐거운 일이 없다는 것입니다. 뵈닉스에 가면 큰 도시가 있기 때문에 거기에는 연극장도 있고, 술집도 있고, 향락의 기구가 많이 있습니다. 한겨울 동안 놀 만한 곳이 있는 것입니다. 그런고로 거기 가면 향락과 함께 한겨울을 지내겠는데, 이 미항이라는 항구는 작아서 술집도 없고, 극장도 없고, 유흥가도 없습니다. 그래서 그들은 말합니다. "불편하므로 저기 가서 겨울을 나자." 그런데 이 '아무쪼록'이란 무슨 말입니까? 위험하다는 것을 잘 알고 있습니다. "이거 아무래도 지금 떠나는 것은 좋지 않은데…… 그런고로 아무쪼록 가자!" 이것은 뭔가 요행을 바라는 말입니다. "그저 아무쪼록 거기까지만 가면 한 겨울을 아주 즐겁게 지낼 수 있겠다. 가자!" 하는 사람들이 많습니다. 다수가 그쪽을 따릅니다. 보십시오. 다수가 지식과 경험과 자본과 능력을 따라갑니다. 하지만 다수가 간다고 옳은 것입니까? 아니지요. 진리는 수에 좌우되는 것이 아닙니다. 요새도 보면 민주주의라는 말을 빌려서 수적으로 많으면 다 이기는 것으로, 또 옳은 것으로 생각하지마는, 천만에요. 진리는 고독합니다. 예수님께서는 혼자 십자가를 지셨어도 진리입니다. 온 백성이 다 옳다고 해도 그것은 잘못된 것일 수 있습니다. 이것을 알아야 됩니다. 수(數)에 끌려가면 안 됩니다. 수가 진리는 아닙니다. 민주주의의 기본은 정의지, 수가 아닙니다. 우리가 최종결정을 내릴 때 흔히 다수에 의존합니다마는, 그게 무조건 옳은 것은 아니지 않습니까. 그런데 성경은 이렇게 말씀합니다. "가서 겨울을 지내자 하는 자가 더 많으니……(12절)" 더 많으니— 백부장이 "가자!" 하고 결정해버리고 맙니다. 그리고 위험한 길을 나서게 됩니다. 여기서 우리가 한 가지 깊이 생각해야 할 것이 있습니다. 이들은 위험한 길에서 향락을 취하려고 했습니다. 하지만 사실은 다소 불편하게 살더라도 안전한 편이 더 옳지 않습니까. 한데 그들은 이 안전한 쪽을 버리고 위험한 데에서 향락을 찾으려고 했습니다. 그리고 떠나게 됩니다. 이것이 선택의 기준이었습니다.

그런데 사도 바울은 어떻습니까? 사도 바울은 죄수입니다. 276명이 탔다고 하지마는, 그는 쇠고랑을 찬 죄수입니다. 그러나 하나님의 사람입니다. 하나님의 음성을 듣는 사람입니다. 하나님의 사명을 맡은 사람입니다. 그 죄수 사도 바울이 한마디 합니다. "이번 항해는 위험합니다. 그런고로 가지 맙시다." 그 말을 누가 듣겠습니까? 선주가 듣겠습니까? 선장이 듣겠습니까? 백부장이 듣겠습니까? 아무도 듣지 않고 사도 바울의 말을 무시하고 출발하게 됩니다. 이것이 오늘본문에 나오는 내용입니다. 사도 바울의 말 가운데 지혜로운 것이 하나 있습니다. "절기가 지났으므로……(9절)" 여기서 절기란 속죄제를 말합니다. 속죄제 절기는 10월 중순입니다. 따라서 10월 중순이 지났으므로 이때쯤은 계절적으로 불어오는, 우리로 말하면 태풍 같은 것이 불어오는 때입니다. 그러니까 안 되는 것입니다. 우리 상식에 비추어 이때쯤에는 태풍이 불어오는 때이기 때문에 항해를 피하는 것이 지혜로운 일이라고 바울은 말합니다.

어떻습니까? 상식의 문제, 일반적인 지식의 문제입니다. "이때쯤은 태풍이 일어나기 때문에 요행을 생각하지 말고 평안하게 안전을 택하는 것이 좋겠습니다. 불편하더라도 안전한 것이 좋겠습니다." 성경을 말하는 것도 아니고, 성령의 역사를 말하는 것도 아닙니다. 상식을 말하는 것입니다. 상식의 세계입니다. 여러분, 이걸 잊지 마십시오. 원래 우리의 이 상식이라는 것 뒤에는 이성이 있습니다. 타락된 이성이 아니고, 하나님께서 주신 깨끗한 이성입니다. 이 이성에는, 신학적으로 말하면, 자연계시적 의미가 있습니다. 자연의 계시가 있고, 우리 양심의 계시가 있고, 우리 이성 속에 자연계시적인 중요한 계시가 들어 있습니다. 우리에게 하나님께서 충분히 가르쳐주셨습니다. "이것은 먹지 마라. 저것은 먹어라. 이것은 좋은 것이다. 저것은 나쁜 것이다." 알 만큼 가르쳐주셨습니다. 그런데 재미있는 것은 좀 미련한 사람들은 상식을 거스르는 일이 믿음인 줄 안다는 것입니다. 착각하지 마십시오. 상식을 따르는 것이 믿음입니다. 상식을 거스르는 것이 마치 믿음인 양 생각하면 안 됩니다.

여러분도 다 아시는 중요한 이야기가 있지 않습니까. 예수님께서 시험을 당하실 때에 마귀가 예수님을 끌고 성전 꼭대기에 올라갑니다. 그리고 이렇게 말합니다. "떨어져라. 떨어지면 천사가 와서 너를 지켜줄 것이다. 그런고로 믿고 뛰어내려라." 어떻습니까? 뛰어내리는 것이 신앙입니까, 뛰어내리지 않는 것이 신앙입니까? 여기에 묘한 선(線)이 있습니다. 마귀가 "뛰어내리라. 하나님께서 너를 붙들어주실 것이다. 그런고로 발이 돌에 찌부러지지 않게 해주실 것이다. 뛰어내리라!" 하고 말할 때 "주여!" 하고 뛰어내리면 그것은 믿음이고, "주 너의 하나님을 시험하지 마라!" 하고 안 뛰어 내리면 바보고 믿음이 없는 것 같잖아요? 하지만 아닙니다. 바로 그것이 믿음입니다. 예수님의 믿음입니다. 상식을 거스르면 안 됩니다. 뛰어내리면 죽습니다. 왜 쓸데없이 뛰어내립니까. 이걸 알아야 합니다.

사도 바울이 말합니다. "이때쯤은 태풍이 일어나는 때입니다. 우리가 다 알고 있지 않습니까. 모험을 할 필요가 없어요. 불편하더라도 이 미항에서 지냅시다. 가려고 애쓰지 말고, 모쪼록 가겠다고 하는, 그런 사행심에 끌리지 마세요." 그때 듣던 사람들이 어쩌면 속으로 '저 사람이 뭘 안다고 저러나?' 했는지도 모릅니다. 그때에도 바울이 "하나님께서 말씀하시기를……" 한다면 모르겠는데, 상식을 말하고 있으니까 사람들이 듣지 않았습니다. 그러나 바울의 말은 중요했습니다. 저들은 마침내 바울의 말을 듣지 않고 다수의 의견을 따랐습니다. 그리고 백부장이 최종결정을 하고 배가 떠납니다. 처음에는 순풍에 잘 나갔습니다. 그래 득의한 줄 알았는데, 아니었습니다. 얼마 못 가서 태풍이 불기 시작하는데, 정신이 없습니다. 짐을 다 버렸습니다. 바람이 부는 대로 끌려갑니다. 이제는 죽든지 살든지, 어찌 할 수가 없습니다. 성경말씀대로 열나흘 동안을 굶었습니다. 그때쯤 되니까 사도 바울이 떡 나타나가지고 이 많은 사람들 앞에서 권세 있게 말합니다. "여러분이여, 내가 떠나지 말라고 할 때 떠나지 아니했다면 좋을 뻔했습니다." 기가 막힌 이야기 아닙니까. "떠나지 말라고 할 때 떠나지 않았어야 했는데, 당신들이 큰 잘못을 범해서 우리 다 같이 죽게 되었습니다마는, 어젯밤에 하나님께서 내게 말씀하셨습니다. '바울아, 네가 가이사 앞에 서야겠다. 네가 무사히 가야 하겠다. 그런고로 너와 같이 가는 사람도 무사할 것이다. 네가 해야 할 일이 있고, 너를 통해 할 일이 여기에 있기 때문에 여기에 있는 276명도 너 때문에 무사할 것이다.' 이런 하나님의 음성을 내가 들었습니다. 여러분이여, 그런고로 안심하십시오." 이렇게 위로하게 됩니다.

이성을 거스르는 것이 믿음이지, 순리를 거스르는 것이 믿음이 아닙니다. 순리대로 살아야 합니다. 여러분 요즈음 건강을 지키려고 애들을 많이 쓰시지요? 학자들 말로는 건강의 85퍼센트는 스스로 만드는 것이랍니다. 내 병을 내가 만들고 있는 것입니다. 이것은 안 된다고 했는데, 했습니다. 이것은 먹지 말아야 하는데, 먹었습니다.

가지 말라고 했는데, 갔습니다. 그래서 내 병을 내가 만든 것이 85퍼센트라는 말입니다. 어떤 사람은 이런 재미있는 말을 합니다. 병을 제 스스로 만들어놓고 하나님께 고쳐달라고 떼를 쓴다고요. 이 얼마나 미련한 짓입니까. 하나님께서는 이미 가르쳐주셨습니다. "이건 먹지 마라. 저건 먹어도 된다."

사람들마다 제각각 비결이 따로 있습니다마는, 제가 지키는 법이 하나 있습니다. 저녁에는 아무것도 먹지 않는 것입니다. 또는 저녁을 적게 먹고 잘 때까지 아무것도 먹지 않는 것입니다. 한데, 저녁에 집에 들어가면 애들이 뭘 좀 먹다가 "아버지, 잡수세요!" 해서 가끔 시험에 넘어갈 때가 있습니다. 그래서 이제는, 안 먹겠다고 하는데도 자꾸 먹으라고 권하면 "시험에 들지 말게 하옵소서!" 합니다. 물론 저도 먹고 싶지요. 그러나 먹으면 안 됩니다. 이것이 문제입니다. 먹고 싶은 대로 다 먹고 무슨 건강을 지키겠다는 것입니까. 이성이 말해주고 있습니다. 자기 전 3시간 동안은 절대 먹으면 안 됩니다. 이걸 먹어놓고 소화제 먹고, 게다가 또 하나님까지 괴롭힙니다. 건강을 달라고요. 하나님께서 뭐라고 하시겠습니까. "이놈아, 네가 병을 만들어놓고 왜 나더러 고치라고 그러느냐?" 안 그렇습니까? 그런고로 상식의 세계를 잘 지키십시오. 맑은 이성으로 우리에게 가르쳐주셨습니다. 이건 좋고, 저건 나쁘고, 이건 해야 되고, 저건 하면 안 되고…… 이 속에 하나님의 지혜가 있고, 하나님께서 내게 주신 은총이 있습니다.

또한 다수가 간다고 선택하지 마십시오. 많은 사람이 가니까 그것은 옳다? 아닙니다. 단 한 사람 사도 바울의 말이 옳았던 것입니다. 오늘본문 21절은 말씀합니다. "여러 사람이 오래 먹지 못하였으매 바울이 가운데 서서 말하되 여러분이여 내 말을 듣고 그레데에서 떠나지 아니하여 이 타격과 손상을 면하였더라면 좋을 뻔하였느니라.” 이미 저들은 떠났고, 당연히 받아야 할 징벌까지 받고 있습니다. 그러나 마지막에 가서 하나의 소망이 있는데, 그것은 사도 바울을 통하여 이루고자 하시는 하나님의 경륜입니다. 바울 하나 살리기 위해서 276명이 다함께 살게 되었다는 말입니다. 여기에 하나님의 귀한 뜻이 있습니다. 하나님의 사람의 음성을 들어야 합니다.

미국의 유명한 사상가 벤자민 프랭클린은 공부를 많이 못한 사람입니다마는, 미국의 대통령까지 하고, 지혜롭고 철학적인 귀한 말을 많이 남겨서 미국에서 최고로 존경받는 사람이 되었습니다. 그가 이렇게 말합니다. ‘바르게 살기 위해서는 첫째, 청교도적인 부모의 말씀을 따르라. 청교도의 유산으로 가르쳐주신 부모님의 말씀을 따르라. 둘째, 주일마다 교회에 나가라. 이유가 없다. 한 주일도 빠지지 말고 교회에 나가서 목사님의 설교를 듣고 그 말씀을 따라 살아라. 이것이 삶을 바로 사는 지혜다. 셋째, 어떤 일이 있어도 물질의 노예가 되지 마라. 그럼 가장 비참한 사람이 되는 것이다. 물질을 지배할지언정 물질의 노예가 되지 마라.’ 이렇게 훈계하고 있습니다.

오늘도 우리는 세상이라는 바다를 항행하고 있습니다. 오늘도 새로운 결정을 해야 됩니다. 선택의 기준이 어디에 있습니까? 항상 주의 음성을 들으며, 하나님의 종의 지시를 받으며, 말씀과 성령 안에서 바른 선택을 하고, 바른 운명의 길을 가야 할 것입니다. △

주여 나를 떠나소서

무리가 몰려와서 하나님의 말씀을 들을새 예수는 게네사렛 호숫가에 서서 호숫가에 배 두 척이 있는 것을 보시니 어부들은 배에서 나와서 그물을 씻는지라 예수께서 한 배에 오르시니 그 배는 시몬의 배라 육지에서 조금 떼기를 청하시고 앉으사 배에서 무리를 가르치시더니 말씀을 마치시고 시몬에게 이르시되 깊은 데로 가서 그물을 내려 고기를 잡으라 시몬이 대답하여 이르되 선생님 우리들이 밤이 새도록 수고하였으되 잡은 것이 없지마는 말씀에 의지하여 내가 그물을 내리리이다 하고 그렇게 하니 고기를 잡은 것이 심히 많아 그물이 찢어지는지라 이에 다른 배에 있는 동무들에게 손짓하여 와서 도와 달라 하니 그들이 와서 두 배에 채우매 잠기게 되었더라 시몬 베드로가 이를 보고 예수의 무릎 아래에 엎드려 이르되 주여 나를 떠나소서 나는 죄인이로소이다 하니 이는 자기 및 자기와 함께 있는 모든 사람이 고기 잡힌 것으로 말미암아 놀라고 세베대의 아들로서 시몬의 동업자인 야고보와 요한도 놀랐음이라 예수께서 시몬에게 이르시되 무서워하지 말라 이제 후로는 네가 사람을 취하리라 하시니 그들이 배들을 육지에 대고 모든 것을 버려 두고 예수를 따르니라

(누가복음 5 : 1 - 11)

주여 나를 떠나소서

저는 1963년에 처음 미국으로 유학을 떠났는데, 그때 로스앤젤레스에 한 번 기착을 하여 한두 주일 동안 지내고나서 프린스턴으로 공부하러 갔더랬습니다. 그렇게 잠깐 LA에 머무르는 동안 한 가지 특별한 인연이 있었습니다. 전혀 모르는 분입니다마는, 어떤 아주 돈 많은 어른의 초청을 받아서 저녁만찬을 대접받은 일입니다. 미국에 도착해서 처음으로 받는 초대요 만찬이었기에 저는 흥분도 되고, 도대체 미국의 식당은 어떤가, 음식은 어떨까, 분위기는 어떨까, 하고 궁금한 게 많았습니다. 한데 식당에 들어서서 보니 그 큰 식당의 천장 한가운데에 매달려 있는 찬란한 샹들리에의 모든 등이 다 꺼져 있는 것입니다. 그래놓고는 그 밑의 둥근 테이블 한가운데에 촛불 하나만 켜놓았더라고요. 그 촛불에마저도 빨간 유리 갓을 씌워놓았습니다. 그래서 앞에 앉은 사람이 잘 안 보일 정도로 불그스레하니 어두웠습니다. 그런 곳에서 식사를 하라는 것입니다. 저는 왜 그렇게 해놓았는지가 몹시 궁금했습니다. 그래서 연세가 꽤 높아 보이는 웨이터가 테이블로 와서 봉사할 때 제가 식사를 하다가 그에게 한 마디 물어보았습니다. "저 샹들리에의 불은 왜 다 꺼서 이렇듯 사방을 깜깜하게 만들어놓고, 테이블에는 왜 이처럼 촛불 하나만 달랑 켜두고, 여기서 마주앉아 식사를 하게 만든 것입니까? 아주 불편하네요." 그랬더니 그 노인이 빙그레 웃으면서 한 말을 제가 일생토록 잊지 않고 있습니다. "염려하지 마십시오. 절대로 손가락을 베는 실수는 하지 않을 겁니다. 걱정하지 않으셔도 됩니다." 중요한 것은 그 다음 말입니다. "이렇게 불그스레하고 어두운 촛불 빛에 비추어보면 맞은편에 앉은 사람이 미인 아닌 여자가 없습니다." 그 불그스레한 촛불 빛에 비추어보면 모든 여자가 다 예뻐 보인다는 것입니다. 그 말 듣고 보니 정말 그런 것 같았습니다. 어떤 책에 보니까 가정의 침실에는 절대로 밝은 등을 켜지 말라고 되어 있습디다. 환한 백열등을 켜지 말고 아주 붉은 등을 켜라는 것입니다. 불그스레하게 분위기를 만들어놓아야 주름살도 다 가려지고, 화장발도 다 감추어져서 예쁘게 보이는 것이지, 밝은 빛에 비추어보면 아니라는 것입니다. 만일에 여러분이 화장을 했다고 칩시다. 햇빛 환한 대낮에 밖으로 나가보십시오. 그 시커멓게 주워 바른 것, 못 봅니다. 화장이라는 것은 거짓말이거든요. 거짓말은 어두워야 통하지, 밝으면 통하지 않거든요. 그렇지 않습니까.

여러분은 자기 자신을 어떻게 보십니까? 내가 나를 들여다본다고 내가 나를 다 알 수 있습니까? 밝은 빛 앞에서라야 볼 수 있습니다. 태양 빛과 같은 아주 밝은 빛에 비추어볼 때 비로소 내 진짜 정체가 드러난다, 이것입니다. 어두운 빛 가운데에서는, 그렇게 어두운 상태에서는 '내가 왜 죄인인가? 어째서 나만 죄인인가? 세상이 나쁜 것이다!' 하면서 남을 원망하게 되어 있습니다. 그러나 밝은 빛 앞에 나아가면 아닙니다. 오늘본문말씀대로입니다. "주여, 나를 떠나소서! 나는 죄인이로소이다!" 내가 죄인 됨을 압니다. 아니, 모든 것을 뒤에 두고 하나님 앞에 내가 죄인이라는 것을 알게 된다는 말입니다.

이 지식의 세계에서는 먼저 우리에게 지능적 가치가 있어야 합니다. 역시 머리가 좋아야 됩니다. 머리가 둔하면 알 수가 없습니다.

봐도 모르는 것이고, 들어도 모르는 것입니다. 우선 이 지능적 가치가 아주 중요합니다. 다음은 감성적 가치입니다. 마음으로 보는 것입니다. 마음으로 듣는 것입니다. 마음이 먼저 있고서야 들리는 것이지, 마음이 싸늘해지면 보이는 것도 들리는 것도 없습니다. 그런가하면 신뢰적 가치도 있어야 합니다. 믿음이 있어야 된다, 이것입니다. 믿어질 때 들리는 것이지, '저 사람이 나를 속일 거다. 믿을 수가 없다!' 하면 아무 말도 들리지 않습니다. 그러면 아는 것은 아무것도 없는 것입니다. 그리고 이보다 더 중요한 것 하나가 있습니다. 바로 경험적 가치입니다. 사람은 자기가 경험한 만큼만 압니다. 경험한 만큼만 알려고 합니다. 경험한 만큼만 믿으려고 합니다. 여기에 문제가 있습니다. 제한성의 문제입니다. 내가 경험해보지 못한 것은 무조건 부정하려고 들거든요? 경험해보지 못한 세계를 향한 이 pioneership, 이 개척적 능력, 요샛말로 하면 창조적 능력이 있어야 새로운 세계를 찾을 수 있습니다. 또 하나는 정직함의 가치입니다. 정직하고 겸손할 때, 내가 나를 바로 알 때 비로소 바른 지식이 이루어집니다.

오늘본문에 나타나는 말씀은 이렇습니다. 베드로는 모름지기 갈릴리에서 일생을 보낸 프로급 어부입니다. 갈릴리 바다에서 일생을 지낸 어부라는 말입니다. 그런데 어느 날 예수님께서 갈릴리 바다에 나타나서 베드로에게 말씀하십니다. "베드로야, 깊은 데 가서 그물을 던져라!" 상식으로는 말이 안 됩니다. 베드로는 고기잡이의 전문가입니다. 여기서 일생을 살았습니다. 일생을 여기에다가 바쳤습니다. 그런데 예수님께서는 목수이십니다. 목수가 어부에게 명령하는 것입니다. 그물을 던지라고요. 말이 안 되는 일입니다. 또 베드로 입장에서는 벌써 작업이 끝났습니다. 밤새껏 수고했는데도 고기 한 마리 잡지 못한 채 돌아와 그물을 다 씻어서 걸어놓았습니다. 그날의 작업이 다 끝난 것입니다. 그런 시간에 예수님께서 말씀하십니다. "깊은 데 그물을 던져라!" 던질 수 있겠습니까? 이 장면을 가만히 보면 베드로가 참 훌륭합니다. 아마 저 같으면 말씀대로 안 했을 것입니다. 하지만 베드로는 그 말씀대로 합니다. 참 훌륭합니다. 밤새껏 수고했는데도 물고기 한 마리 못 잡은 베드로가 대답합니다. "말씀하시니 그물을 내리리이다." 확신이 있는 것은 아닙니다. 어떤 생각입니까? 물고기를 잡게 될 것이라고 확신해서 그물을 내린 것입니까? 베드로는 아무리 생각해도 못 잡을 게 뻔했습니다. 그래 말씀대로 그물을 내렸다가 빈 그물을 들어올리면서 "보시라고요. 이렇다니까요?" 하고 말하고 싶었던 것입니다. 자기의 경험, 자기의 지식을 전적으로 예수님 앞에 한 번 과시하고 싶었던 것입니다. 그래서 오늘본문을 자세히 보면 이렇게 되어 있습니다. "말씀에 의지하여 내가 그물을 내리리이다……(5절)" 밤새껏 수고해서 못 잡았지마는, 예수님께서 말씀하시니 그물을 내리겠다는 것입니다. 여기에 괄호하고 한 마디 써넣었으면 좋겠습니다. '못 잡을 것은 뻔하지만, 말씀하시니 예수님의 체면을 봐서 제가 그물을 내리겠습니다.' 그래 그물을 내렸더니 가득 잡았습니다. 여기에서 생각해야 합니다. 이것은 믿음 없는 순종입니다. 요새 젊은 사람들의 말대로 말하면 영혼 없는 행위입니다. 확신이 없습니다. 믿음이 없습니다. 꼭 물고기를 잡으리라는 기대, 전혀 없습니다. 아니, 오히려 한 마리도 못 잡으리라는 확신을 가지고 있습니다. 그런데도 순종한 것입니다. 묘한 관계 아닙니까.

그런데 놀라운 것은 이렇게 믿음 없는 순종을 했으면 물고기를 못 잡아야 되잖아요? 저는 그게 참 이상합니다. 믿음 없는 행동을 했으면 "이 사람아, 너는 믿음이 없어. 그런고로 없다!" 해야 하잖아요? 하지만 믿음 없이 순종했는데도 물고기를 잡았다, 이것입니다. 여기에서 깨달아야 합니다. 여러분, 믿고 순종하면 얼마나 좋습니까? 믿음 없이 순종하는 것도 있거든요? 그래도 하나님께서는 긍휼히 여기사 믿음 없는 순종도 순종으로 받아주십니다. 믿음으로 받아주신다, 이것입니다. 이것이 하나님의 은총입니다. 여러분, 생각해보십시오. 우리 믿는 사람들, 더러는 확신할 때도 있지마는, 더러는 확신 못할 때도 있습니다. 확신 없이 순종하는 것입니다. 그래도 순종은 순종입니다. 하나님께서는 그런 순종도 귀하게, 긍휼히 여기시어 받아주신다는 것입니다. 확신 없는 순종! 인간적으로 생각하면 이건 아니지요. 그러나 하나님께서는 받아주셨습니다. 고향을 떠날 때의 아브라함도 믿음이 있어서 떠난 것 같지 않습니다. 하나님께서 "떠나라!" 하시니 떠나기는 떠나지만, 갈 바를 알지 못하고 떠났습니다. 아마 많은 생각이 있었을 것입니다. 그러나 하나님께서는 그 순종을 귀하게 보시고 아브라함을 축복하십니다. 그 아브라함이 99세, 100세가 되었을 때 주님께서 말씀하십니다. "내년 이때에 아들을 낳으리라." 도저히 믿을 수 없는 말씀입니다. 그러나 그는 순종했습니다. 아주 중요한 이야기입니다.

여러분, 신비로운 말씀을 드릴 테니 잘 기억해주십시오. 말라기 3장 10절입니다. 하나님께서 우리에게 말씀하십니다. "너희의 온전한 십일조를 창고에 들여 나의 집에 양식이 있게 하고 그것으로 나를 시험하여 내가 하늘 문을 열고 너희에게 복을 쌓을 곳이 없도록 붓지 아니하나 보라." 우리가 십일조를 바치면 우리에게 창고가 넘치도록 복을 주시겠다는 말씀입니다. 십일조를 바쳐라! 여기에 아리송한 말씀이 하나 있습니다. '너희에게 복을 주나 안 주나 시험해보라.' 제가 신학생들에게서 많은 질문을 받습니다. 다른 목사님들이나, 교인들한테서도 곧잘 받는 질문입니다. "하나님을 시험해보라니, 이거 말이 되는 이야기입니까?" 무슨 말씀입니까? 시험해보라니요? 이것은 믿음이 없이라도 순종하라는 말씀입니다. "안 믿어지더라도 순종해라. 그러면 내가 믿음으로 받아주겠다." 은총의 말씀입니다. "믿음 없는 행위지만, 일단 순종해라. 그러면 믿음이 있는 것으로 내가 인정해주마." 이 말씀입니다. 이 얼마나 큰 축복입니까.

언젠가 한번 80이 넘은 노부부가 TV에 나왔더라고요. 그들 가운데 할머니가 이런 질문을 받았습니다. "70평생을 이 남편하고 사셨는데, 앞으로 죽었다가 다시 태어나도 이 남자하고 결혼을 하실 것입니까?" 그러니까 할머니가 말합니다. "아, 그럼요. 저 사람은 나 없이는 못 살거든요? 제가 도와줘야 되겠으니까 결혼하겠습니다." 그래서 이번에는 그 남편인 할아버지한테 물어봤습니다. "할머니가 저렇게 말씀하시는데, 죽었다가 다시 살아도 저분하고 결혼하실 겁니까?" 그러니까 남편이 이렇게 답합니다. "그건 그때 가봐야 되겠는데요?" 결혼 안 하겠다는 것입니다. "별로 마음에 안 드는 걸 용케 살았어요. 그래도 그것은 의로운 것이었어요. 그렇게 확신이 있어서 산 것이 아니고요, 마음에 꽉 차서 산 것도 아니에요. 조강지처니까 살았고, 도리니까 살았고, 이것이 의롭기 때문에 살다보니 이렇게 한평생 무사하게 살았죠." 다시 말하면 믿음 없는 순종, 이것도 하나님께서 귀하게 보셨다는 이야기입니다. 모세의 생애는 말할 것도 없습니다. 종종 믿음 없는 행위가 나옵니다. 그러나 모세는 순종했습니다. 확신이 생기고, 희열이 생기고, 충만함이 있고…… 꼭 그렇게만 기대하지 마십시오.

제가 미국에서 공부할 때 한번은 제 친구가 제게 편지를 한 통 보내왔습니다. 기가 막힌 편지였습니다. 딱 한 줄을 썼습니다. 멀리 미국까지 보낸 편지에 딱 한 줄밖에 없는 것입니다. '공부는 머리로 하는 것이 아니라 엉덩이로 한다오.' 끝. 아, 제가 그걸 오래도록 두고두고 생각합니다. 그렇습니다. 어떻게 공부를 기분대로 합니까. 공부는 기분 나는 대로 하는 것 아닙니다. 시작했으니 해야 합니다. 도리니까 해야 합니다. 다시 말하면 '믿음 없는 순종'입니다. 그래도 이것은 의로운 것입니다. 하나님께서 귀하게 보시고 은혜를 주십니다. 베드로의 마음입니다. "하라 하시니 합니다. 하고 싶지 않지만 합니다. 안 될 줄 알지만 합니다. 하라시니까 합니다." 예수님께서 이 순종을 귀하게 보시고 기적을 일으키셨습니다. 기적 앞에서 모세가 회개합니다. 이럴 줄 몰랐거든요. "죄송합니다. 믿음 없는 것을 불쌍히 여겨주세요." 베드로가 주님 앞에 가서 딱 엎드리고 "주여, 나를 떠나소서. 나는 죄인이로소이다!" 합니다. 이것은 일반적인 죄를 말하는 것 같지는 않습니다. 예수님께서 "깊은 데 가서 그물을 던져라!" 하실 때 벌써 감사해야 되는데, 그때 믿었어야 되는데, 말씀으로 하실 때 믿지 못하고 기적을 보고야 믿는 사람이 된 것입니다. 사건 전에 믿어야 되는데, 사건을 겪고 나서야 믿는 사람이 될 때, 이것은 불행입니다. 그래서 "주여, 나를 떠나소서. 나는 죄인이로소이다!" 하고 고백한 것입니다. 이 큰 기적 앞에, 하나님께서 주시는 큰 은총 앞에 그는 무릎을 꿇습니다. "나는 죄인이로소이다!"

여러분, 한 번 더 깊이 생각합시다. 베드로가 예수님과의 관계에서 예수님이 "깊은 데 가서 그물을 던져라" 하실 때 "주여, 감사합니다. 이제는 물고기를 잡을 수 있겠습니다!" 하고, 그 기적이 사건으로 나타나기 전에 먼저 찬양하고, 먼저 충만하고, 먼저 감사했더라면 얼마나 좋았을까요? 하지만 그 시간에 그는 그렇게 하지 못했습니다. 말씀으로만 만족하는 믿음이 한 단계 더 높은 믿음입니다. 말씀을 주실 때에 벌써 감사했어야지요. "이제는 됐다!" 했어야지요. 하지만 그렇지를 못했거든요? 말씀은 언약입니다. 말씀은 능력입니다. 말씀은 우리의 모든 확신보다 더 앞서는 하나님의 약속입니다. 반드시 그대로 될 것입니다. 그런고로 미리, 벌써 사건으로 나타나기 이전에 믿고, 받아들이고, 감사했어야 한다는 말입니다.

사도행전 27장에서 사도 바울은 276명이나 탄 배로 로마를 향해 가다가 열나흘 동안 풍랑을 만나서 다 죽게 됩니다. 굶주렸고, 이제는 생명에 대한 것까지 다 포기한 시간입니다. 그때에 사도 바울이 말합니다. "여러분이여, 이제는 안심하세요. 이제는 안심하세요." 왜요? 어젯밤에 하나님의 음성이 들렸기 때문입니다. "네가 가이사 앞에 무사히 서야 할 것이다. 네가 해야 할 일이 막중하다. 네가 같이 가는 사람들을 다 네 손에 주었느니라." 하나님의 음성, 그 말씀을 들은 것입니다. 그런고로 말씀대로 되리라고 믿습니다. 안심하십시오.

말씀으로 만족하고, 말씀만으로 충만한 믿음과 확신을 가져야 됩니다. 특별히 마태복음 8장에 귀한 말씀이 있습니다. 백부장이 자기의 하인 하나가 병들어 죽게 된 것을 긍휼히 여겨서 예수님 앞에 나아가 "제 하인을 고쳐주시기 바랍니다!" 합니다. 그때 예수님께서는 이상하게도 선선히 "그럼 너희 집으로 가자!" 하십니다. 한데 백부장이 가로막습니다. "아닙니다. 저희 집에 오시지 못합니다." 여기에도 설명이 좀 붙습니다. "우리 집에는 우상이 많습니다. 우리 집은 이방 사람의 집이라서 예수님께서 오실 만한 집이 못 됩니다. 그런고로 우리 집에 갈 생각은 마시고 말씀으로만 하십시오." 이분은 말씀을 믿는 것입니다. 말씀의 능력을 믿고 있습니다. 그래서 예수님께서 칭찬하십니다. "온 이스라엘 중에도 이만한 믿음을 만나본 일이 없노라." 극찬입니다. 최고로 높이 칭찬하셨습니다. 이런 믿음입니다. 말씀으로만! 말씀으로 충분합니다. 말씀의 허락으로 충분합니다. 그런 믿음이 최고의 믿음입니다. 그래서 말씀을 들을 때 믿었어야 되는데, 그때는 믿지 못했습니다. 그리고 이제 이적이 나타난 다음에야 믿게 되는 초라한 베드로의 모습입니다. 그러나 바로 이때 예수님께서는 "너는 나를 따르라!" 말씀하십니다. 참 이상하지 않습니까. 마태복음에 보면 예수님께서는 십자가에 못박히시기 전에 "네가 나를 부인하리라!" 하십니다. 베드로가 답하기를 "죽을지언정 저는 주님을 부인하지 않겠습니다!" 합니다. 그때에 예수님께서 이렇게 말씀하십니다. "닭이 두 번 울기 전에 네가 나를 세 번 모른다고 하리라." 또 예수님께서는 부활하신 다음 디베랴 바닷가에서 베드로를 만나셨을 때에도 "네가 나를 사랑하느냐?" 하시니 베드로가 "예, 제가 주를 사랑하는 줄 주께서 아십니다!" 합니다. 베드로의 마음이 아주 초라해진 것입니다. "네가 나를 사랑하느냐?" "제가 주를 사랑하는 줄 주께서 아십니다." 그때 예수님께서 말씀하십니다. "내 양을 먹이라."

내가 주를 사랑하는 것까지도 주님만이 아십니다. 이제 비로소 자기 자신을 알았습니다. 그때에 예수님 말씀하십니다. "너는 내 양을 먹이라." 제자의 자격이 무엇이겠습니까? 믿음입니다. 믿음보다 중요한 것은 순종입니다. 때때로 믿어지지 않아도 "말씀하시니……" 하고 말씀을 믿고 확신할 때에 큰 역사는 나타납니다. 말씀만으로 만족하고, 말씀이 들릴 때에 그 말씀에 응답합니다. 왜요? 말씀이 능력이니까요. 말씀이 곧 능력이니까요. 그리고 나의 나 됨의 진실을 알고 "나는 죄인이로소이다!" 할 때에 오히려 주께서는 그를 귀히 보시고 "너는 나를 따르라. 사람을 취하는 어부가 되리라!" 말씀하십니다. △

마음을 시원하게 하는 소식

형제들아 스데바나의 집은 곧 아가야의 첫 열매요 또 성도 섬기기로 작정한 줄을 너희가 아는지라 내가 너희를 권하노니 이같은 사람들과 또 함께 일하며 수고하는 모든 사람에게 순종하라 내가 스데바나와 브드나도와 아가이고가 온 것을 기뻐하노니 그들이 너희의 부족한 것을 채웠음이라 그들이 나와 너희 마음을 시원하게 하였으니 그러므로 너희는 이런 사람들을 알아주라

(고린도전서 16 : 15 - 18)

마음을 시원하게 하는 소식

에밀리 디킨슨이라고 하는 유명한 시인의 시 한 수를 먼저 소개하고자 합니다. 아주 소박하고 단순한 시이지마는, 우리 마음에 뭔가 가르쳐주는 바 교훈이 많습니다. 시의 내용은 이렇습니다. '내가 만일 한 사람의 상심한 절망에서 그를 건져낼 수 있다면 내가 사는 것이 헛되지 않으리. 내가 만일 한 사람의 괴로움에서 그 괴로움을 덜어줄 수 있다면 또는 그 한 고통에서 시원케 할 수만 있다면 한 마리의 허덕이는 안락 새를 구하여 그 둥지 속에 다시 들여보낼 수 있다면 내 사는 것이 헛되지 않으리.' 여러분, 이것이 우리의 삶의 의미입니다. 한때 유행했던 말이 있습니다. '산소 같은 여자'입니다. 얼마나 아름다운 표현입니까. 산소 같은 여자— 반대가 무엇입니까? 질소 같은 여자— 생각해보십시오. 내가 지금 어디에 있나? 내가 산소 같은 여자가 되었나? 한 번 생각할 만합니다.

인간관계란 그렇습니다. 그 사람과 함께 있으면 왜 그런지 즐겁고, 아무 걱정도 생각이 나지 않고, 그와 더불어 이야기하면 어느 사이에 내 가슴이 시원해집니다. 만나도 시원하고, 그분을 생각만 해도 내 마음이 편해집니다. 이게 산소 같은 여자 아니겠습니까. 그런가하면 그 다음 사람은 만나나 마나한 사람입니다. 만나도 그만, 안 만나도 그만인 사람입니다. 세 번째 사람은 함께 있으면 따분해지는 사람입니다. 가능하면 안 만났으면 좋겠습니다. 목사인 저도 솔직히 고백합니다. 전화가 딱 올 때 "여보세요?" 하면 그분의 얼굴이 떠오릅니다. 그럴 때 기분이 좋아지는 사람이 있고, 어떤 사람은 전화가 딱 오면 '아이쿠!' 합니다. 왜요? '또 무슨 죽는다는 소리를 하겠구나.' 질소 같은 여자입니다. 전화 한 통도 반갑게 느껴질 수 있는 사람으로 살아가야 될 것 아닙니까. 이게 바로 오늘 우리가 생각하는 시원하게 하는 사람, 우리 마음을 시원하게 하는 사람입니다.

또 한 사람 소개해봅니다. 일본 재계의 영웅으로 알려져 있는, 모든 사람이 잘 아는 마츠시타전기(松下電器)의 회장 마츠시타 고노스케(松下幸之助)입니다. 유명한 이야기입니다. 그는 어린 시절에 너무 고생을 많이 했습니다. 아버지의 사업이 파탄나면서부터 그는 한 끼의 식사가 어려운 고통을 당합니다. 그래서 초등학교 4학년을 중퇴하고 자전거회사의 점포에서 일하고, 거기서 밤을 지내게 됩니다. 그는 자전거 점포에서 밤새 자면서 어머니를 생각하면서 울었답니다. 그렇게 자랐습니다. 그는 크게 성공해서 1918년에 마츠시타전기를 세우게 되고, 570개의 계열사를 거느리고 15만 명의 회사원을 가지고 있는 큰 회사로 성공하게 됩니다. 그에 대한 이야기가 많이 있습니다마는, 마츠시타 고노스케의 생활철학, 딱 한 마디입니다. 우리는 생각할 때에 '무엇 때문에', '누구 때문에', '누구 때문에'라고 말합니다마는, 이분은 때문이라는 말을 '덕분에'라는 말로 바꿉니다. 모든 것은 '덕분에', '덕분에'입니다. 이제 보십시오. 사람을 만나고 "당신 덕분에", 회사직원들을 볼 때도 "당신들 덕분에", 다 "뭐 덕분에"입니다. 그가 하는 말입니다. 가장 중요한 말입니다. 그는 평생 못 배운 덕분에 공부한 일이 없습니다. 초등학교 4학년까지밖에는 공부를 못했습니다. 그 덕분에 그는 공부하는 사람이 되었습니다. 언제나 누구에게나 배우는 것입니다. 소망교회 집사님 한 분이 언젠가 한번 일본에 가 그 회사를 경영하게 되어서 강의한 일이 있었답니다. 깜짝 놀랐습니다. 강의할 때 보니까 마츠시타 고노스케가 맨 앞에 앉았더랍니다. 그 유명한 사람이 말입니다. 게다가 그 회장은, 두 시간 강의를 하는데, 계속 필기를 하더랍니다. 너무나 송구스러워서 마지막에 만나 인사를 하면서 "아니, 무슨 말을 들을 것이 있다고 그렇게 필기를 하십니까?" 그랬더니 "많이 배웠습니다" 하더랍니다. 이것은 직접 들은 이야기입니다. 여러분, 그는 못 배운 덕분에 일생 공부하는 사람이 되었습니다. 또 그런가하면 가난 덕분에 절약하는 사람이 되었습니다. 뭐든지 낭비하지 않고 절약, 절약, 절약하고 살았습니다. 그런가하면 병약한 덕분에 그는 술 한 잔 못하는 절제의 사람이 되었습니다. 함부로 먹고, 함부로 마시는 일이 절대 없습니다. 왜요? 병약하니까요. 병약한 덕분에 건강해서 90이 넘도록 살았습니다. 여러분, 깊이 생각해야 합니다. 때문입니까? 덕분입니까? 그것은 내 마음가짐입니다. 내 생활철학입니다. 그저 당신 덕분에, 덕분에, 덕분에…… 방향을 바꾸는 것이지요. 이것이 바로 산소 같은 사람이 사는 철학입니다.

이런 재미있는 이야기가 있습니다. 어떤 가정에서 아침에 부부싸움이 있었습니다. 아내가 출근하는 남편하고 싸웠습니다. 그렇게 남편이 집을 나갔는데, 직장에서 하루 종일 지내면서 '아유, 내가 좀 참았으면 되는데……' 하고 부인한테 미안한 마음이 듭니다. '아, 그 뭐 쓸데없는 말을 해가지고 아내를 기분 나쁘게 만들어서 미안하다.' 이렇게 생각해서 자기 딴에는 큰마음을 먹고 집에 전화를 걸었답니다. 그래서 "여보, 집에 무슨 일 없소?" 했습니다. 뭐라고 대답해야 되겠습니까? 그러자 아내가 "무슨 일 있어야 되겠어요?" 하더랍니다. 그래서 남편은 속으로 '내가 왜 전화를 걸었나?' 그랬습니다. 이런 말 한 마디가 얼마나 중요합니까. 정말 산소 같은 여자가 되어서, 또 내 주변 사람들도 다 산소 같은 사람뿐인, 그런 속에 살면 얼마나 좋겠습니까.

오늘본문에 보면 사도 바울이 세 사람을 만납니다. 하나는 스데바나입니다. 스테파노스는 면류관이라는 뜻입니다. 이름이 좋습니다. 스데바나— 그런데 사도 바울이 고린도 교회에서 1년 반을 있으면서 교회를 세웠습니다마는, 세례는 딱 한 사람한테만 주었다고 성경에 기록되어 있습니다. 오직 유일하게 사도 바울이 세례를 준 사람이 바로 스데바나입니다. 또 여기에 브르나도라고 하는 사람이 있습니다. 행운이라는 말인데, 종의 신분인 것 같습니다. 아가이고는 '아가야에 속한 사람'이라는 뜻이니까 이 사람은 분명 노예입니다. 그러니까 세 사람이 왔는데, 하나는 스데바나요 둘은 노예라고 생각됩니다. 그 세 사람이 사도 바울에게 왔다는 것입니다. 그런데 이 사실이 사도 바울에게는 시원한 소식이었습니다. "내 마음을 시원하게 하였느니라." 그럼 어떤 사람들이기에 그들이 사도바울의 마음을 시원하게 했을까요?

첫째는 성도 섬기기로 작정했다고 그랬습니다. 여러분, 섬긴다는 말 익숙하지요? 섬긴다, 봉사한다— 좋습니다. 이것이 최고의 가치임을 우리가 잊어버리고 삽니다. 여러분, 모든 고민의 뿌리를 살펴보면 그것은 섬김을 받으려하는 마음입니다. 그 섬김을 받으려는 마음 때문에 나도 괴롭고 너도 괴로운 것입니다. 제가 목회를 50년 하면서 봅니다. 많은 분들이 교회를 위해서 봉사합니다. 봉사하는 것 참 좋습니다마는, 여기에는 섬기는 사람이 있는가 하면 섬김을 받으려는 사람도 있습니다. 뿐만 아니라, 섬기는 것을 누가 알아주기를 바라는 마음이 있습니다. 심지어 알아주지 않는다고 원망하고 불평합니다. 아주 힘듭니다. 그럴 때는 차라리 봉사하지 마십시오. 왜 쓸데없는 일을 하면서 불평하고 있는 것입니까?

섬긴다는 말이 무엇입니까? 다른 사람을 높이는 것입니다. 나는 그의 발을 닦는 것입니다. 섬기는 마음, 마태복음 20장에 보면 예수님 말씀하십니다. "내가 세상에 온 것은 섬김을 받으려 함이 아니고 섬기려 하고 대속물로 주려고 했다." 애당초 예수님은 세상에 오실 때 섬기려하셨다는 것입니다. 이것을 중요하게 생각합니다. 이것이 행복의 기준입니다. 이것이 모든 사람을 시원하게 할 수 있습니다. 조금이라도 어느 순간에 섬김 받으려는 마음으로 바뀔 때 여러 사람 피곤합니다. 본인도 피곤하고, 여러 사람 피곤하게 만듭니다. 오로지 섬기는 마음을 한 번 가져볼까요? 어떤 사람들을 보면 그저 예쁘게 보이려고만 애를 씁니다. 그래서 화장품이라는 화장품은 다 갖추어놓고 몸부림을 칩니다마는, 저는 이렇게 생각합니다. '젊었을 때도 못 받은 사랑을 이제 받을 수 있겠나? 기권해. 잊어버려.' 그냥 섬깁니다. 사랑을 받느니, 인정을 받느니, 예뻐함을 받느니…… 이제는 그만하십시오. 젊었을 때에도 못했는데 이제 되겠습니까. 딱 끊어버리고, 그저 섬기려하십시오. '나는 이 집의 종이다. 종으로 살다가 종으로 갈 것이다.' 그런 마음으로 한 번 섬겨볼까요?

자신의 마음에 시원함이 있습니다. 아무 그림자가 없습니다. 편안하게 섬깁니다. 어차피 섬기는 것이니까요. 손자도 섬기고, 며느리도 섬기고, 아버지도 섬기고, 한 번 섬겨보십시오. 봉사하는 자의 마음에 시원함이 있습니다. 봉사하는 사람은 또 남의 마음을 시원하게 할 수 있습니다. 그것도 이름도 없이 빛도 없이 말입니다. 찬송가

〈부름 받아 나선 이 몸〉이라는 찬송이 있지요? 그 찬송가 3절에 가면 '이름도 없이 빛도 없이'라는 가사가 없습니다. 어떤 목사님은 그 3절은 안 부른답니다. 이름도 없이, 빛도 없이, 그거 마음에 안 든다는 것이지요. '아무리 그래도 이름과 빛은 있어야지!'라고 생각합니다. 그러나 하나님의 일은 그렇지가 않습니다. 그저 교회 일이란 수고하고도 원망을 들어야 되고, 좋은 일하고도 나쁜 말을 들을 수 있습니다. 그래야 그것이 진짜 하나님의 일다운 일입니다. 섬기려 한다, 오직 섬기려 한다, 모든 불평, 모든 원망은 섬김을 받으려는 마음에서 생기는 것이니까, 이 섬기려 하는 사람, 자기도 마음이 시원하고 다른 사람의 마음도 시원하게 해줄 수 있는 것입니다. 좀 더 중요한 말이 있습니다. 섬기기로 작정했다— 결심한 사람입니다. 사람에게 중요한 것은 초지일관(初志一貫)입니다. 처음에 가졌던 마음대로 그대로 살아야 되는데, 처음에는 섬긴다는 마음으로 하다가 그 다음에는 섬김을 받으려는 마음으로 바뀌는 것입니다. 이것이 문제라니까요? 그러면 안 되는데, 섬기려는 마음으로 시작해서 끝까지 섬기고 썩어지는 밀알이 되어버리겠다고 하는 마음으로 살면 시원하게 살 수 있는데 말입니다. 여기 성경말씀에도 성도 섬기기로 작정했다고 했습니다. 얼마나 중요합니까. 교회를 섬기기로 봉사했다—

제가 효도하는 마음으로 자랑 하나 하겠습니다. 저희 할아버지가 저희 고향에다가 교회를 세우셨습니다. 그리고 성도를 섬기기로 작정하셨습니다. 가는 손님, 오는 손님을 전부 우리 사랑방에서 대접하셨습니다. 선교사님들도 와서 거기에서 하룻밤 주무시고 가십니다. 아주 호텔이요, 여관입니다. 지금은 목사에게 봉급이라는 것이 있습니다마는, 옛날에는 그게 없었습니다. 저희 집에서 농사를 해가지고 가을에 딱 식량을 이만큼 떼다가 "목사님 댁에 갖다드려라" 하면 그게 월급입니다. 생활비입니다. 절반은 팔아서 쓰고, 절반은 잡수시라고요. 성도 섬기기로 아주 작정을 해버리셨습니다. 이제 아무 생각이 없습니다. 오로지 섬기는 마음, 그걸 잊지 말아야 합니다. 그래서 이사야서 26장 3절은 말씀합니다. "심지가 견고한 자를 평강의 평강으로 인도한다." 변덕이 없는 사람, 변심이 없는 사람, 심지가 견고해서 섬기기로 생각했으니까 끝까지 섬기는 것입니다. 이런 사람이 자기 마음도 시원하고, 많은 사람의 마음을 시원하게 할 수 있습니다.

또 하나는 좋은 기별을 가지고 오는 사람입니다. 여러분, 웬만하면 좋은 이야기만 하십시오. 전화 많이 걸지요? 핸드폰 많이 하지요? 제발 부탁인데 나쁜 소리는 하지 마십시오. 나쁜 소리는 내가 새기고, 좋은 얘기가 있거든 얼마든지 하십시오. 그러나 조금이라도 어두운 그림자가 있는 말은 하지 마십시오. 왜요? 하면서 내 마음이 어두워집니다. 듣는 사람의 마음도 어두워집니다. 그럴 것 없습니다. 어떤 사람은 참 불편한 사람이 있습니다. 신문 보다가 꼭 전화 거는 사람이 있습니다. "목사님! 오늘 신문 보셨어요? 이 죽일 놈들이……" "그래서요?" 이 사람은 질소 같은 사람입니다. 산소 같은 사람이라야 됩니다. 좋은 기별을 주는 사람— 잠언 15장 30절은 말씀합니다. "좋은 기별은 뼈를 윤택케 한다." 여러분, 좋은 기별 나쁜 기별이 따로 있는 것이 아닙니다. 어디에나 다 있습니다. 그런데 어느 쪽을 택하느냐가 문제지요. 좋은 기별만 전하기로—

제가 결혼주례를 많이 하지 않습니까? 그래서 결혼주례를 할 때에 꼭 하는 말이 있습니다. 신부에게 "신부, 내가 부탁하는데, 결혼 생활 하다보면 좋은 일만 있는 건 아니야. 친정어머니에게 전화 걸지 마라. 좋은 얘기는 얼마든지 걸어라. 조금이라도 언짢은 얘기는 그쪽에 전화하지 마라. 그러면 그걸 자꾸 생각하게 되면서 얼마나 걱정하는지 아느냐? 지금까지 키워준 것도 고마운데, 거기다가 또 걱정거리를 드릴 거냐? 똑똑히 해라." 이렇게 제가 부탁을 합니다. 좋은 소식만— 여러분, 이제부터 내 입은 좋은 소식만 전하는 것으로 하십시오. 그게 마음을 시원하게 하는 사람입니다.

또 하나는 보충했다는 말이 있습니다. '너의 부족한 것을 보충했느니라.' 이 말은 뭔가 하면 별도로 독자적인 일을 하지 않고, 하고 있는 일을 협력했어요. 요새도 그런 것 많습니다. 아니, 그 많은 사람이 하는데, 서로 협력하면 얼마나 좋겠습니까. 한데 협력을 안 하고 꼭 독자적으로 하겠다는 것입니다. 저도 늘 느낍니다마는, 북한 선교 위해서 하잖아요? 많이 애쓰고 있으면 여러분들 다 협력하면 좋겠는데, 아닙니다. 교회마다 독자적으로 하겠다는 것입니다. 우리는 따로 별도로— 그거 피곤한 일입니다. 언제나 second man, 협력자가 가장 위대한 것입니다. 1등이 위대한 것이 아닙니다. 2등, 3등이 좋은 것입니다. 하고 있는 일을 협력하는 그 사람이 마음을 시원하게 할 수 있습니다. 내가 하겠다고 내가! 이렇게 주장하는 것은 다 피곤한 일입니다.

그런가하면 오늘본문의 가장 중요한 것은 이 사람은 행동하는 사람이라는 사실입니다. 말로만 하지 않고 사도 바울에게로 헌금을 모아가지고 왔습니다. 멀리서 걱정만 하지 않고 찾아왔습니다. 그리고 부탁합니다. 부모님들이 계시니까 찾아가야 됩니다. 자주 얼굴을 봬야 됩니다. 전화만 하고 있지 마십시오. 그것은 효가 아닙니다. 아무 할말이 없더라도 얼굴을 보여야 됩니다. 만남이라는 것이 중요합니다. 사도 바울이 고린도교회 때문에 걱정하고 있는 것을 알고 스데바나와 그 일행은 사도 바울을 찾아왔습니다. 그래서 사도 바울의 마음이 시원해졌습니다. 얼마나 아름다운 말씀이요, 아름다운 표현입니까. 피곤한 세상입니다. 우리가 좀 더 시원한 소식을 듣고, 시원한 사람을 만나고, 우리가 만나는 모든 관계에서 그런 시원함을 느낄 수 있다면 얼마나 좋겠습니까. 시원케 하는 소식, 시원케 하는 사람. 이러기 위해서는 내가 먼저 시원해야 됩니다. 내 마음이 먼저 시원해서 누구 때문에가 아니고 누구 덕분에— 그런 마음으로 생각이 바뀔 때 그저 이리 생각해도 감사하고, 저리 생각해도 덕분이고, 이래 생각해도 하나님의 은혜고, 저래 충만한 은혜로 살다보면 그는 누구를 만나도 마음을 시원하게 할 수 있는 사람이 될 것입니다. 그래서 내 마음이 시원하고, 저의 마음을 시원하게 하고, 함께 시원하고, 함께 넉넉하고 이런 인간관계, 이런 성도의 교제가 이루어져야 할 것이라고 생각합니다. 오직 섬기는 마음, 받으려는 마음이 아니라, 그저 주고 잊어버리는 마음— 그리고 내가 나름대로 독자적으로 뭘 한다고 하지 말고, 협력자가 되어서 남이 하는 일을 잘 옆에서 돕는 그런 조력자가 될 때 될 것입니다. 예수님이 말씀하십니다. "썩어지는 밀알이 되어라. 밀알하나가 땅에 떨어져 썩으면 많은 열매를 맺느니라."

여러분, 좀 더 썩으십시오. 그리하면 시원함을 얻게 될 것이고, 모든 사람을 시원하게 할 수 있는 그런 아름다운 역사가 이루어질 것입니다. 유명한 C.S.루이스(Clive Staples Lewis)라는 교수는 이렇게 우리 인간생활을 정리합니다. 에로스에 의해서 태어나고, 스톨케에 의해서 양육되고, 필로스에 의해서 성장하고, 아가페에서 완성한다. 아가페적 신앙, 거기에 진정한 생명력과 시원함이 있는 것입니다. △

이제는 원망하지 말라

하나님의 뜻을 따라 그리스도 예수의 사도로 부르심을 받은 바울과 형제 소스데네는 고린도에 있는 하나님의 교회 곧 그리스도 예수 안에서 거룩하여지고 성도라 부르심을 받은 자들과 또 각처에서 우리의 주 곧 그들과 우리의 주 되신 예수 그리스도의 이름을 부르는 모든 자들에게 하나님 우리 아버지와 주 예수 그리스도로부터 은혜와 평강이 있기를 원하노라 그리스도 예수 안에서 너희에게 주신 하나님의 은혜로 말미암아 내가 너희를 위하여 항상 하나님께 감사하노니 이는 너희가 그 안에서 모든 일 곧 모든 언변과 모든 지식에 풍족하므로 그리스도의 증거가 너희 중에 견고하게 되어 너희가 모든 은사에 부족함이 없이 우리 주 예수 그리스도의 나타나심을 기다림이라 주께서 너희를 우리 주 예수 그리스도의 날에 책망할 것이 없는 자로 끝까지 견고하게 하시리라 너희를 불러 그의 아들 예수 그리스도 우리 주와 더불어 교제하게 하시는 하나님은 미쁘시도다 형제들아 내가 우리 주 예수 그리스도의 이름으로 너희를 권하노니 모두가 같은 말을 하고 너희 가운데 분쟁이 없이 같은 마음과 같은 뜻으로 온전히 합하라

(고린도전서 1 : 1 - 10)

이제는 원망하지 말라

지난 30년 동안 많은 사람들을 만나서 상담을 해주고 길을 인도해준, 이른 바 '라이프 코치(life coach)'로 유명한 스테판 폴란(Stephen M. Pollan) 교수라고 있습니다. 지금 80세가 넘은 노장인 그가 지난날을 돌아보면서 그동안 해온 모든 수고를 정리하여 「8가지만 버리면 인생은 축복」이라는 지혜서를 썼습니다. 그는 일생동안 문제가 있는 수많은 사람들과 상담을 했습니다. 그런데 이제 와서 생각해보니 지난 30년 동안 만난 모든 사람들의 상담주제가 똑같다는 것입니다. 문제가 복잡한 것이 아니라, 문제가 딱 하나인 것입니다. '지금보다 행복해지는 방법은 없을까요?' '지금보다 행복해질 수 없을까요?' 이것이 모든 사람들이 그에게 한결같이 물어본 주제입니다. 아마 여러분도 그럴 것입니다. '지금보다 행복해지는 길이 없을까요?' 이제 대답합니다.

첫째, 나이 먹는 것을 슬퍼하지 말라, 이것입니다. 알게 모르게 우리는 지금 나이 먹는 데 대한 슬픔을 안고 삽니다. 이대로 자꾸만 늙어가고 있으니까요. 안 아프던 허리도 아프고, 잘 보이던 눈도 안 보이고 하니까 '이렇게 인생이 가는구나!' 하는 나이 먹는 데 대한 서글픔이 있습니다. 이것으로부터 벗어나지 못하면 절대 자유인이 될 수 없습니다. 그럼 어떻게 해야 됩니까? 아주 간단합니다. '나이를 먹어서 늙어가는 것이 아니라, 익어가는 것이다. 성숙해지는 것이다. 나이를 먹어가면서 육체적으로는 약해지는 것 같고, 세상적으로는 약해지는 것 같지만, 내적으로는 날마다 새로워지는 것이다. 내

적 성장에 깊은 관심을 가지기 전에는 절대 인간은 스스로로부터 자유할 수 없다.'

둘째, 과거에 대해서 후회하지 말라, 이것입니다. 아니, 자랑하지도 말라는 것입니다. 지난날에 매이는 것처럼 불행한 일이 없습니다. 이스라엘 백성도 그랬습니다. 애굽에서 나왔으면 지정학적으로 자유인입니다마는, 생각은 여전히 애굽에 머물러 있었습니다. 애굽에서 벗어나지를 못했습니다. 여러분, 우리가 해방되었습니다. 그런데 정신적으로 완전히 과거로부터 벗어나지 못했습니다. 이런 재미있는 이야기가 있습니다. 8·15에 해방이 되고 첫 주일에 교회에 갔는데, 얼마나 감격스럽겠습니까. 그동안 일제로부터 얼마나 많은 핍박을 받았고, 얼마나 많은 사람들이 순교했습니까. 그러다가 마침내 해방이 되어 감옥에 있던 사람들도 다 밖으로 나왔습니다. 그래 이제 다함께 예배를 보는 그 첫 주일입니다. 그날 한경직 목사님이 신의주 제일교회에서 이런 설교말씀을 하셨답니다. “여러분, 그동안 고생 많이 하셨지요? 이제는 우리 일본말을 아싸리 하지 맙시다.” 아니, '아싸리'가 일본말 아닙니까. 그러니까 벗어나려고 몸부림을 쳐도 완전히 벗어나지지를 않는 것입니다. 사람들 가운데서 제일 못난 사람이 과거에 매이는 사람입니다. 지난날 자신이 어땠다느니 하면서 잘난 척하고, 그거 밤낮 명함 찍어 가지고 다니는 사람들, 제가 많이 만납니다. 전(前) 국회의원, 전(前) 장관…… 제가 다 압니다. 그 사람 장관 일주일밖에 못했습니다. 쓸데없는 짓인 줄도 모르고 목에 힘주고 다니는데, 불행입니다. 그냥 다 치워버리십시오. 안 그렇습니까. 과거로부터 벗어나야지요. 과거에 있었던 불행한 일들도 마찬가지입니다. 지나간 것은 지나간 것입니다. 그런고로 과거로부터 자유하라, 이것입니다. 말 그대로 '출애굽'을 해야 합니다. 이것이 자유인의 모습입니다.

셋째, 비교라는 함정에서 나와야 한다, 이것입니다. 참 어려운 일입니다. 다른 사람하고 비교하지 말라는 것입니다. 한데도 어느 사이에 저도 모르게 비교하고 있습니다. 언니와 비교하고, 형제와 비교하고, 친구와 비교하고…… 그들보다 나는 언제나 불행한 것 같다, 이것입니다. 잘못된 비교입니다. 나는 나일 뿐입니다. 나는 나대로의 정체성이 있는 것입니다. 누구 다른 사람하고 비교해서 내가 더 낫다고 정말로 내가 나은 사람입니까? 천만에요. 그렇기 때문에 남하고 비교하지 말라, 이것입니다. 돈 많은 사람, 출세한 사람, 성공한 사람…… 어떻습니까? 제발 감옥에만 안 갔으면 좋겠더구먼요? 이 사람들, 돌고돌아 결국 감옥으로 들어가니, 어쩌면 좋겠습니까? 아직도 비교하겠습니까? 그럴 것 하나 없습니다. 비교라고 하는 함정에서 벗어나야 됩니다. 또 한 가지는 자격지심을 버려야 한다, 이것입니다. 스스로를 평가절하하지 말 것입니다. '나는 아직도 쓸모가 있다. 나를 필요로 하는 곳이 있다. 내가 해야 할 일이 있다.' 이렇게 자기 정체를 분명히 해야 합니다. 그래야 자유인입니다.

또, 도움을 청할 줄 알아야 한다, 이것입니다. 우리는 남을 도와주는 것까지는 생각을 하는데, 도움을 청한다는 것을 모릅니다. 그래서 우리의 지금 가장 큰 결점이 무엇입니까? 저 나름대로 많은 사람들을 보면서 생각합니다. 한마디로, 말하는 사람은 많은데 듣는 사람이 없다, 이것입니다. 요새도 보면 다들 무슨 협치니 화해니 하고 소리를 지릅니다마는, 정작 듣는 사람은 아무도 없습니다. 전부 자기 말만 하려고 합니다. 잘못된 일입니다. 들으십시오. 말 같지 않은 말도 들으십시오. 자꾸 들어야 합니다. 듣는 마음이 필요할 뿐입니다. 도움을 준다는 것만이 아니라, 도움을 받는다는 것이 중요합니다. 그래서 이런 유명한 말이 있지 않습니까. 'Asking이 사랑의 원리다.' 정말로 사랑하는 사람이 있습니까? 그에게 가서 부탁을 할 수 있습니다. 이거 좀 도와달라고요. 그래야 사랑이지요. '나는 도움 받을 필요가 없어. 아무한테서도 도움을 받는 일이 없어.' 이러는 사람은 사랑이 무엇인지를 모르는 사람입니다. 사랑은 도움을 받는 것입니다. 도움을 청하는 것입니다. 도움을 받아들일 수 있는 것입니다. 이것이 자유인입니다. 나는 절대로 도와주지도 않고, 도움 받지도 않겠다고 한다면 그는 아직도 덜 된 인간입니다. 처음부터 우리는 도움을 받았고, 앞으로도 많은 사랑과 도움을 받으며 살아가야 됩니다. 그런 인간이 되어야 합니다. 이것이 자유인입니다.

그런가하면, 최고보다는 최선을 따르라, 이것입니다. 최고라는 것은 곧 사라집니다. 그럴 필요가 없습니다. '최선, 나로서 최선을 다하라. 미루지 말고, 타이밍을 기다리지 말고 현재적으로 살아라.' 오늘 하루, 하루 한 끼, 이것이 중요한 것입니다. 맨 마지막 말은 이렇습니다. '오늘을 잘 살아야 한다. 오늘을 잘 못 사는 자에게 내일은 없다.' 오늘 속에서 행복감을 창조해야 됩니다. 행복감이 없다면 미래는 없습니다. 오늘의 의미와 목적을 모른다면 그에게 내일은 없습니다.

스탠포드 대학의 켈리 맥고니걸 교수가 쓴 「스트레스의 힘」이라는 유명한 책이 있습니다. 5년 동안이나 베스트셀러로 있었습니다. 흔히들 스트레스라고 하면 사람을 피곤하게 하고, 병들게 하는 것인 줄로만 알지만, 그는 5년 동안 많은 연구를 한 결과 스트레스가 생명의 힘이라고 주장합니다. 스트레스를 받아서 건강하고, 스트레스를 받아서 자기 능력을 발굴하게 되고, 나아가 자기 존재를 알게 된다는 것입니다. 우리 기독교인들로 말하면, 시련은 필요한 것입니다. 시련과 고난이 없이는 새사람도 없고, 창조도 없습니다. 이것이 성경적 메시지 아니겠습니까.

이스라엘 사람들은 애굽에서 430년 동안이나 노예생활을 하며 많은 고생을 했습니다. 그야말로 아무런 소망이 없었습니다. 이스라엘이라고는 하지만, 이름뿐입니다. 다 애굽에서 태어난 사람들입니다. 그리고 노예로서 태어난 사람들입니다. 노예근성으로 가득 찬 사람들입니다. 이런 사람들이 이제 하나님의 큰 능력으로 출애굽이라고 하는 영광을 얻습니다. 홍해를 건너 광야로 나옵니다. 자유인이 됩니다. 그러나 오늘본문말씀처럼 역사적으로 많은 사람들이 광야에서 죽었습니다. 모처럼 애굽에서 나왔는데도 그들은 꿈에도 잊지 못하는 가나안 땅에 들어가지 못하고 광야에서 죽었습니다. 왜 그랬을까요? 나이가 많아서 죽었다, 굶어죽었다, 하는 이야기가 아닙니다. 벌 받아서 죽었다는 것입니다. 하나님의 진노를 받아서 저들은 광야에 엎드려져 죽었다, 이것입니다. 죄목은 딱 한 가지, 원망입니다. 출애굽기가 말씀하고, 신명기가 말씀하고, 사도 바울이 고백합니다. 오늘본문도 말씀합니다. "원망하다가 죽었느니라!" 원망하면 자유인이 아닙니다. 원망하는 동안은 절대로 자유인이 아닙니다. 어떤 형편이든지 그렇습니다. 원망대신에 감사를 해야 되고, 찬양해야 됩니다. 그런 사람만이 자유인임을 잊지 말아야 합니다.

그럼 그들은 왜 원망했을까요? 저는 이렇게 생각합니다. 이스라엘 백성은 홍해를 건너서 광야로 나올 때 그 홍해가 눈앞에서 갈라지는 기적을 보았습니다. 광야에서도 하늘로부터 내려오는 만나를 먹고 살았습니다. 하나님께서는 그들에게 농사도 짓지 말라고 이르셨습니다. 그냥 주는 것 먹고, 하나님의 율법을 공부하고, 하나님의 말씀을 묵상하면서 편안하게 살아가라는 것이었습니다. 비록 아주 넉넉하지는 않지만, 살아가기에 부족하지 않습니다. 한데도 무엇 때문에 그렇게 원망을 하는 것입니까? 우리 마음속에 있는 이 원망, 모르는 사이에 조금씩 싹트는 이 원망을 지워버려야 됩니다. 한데도 왜 그랬을까요? 과거의 은혜를 잊었기 때문입니다. 요사이 많이 덥기도 하고 지내기가 좀 어렵습니다마는, 지금 우리가 다 경험하고 있잖아요? 6·25를 겪은 사람들은 불평하면 안 됩니다. 어떻게 살아남았는데, 원망의 소리를 합니까. 안 그렇습니까. 옛날부터 제가 우리 아버지께로부터 들은 말씀이 있습니다. 옛날에는 선풍기가 있습니까, 에어컨이 있습니까. 얼마나 덥습니까. 그렇게 더위로 고생할 때 덥다고 불평하면 아버지께서 이러셨습니다. "이놈아, 농사꾼의 아들은 덥다고 하면 못쓰느니라!" 왜요? 하루만 더 더워도 풍년이 되거든요. 이제 선바람이 나면 성장은 멎는 것입니다. 며칠만 더 더워도 풍년이 되는 것입니다. 그래서 이르신 것입니다. "참아라. 덥다고 함부로 입방아를 찧지 마라. 농사꾼의 아들은 덥다고 불평하면 못 쓴다!"

덥다고 불평한다고 더위가 가시는 것도 아니지 않습니까. 웬만하면 그냥 지내십시오. 제가 지난 주간에 안성에 가서 일월화수 나흘 동안 부흥회를 인도했습니다. 참 어려운 시간이었습니다. 왜요? 그 교회에는 에어컨이 없기 때문입니다. 선풍기만 돌아갑니다. 제가 거기서 지내는 동안 옛날 생각을 많이 했습니다. '옛날에는 선풍기도 없는 곳에서 설교를 하지 않았던가.' 그러면서 저는 제 입으로 불평하지 않을뿐더러, 마음으로 불평하지 않으려고 애를 썼습니다. 덥다고 하지 마십시오. 얼마나 옛날에 우리가 고생스럽게 살았습니까. 그런 날을 생각한다면 지금 얼마나 좋습니까. 제가 지금 이렇게 설교를 합니다마는, 이 얼마나 좋습니까. 전에 소망교회에 있을 때 보니까 교인들이 저녁예배에 참 많이 나왔더랬습니다. 그래서 왜들 이렇게 많이 나오시느냐고 했더니 에어컨이 좋아서 나온다는 거였습니다. 집에 있는 것보다 훨씬 시원하고 좋답니다. 그래 일찍부터 나오는 것입니다. 아무튼 여러분, 지난날의 고생을 생각하십시오. 지금 우리가 이럴 때가 아닙니다. 혹시라도 말 한마디 잘못하면 벌 받을 것입니다. 벌 받을 마음입니다. 어찌 그런 마음을 품을 수 있습니까. 그저 감사한 마음, 충만한 마음이어야지요. 과거의 은혜를 잊지 말아야 합니다. 출애굽기에서부터 계속 성경은 우리에게 말씀해주십니다. '애굽에서 종 되었던 때를 잊지 마라.' 우리가 일제 치하에서 고생하던 시절을 생각해보십시오. 6·25전쟁, 그 어렵고 가난했던 그 시절에 겪은 수많은 고생들을 생각해보십시오. 절대로 잊어서는 안 됩니다. 그래야 자유인이 될 수 있고, 자유를 지킬 수 있습니다. 행여 생각으로라도, 기분으로라도 원망해서는 안 됩니다. 왜요? 받은 은혜가 너무나 크니까요.

뿐만 아니라, 약속의 땅 가나안을 잊어서는 안 됩니다. 이 모든 과정을 거쳐서 우리는 하늘나라로 가고 있는 것입니다. 하나의 교과과정입니다. 다 필요한 코스입니다. 또한 이 민족이 가는 길도 마찬가지입니다. 하나님께서 주신 약속의 땅 가나안을 잊어서는 안 됩니다. 이걸 믿었으면 이스라엘은 원망하지 않았을 것입니다. 현실적으로 더 중요한 것은 그들이 하나님의 능력과 지혜와 섭리를 믿어야 했다는 것입니다. 이 모든 것은 필요한 것입니다. 이런 일도 필요하고, 저런 일도 필요합니다. 요새 정치적으로 어쩌고저쩌고 합니다마는, 저는 가만히 생각해보니 다 필요한 것입니다. 이 과정이 꼭 필요하더라고요. 제가 이런 생각도 해봅니다. '하나님께서는 재주도 참 좋으시다. 어찌 이걸 이렇게 몰고 가시나?' 이 민족을 하나님께서 사랑하셔서 하나하나 인도하시는 걸 보면 참 기가 막히다는 생각을 할 때가 많습니다. 하나님의 섭리를 보고 오늘을 생각해보십시오.

그런고로 여러분, 시간적으로 조급해하지 마십시오. 이스라엘 백성들이 가나안 땅에 갈 때 실은 열나흘 정도 시간이면 충분합니다. 그걸 40년 동안 가게 하였으니, 그 하나님의 시간표가 참 마음에 안 들었습니다. 그래서 '아이고, 왜 이렇게 40년이나 광야를 떠돌게 하시나?' 한 것입니다. 그러나 하나님께는 꼭 필요한 시간이었습니다. 왜요? 아직도 이스라엘 백성들이 정신을 못 차렸으니까요. 가나안 땅에 들어갈 만한 사람들이 되지를 못한 것입니다. 인간성이 수준미달이었습니다. 신앙의 자세가 아직 못되었습니다. 어렵고 고된 훈련을 좀 더 겪어야 했습니다. 그래서 성경을 자세히 보면 가데스바네아까지 왔다가 도리어 광야로 돌아갔다는 기록이 있지 않습니까. 하나님께서 그렇게 인도하셨습니다. 자격미달이었던 것입니다. 아직 멀었습니다. 다시 광야로 들어갑니다. 우리가 겪는 이 모든 사건들 속에는 하나님의 섭리가 있고, 크고 귀한 인도하심과 경륜이 있습니다. 이걸 잊지 마십시오. 믿고 나아가야 합니다.

또 한 가지, 이스라엘 사람들을 가만히 보면 알게 모르게 하나님을 많이 원망합니다. 따지고 보면 몹시 사치스러운 원망입니다. 성경에는 참 재미있는 말씀들이 많습니다. '마늘과 부추가 없어서……' 정력이 떨어져서 못 살겠다고 그랬습니다. 아니, 먹을 것이 없다는 말까지는 이해합니다. 정력이 떨어져서 못 산다는 게 무슨 소리입니까? 세상에, 광야에서 이런 원망을 하고 앉아 있었다니까요? 얼마나 사치스러운 원망입니까. 또 있습니다. '먹고 뛰놀더라.' 하나님을 섬기는 것은 그들에게 너무나 경건한 일입니다. 그래 그저 먹고 뛰놀기를 바라는데, 그게 잘 안 되는 것입니다. 그래서 원망하고 불평했다고 성경은 말씀합니다. 그리고 가장 큰 문제는 잠깐이라도 모세가 보이지를 않는다는 것이었습니다. 모세가 시내산에 올라가서 하나님을 뵙고 있는 동안 백성들은 모세를 볼 수가 없었습니다. 눈에 보이는 게 없을 때, 하나님의 대표자가 눈앞에 없을 때, 하나님의 말씀이 들려오지 않을 때 저들은 하나님을 초조하게 원망했습니다. 만나와 생수로 일용할 양식을 먹여주시는 하나님의 이 교과과정, 이 어려운 시련을 조용하게 참고 견뎌야 했는데, 그들은 그렇지를 못했습니다. 성경은 계속 말씀합니다. "조용하여 내가 하나님 됨을 알라. 소란을 떨지 마라." 조용하여 하나님 됨을 알라! 그것이 언제입니까? 따라가야 합니다. 어떤 방법입니까? 그대로 받아들여야 합니다. 조용하여 하나님을 뜻을 알고…… 여기에 하나 덧붙이고 싶습니다. 하나님의 뜻을 알고 조용히 기다리는 것만이 아니고, 믿고 감사할 수 있어야 한다, 이것입니다. 원망의 반대는 침묵이 아닙니다. 인내가 아닙니다. 믿음만이 아닙니다. 감사 찬송입니다. 원망 대신에 하나님을 찬송하고, 하나님을 찬송할 수 있을 때 원망을 이길 수 있습니다. 여러 가지 원망을 다 이기고 주님을 믿고, 주의 영광을 찬양하게 될 때 원망 없는 백성이 되고, 원망 없는 백성이 될 때 가나안에 들어갈 수 있는 것입니다. 이걸 잊지 말아야 합니다.

오늘도 여러분 혹시라도 마음에, 생각에 조금이라도 여러 가지 일로 말미암아 원망하는 바가 있습니까? 그 원망의 그림자를 깨끗이 제거해야 됩니다. 그리고 순수한 마음으로 하나님께서 약속해주신 가나안 땅을 바라보며 조용하여 하나님 됨을 알고 기다리는 믿음의 사람들이 되어야겠습니다. 여러분, 그저 어떤 일에도 감사하기를 잊지 마십시오. 감사의 조건을 생각하십시오. 지난날에 주신 은혜, 오늘 주시는 은혜, 앞에 주신 약속을 바라보면서 '주여, 감사합니다. 내 잔이 넘치나이다!' 할 때 모든 어두운 그림자를 다 몰아낼 수 있습니다. 온전한 자유함이 우리와, 우리 민족과 함께하기를 바라는 마음입니다. △

나는 아버지께로 가노라

이것을 비유로 너희에게 일렀거니와 때가 이르면 다시는 비유로 너희에게 이르지 않고 아버지에 대한 것을 밝히 이르리라 그 날에 너희가 내 이름으로 구할 것이요 내가 너희를 위하여 아버지께 구하겠다 하는 말이 아니니 이는 너희가 나를 사랑하고 또 내가 하나님께로부터 온 줄 믿었으므로 아버지께서 친히 너희를 사랑하심이라 내가 아버지에게서 나와 세상에 왔고 다시 세상을 떠나 아버지께로 가노라 하시니 제자들이 말하되 지금은 밝히 말씀하시고 아무 비유로도 하지 아니하시니 우리가 지금에야 주께서 모든 것을 아시고 또 사람의 물음을 기다리시지 않는 줄 아나이다 이로써 하나님께로부터 나오심을 우리가 믿사옵나이다 예수께서 대답하시되 이제는 너희가 믿느냐 보라 너희가 다 각각 제 곳으로 흩어지고 나를 혼자 둘 때가 오나니 벌써 왔도다 그러나 내가 혼자 있는 것이 아니라 아버지께서 나와 함께 계시느니라 이것을 너희에게 이르는 것은 너희로 내 안에서 평안을 누리게 하려 함이라 세상에서는 너희가 환난을 당하나 담대하라 내가 세상을 이기었노라

(요한복음 16 : 25 - 33)

나는 아버지께로 가노라

어느 날, 한 남자가 회사 일을 다 마치고 나서 차를 타고 자기 집으로 돌아가다가 집 근처의 공원에 잠시 차를 세웠습니다. 마침 그 공원에서는 동네 꼬마들이 야구시합을 하고 있었습니다. 그는 차에서 내려 그 모습을 잠깐 구경하게 되었습니다. 1루 쪽에 앉은 남자는 1루 수비수에게 조용히 물었습니다. "지금 스코어가 어떻게 되니?" 그랬더니 그 아이가 웃으면서 대답합니다. "우리가 14대 0으로 지고 있어요." 그가 그 꼬마에게 다시 물었습니다. "그래? 아니, 14대 0으로 지고 있는데, 어째서 네 얼굴에는 절망의 그늘이 없지? 너는 어찌 그렇게 방글방글 웃고 있니?" 그랬더니 이 어린아이가 웃으면서 하는 말 좀 보십시오. "왜 우리가 절망하죠? 우리는 아직 한 번도 공격해본 일이 없거든요. 아직도 9회 말이 남아 있지 않습니까." 여러분, 생각해봐야 됩니다. 인생은 9회 말로 결정합니다. 성공했다 실패했다, 잘했다 못했다…… 그만 하고 앞에 있는 9회 말을 생각해야 할 것입니다.

참승리라는 것은 언제나 저 먼 데 있는 것입니다. 아시는 대로 '성공했다!' 하면 벌써 그때부터 불안해집니다. 아무리 박수를 치고, 환호하고, 자랑을 해봐도 단에서 내려오는 순간부터 불안합니다. 요새 인기 있는 연예인들이 종종 그만 정신이 혼미해지고 너무 불안해서 아무 일도 할 수 없는 무기력증에 빠지는 경우가 있습니다. "왜 이렇게 무기력하게 되었습니까?" 하고 물으면 대답이 이렇습니다. "언제 인기가 떨어질지 모르기 때문에 불안해서 그렇습니다." 자신이 누리는 인기, 그거 계속되는 것이 아니거든요. 이제부터는 무너질 일만 남은 것입니다. 산이란 올라만 가는 것이 아닙니다. 내려올 준비를 해야 합니다. 내려올 때 생각을 해야지요. 내려올 준비가 없기 때문에 아찔한 것입니다. 그래서 그만 사람들이 얼빠진 상태가 되고, 무기력증에 빠지는 것입니다. 이런 것은 처음부터 뭔가 잘못된 생이었다고 생각해봅니다.

저는 많이 생각한 끝에 말씀드리고 싶은 것이 있습니다. 유명한 랍비가 써놓은 글입니다. '세상에서 가장 행복한 사람이 누구일까?' 이 글에서 그는 열 가지를 말합니다. 세밀하게 조목조목 말했는데, 두 가지가 기억에 남습니다. 첫째, 가장 행복한 사람은 죽을 때까지 건강한 사람이라는 것입니다. 요새 와서 보면 많은 분들이 지병으로 돌아가실 때까지 너무나 여러 해 동안 시달립니다. '복은 다른 데 있는 것이 아니다. 얼마를 사느냐는 중요하지 않다. 죽을 때까지 건강한 사람이 가장 행복한 사람일 것이다.' 이 말이 아주 실감나게 들립니다. 그리고 열째가 중요합니다. 아주 어려운 일입니다. 죽을 때 자녀들로부터 존경받는 사람이 가장 행복한 사람이라는 것입니다. 효도하고 사랑하고는 다릅니다. 사랑하고 존경은 또 다릅니다. '사랑이 아니고, 효도가 아니고, 존경받는 부모가 될 때 그가 행복한 사람이다.' 생각할수록 진리입니다.

성공은 저 앞에 있는 것입니다. Final triumph, 마지막 승리는 과거에 있는 것도 아니고, 현재도 아닙니다. 저 앞의 종말에 있는 것입니다. 오늘 예수님께서 하신 말씀은 제 마음에 있는 좌우명이기도 합니다. 너무나 귀중한 말씀입니다. "내가 세상을 이기었노라(33절)." 여러분, 예수님께서 십자가를 지시기 바로 몇 시간 전에, 십자가가 눈앞에 다가오는 걸 다 아시면서, 그 모진 십자가, 그 재판, 그 어려운 고난을 다 눈앞에 환히 바라보시면서 하신 말씀입니다. "내가 세상을 이기었노라." 이 신비로운 뜻을 알 수만 있다면 세상에 풀지 못할 문제가 없습니다. 그래서 저는 이 말씀을 사랑합니다. "내가 세상을 이기었노라." 승전가입니다. 십자가를 지시기 몇 시간 전에 하신 말씀입니다. 겟세마네 동산에서 체포되시어 이 법정, 저 법정, 빌라도 법정, 마지막에 골고다 언덕에서 십자가에 돌아가시는 그 어려운 일들을 환히 전망하시면서 하시는 말씀입니다. "내가 세상을 이기었노라." 이 말씀의 뜻은 십자가를 안 지신다는 것도 아니고, 십자가를 피하신다는 것도 아니고, 십자가를 지우겠다는 사람들을 진멸하시겠다는 것도 아닙니다. 십자가를 지시겠다는 것입니다. 지실 것입니다. 자원해서 지실 것입니다. 그리고 말씀하십니다. "내가 세상을 이기었노라." 이 신비로운 의미를 꼭 깨달아야 합니다. 이것만 깨달을 수 있다면 이 세상에 풀지 못할 일이 없습니다.

참승리라는 것은 아느냐 모르느냐에 있습니다. 예측하지 못하고 그저 당하는 것은 다 실패합니다. '이럴 줄 몰랐다. 그 사람이 그럴 줄 몰랐다. 세상이 이런 줄 몰랐다.' 몰랐으면 실패한 것입니다. 알았어야지요. '그럴 줄 알았다.' 이것이 승리입니다. '그럴 줄 알았어. 그 사람이 그럴 줄 알았어. 세상이 그럴 줄 알았어.' 몰랐다는 것은 전부가 패배입니다. '알았어. 그럼, 그럴 줄 알았어. 내 벌써부터 그럴 줄 알았어.' 이것은 이긴 것입니다. 진 것이 아닙니다. 예수님께서 말씀하십니다. "아버지께로부터 와서 아버지께로 가노라. 알고 있었다. 내가 아버지께로 갈 시간이 되었다는 걸 알고 있다."

종교개혁자 칼뱅은 그의 저서인 「기독교강요」에서 이렇게 말합니다. 요점입니다. '인간의 생에는 두 가지가 중요하다. 하나는 인간이 순례자라는 걸 잊지 말라는 것이다.' 순례자한테는 목적지가 있습니다. 그 최종목적을 향해서 모든 고난을 참고 견디는 사람, 그가 순례자입니다. 그런가하면 그는 또 말합니다. '계속적으로 자기부정을 하는 것이다. 순례자의 신분에 합당치 않은 것, 가까이하지 말아야 할 것, 욕심내지 말아야 할 것, 사랑하지 말아야 할 것을 다 털어버려야 한다. 그리고 깨끗한 영혼으로 하나님 앞에 나아가야 한다. 이것이 신앙생활이다.'

예수님께서 말씀하십니다. "아버지께로 왔다가 아버지께로 가노라." 아버지께로 오실 때에는 베들레헴에서 왔습니다. 아버지께로 가실 때에는 골고다에서 가십니다. 십자가를 지고 가십니다. 이 엄청난 신비를 거듭거듭 생각하고, 이 진리를 터득하면 세상을 이기는 것입니다. 뿐만 아니라, 예수님께서는 승리감에 취해 계십니다. "내가 세상을 이기었노라. 내 기쁨을 빼앗을 자가 없다. 이 평안과 기쁨을 너희에게 주노라." 예수님께서는 끌려가며 살지 않으셨습니다. 자원해서 사셨습니다. 피동적으로 사신 게 아닙니다. 능동적으로 사셨습니다. 다 아시고, 이 십자가의 길을 선택하여 가십니다. 여기에 문제가 있습니다.

프랑스의 신학자 샤르텡의 몇 가지 중요한 말이 있습니다. '십자가의 승리란 무엇을 의미하느냐?' 그는 나름대로 실존주의적인 견지에서 이렇게 이해합니다. '첫째는 순결함의 승리다. 어떤 것에도 타협하지 않고, 어떤 불의와도 타협하거나 거기에 젖어들지 않고, 깨끗하게, Purity, 순결함을 지켜간 그것이 승리다.' 오늘도 보니까 청문회를 한다, 뭘 한다 야단들인데, 보면 걱정입니다. 어디 쓸 만한

게 있어야지요? 왜 그렇게 허물들이 많습니까? 왜 그렇듯 도대체 말로 할 수도 없는 부끄러운 일들이 많은 것입니까? 추악하기가 이루 말할 수가 없습니다. 참 생각하기도 싫습니다. 어쩌다가 이 모양이 되었느냐, 이 말입니다. 지도자라는 사람들이 어째서 이 모양인가 말입니다. 그런 전혀 존경스럽지 않은 인격들을 볼 때 마음이 아픕니다. 그렇다면 다른 사람들은 또 우리에게 실망하겠지요. 여러분에게 묻습니다. 여러분은 얼마나 깨끗하십니까? Purity, 청결함의 승리, 깨끗함의 승리, 이것이 진정한 승리입니다. 하늘을 보나, 땅을 보나 한 점 부끄러움이 없는 이것이 승리입니다. 또 하나는 Charity입니다. 사랑입니다. 끝까지 사랑해야 됩니다. 사랑하지 못할 사람도 사랑해야 합니다. 사랑받지 못하고도 사랑해야 합니다. 원수까지도 사랑해야 합니다. 적어도 내 마음속에는 사랑의 한계가 없어야 합니다. 모든 사람을 사랑해야 합니다. 모든 사람을 믿고, 모든 경우에 소망을 가져야 합니다. 이것이 승리입니다.

그런가하면 그는 또 자기 부정의 승리라고 말합니다. 겟세마네 동산에서 기도하실 때 예수님께서는 "내 뜻대로 마옵시고 아버지의 뜻대로 하옵소서!" 하셨습니다. 아버지의 뜻, 하는 순간 십자가로 가시는 것입니다. 이걸 선택하셨습니다. 예수님께서 그렇게 기도하셨습니다. "내 뜻대로 마옵시고, 아버지의 뜻대로 하옵소서." 여기서부터 자원적으로, 자발적으로 선택하시어 십자가를 지시게 됩니다. 이것이 승리입니다. 끌려가시는 것이 아닙니다. 선택하신 것입니다. 여기에 참 승리의 의미가 있습니다. 처음부터 그러셨습니다. 마태복음 20장에서 예수님께서는 이렇게 말씀하십니다. "내가 세상에 온 것은 섬김을 받으려 함이 아니요 섬기려 하고 대속물로 주려고 왔노라." 처음부터 섬기시는 것입니다. 섬기기 위하여 왔다고 하셨습니다. 우리 마음속에 고민이 있다면 그것은 섬기려 하지 않고 섬김을 받으려 하기 때문입니다.

얼마 전에 잠깐 TV프로를 보다가 한참 웃었습니다. 굉장히 가부장적인 남편이 있습니다. 평소 방 한 번 쓸지 않고, 이부자리 한 번 개지 않습니다. 그저 철저하게 왕 같은 대접만 받으려 합니다. 그 부인은 부인대로 남편을 위해서 일생을 봉사했습니다. 어느 날, 부인이 직장에 갔다 돌아와 보니 남편이 앞치마를 두르고 저녁 밥상을 차려놨습니다. 부인이 깜짝 놀라서 "이거 웬일이오? 천지가 개벽했나?" 했더니 남편이 빙그레 웃으면서 "그동안 당신이 나를 섬겼는데, 내가 오늘 밥상을 한 번 차렸기로서니 뭐 그렇게 대단하겠소?" 했답니다. 괜찮은 남편 아닙니까. 쓸 만한 남자입니다. 지금까지 섬김을 받았으면 이제부터라도 한 번 섬겨보면 안 되겠습니까. 철 좀 납시다. 섬기는 마음으로 '나는 이제 종이다!' 하고 종의 모습으로 가야 됩니다. 이것이 승리입니다.

그런가하면 예수님께서는 제자들을 신뢰하셨습니다. '내 평안을 너희에게 주노라. 이것은 세상이 주는 것과는 다르다. 내가 세상을 이기었노라. 이것은 바로 너희도 세상을 이긴다는 것을 의미한다.' 제자들을 믿으셨습니다. 그래서 결론적으로는 예수님의 열한 제자, 맛디아까지 합쳐서 열두 제자들이 다 순교합니다. 대단한 일입니다. 이거 하나만 가지고도 예수 그리스도는 위대하십니다. 제자들 가운데 하나만 제대로 되어도 대단한 일인데, 열두 제자가 다 예수님 뒤를 따라 순교한 것입니다. 이보다 더 확실한 증거가 어디에 있겠습니까. 예수님께서는 제자들을 믿으셨습니다. 배신당하는 마음으로 십자가를 지신 것이 아닙니다. 도망가는 제자, 예수를 부인하는 제자를 보면서도 예수님께서는 믿으셨습니다. 저들이 회개하고 돌아와 교회를 위해 봉사하고 순교하게 될 것을 환히 바라보고 계십니다. "내가 세상을 이기었노라." 예수님께서는 십자가의 고난을 당하시면서도 승리감에 취해 계십니다. 빌라도의 법정에서, 골고다의 언덕에서 모진 고생을 하시지만, 예수님의 마음 깊은 곳에서는 "내가 세상을 이겼노라!" 하십니다. 이 신비, 이 놀라운 진리를 항상 우리가 다시 한 번 터득해야 하겠습니다.

켄트 너번(Kent Nerburn)은 「작은 유산」이라는 저서에서 이런 말을 합니다. '인생은 하나의 여정이요 여행이다. 그렇다면 모험을 즐길 줄 아는 사람이 되어야 한다.' 앞에 생각지 않은 일들이 많이 있습니다. 그러나 그것을 넘어서면 그때마다 통쾌한 새로운 세계를 발견할 수 있으니까 모험을 즐겨야 된다, 이것입니다. '뜻하지 않았던 일들이 내 앞에 올 때 그것을 두려워해서는 안 된다.'

그런가하면 나그네 됨을 확인하리라는 것입니다. 왜요? '모든 것은 프로세스다. 다 지나가는 것이다.' 이것도 지나가고, 저것도 지나가고, 다 무상한 것입니다. 내가 돈을 쥐고 있어도 지나가고, 내가 명예를 가졌어도 지나가고, 내 건강을 가졌어도 지나갑니다. 한계가 있는 것입니다. 얼마 뒤에 다 사라질 것입니다. '인생은 프로세스다. 영원한 하늘나라로 가는 과정이다. 이 과정은 필요한 것이다. 하나님께서 꼭 필요하셔서 내게 주시는 과정이다. 시련의 과정이라는 것을 받아들여야 한다. 뿐만 아니라, 여러 모양의 사람을 만나게 되고, 여러 사건을 만나게 될 것이다. 그때마다 내가 누구인가를 발견하게 되는 것이다.' 이런 사건을 만날 때 '내가 이 정도밖에 되지 않는구나!' 하고 깨닫습니다. 엄청난 일을 만났을 때 내가 얼마나 초라한 존재인지를 비로소 알게 됩니다. 나 자신을 발견합니다. 나 자신을 똑바로 아는, 그런 의미의 순례자가 되는 것입니다. 여러분, 예수님께서 하신 귀한 말씀을 잊지 마십시오. "아버지께로 가노라!" 이 말씀 뒤에 바로 체포되십니다. 이 말씀 뒤에 십자가가 있습니다. 십자가라는 엄청난 사건을 환히 보시면서 "나는 아버지께로 가노라!" 하십니다. 아버지께로 가는 과정이 십자가의 길입니다. 그러나 마지막 궁극의 관심은 예수님께서 아버지께 계시다는 것입니다. 아버지께로 오셨다가, 아버지 집에서 사시다가, 아버지의 말씀을 따르시다가, 아버지께로 가십니다. 여러분, 세상이 무너진다고 생각하십니까? 아쉬워할 것 없습니다. 어차피 떠나야 될 테니까요. 이제는 '가까워지고 있는 하나님 나라'가 보여야 됩니다.

제가 옛날에 플러 신학교에서 공부할 때 맥가브런이라는 유명한 교수님을 존경했고, 또 그분의 사랑을 많이 받았습니다. 어느 학기에는 그분의 강의 세 과목을 선택한 적이 있는데, 정말 훌륭한 교수님이십니다. 인도에서 20년 동안 선교사 생활을 하고, 미국에 가서 공부하고, 박사가 되고, 교수가 된 어른입니다. 제가 그분을 더욱 존경하고 싶은 것은 그 마지막입니다. 학교 일을 다 마치고 저 시골로 가서 조용하게 지내면서 그 많던 책들을 다 치워버리고 오로지 성경만 보시는 것입니다. 그래서 시편, 잠언, 요한복음, 로마서를 다 외웁니다. 마지막까지 성경을 이렇게 외우시다가 제자들의 손을 잡고 빙그레 웃으시면서 주님 앞으로 가셨습니다. 그래서 더 존경스럽습니다. 그는 신학을 가르치시기만 한 것이 아니라, 신학을 실천하셨고, 그냥 믿음에 대해서만 말씀하신 분이 아니라, 믿음대로 사셨습니다. 세상을 이기신 것입니다. 죽음도 이기셨습니다.

여러분, 멀어지는 세상을 보십니까? 그냥 멀어지라고 그러십시오. 가까워지고 있는 하나님 나라가 있습니다. 이제 무엇인가 환하게 앞이 보여야 합니다. 하늘나라가 보여야 합니다. 환하게 바라보며 사도 바울처럼 위에서 부르시는 상을 위하여 좇아가는 이것이 바로 승리입니다. 오늘 예수님께서 "아버지께로 가노라!" 하신 그 귀한 말씀의 신비로운 의미를 완전히 깨닫고, 느끼고 '우리 또한 아버지께로 가노라!' 해야 합니다. 아버지께로 가는 길이 환하게 보여야 합니다. 그리고 오늘을 사는 것입니다. △

내게 줄로 재어준 구역

하나님이여 나를 지켜 주소서 내가 주께 피하나이다 내가 여호와께 아뢰되 주는 나의 주님이시오니 주 밖에는 나의 복이 없다 하였나이다 땅에 있는 성도들은 존귀한 자들이니 나의 모든 즐거움이 그들에게 있도다 다른 신에게 예물을 드리는 자는 괴로움이 더할 것이라 나는 그들이 드리는 피의 전제를 드리지 아니하며 내 입술로 그 이름도 부르지 아니하리로다 여호와는 나의 산업과 나의 잔의 소득이시니 나의 분깃을 지키시나이다 내게 줄로 재어 준 구역은 아름다운 곳에 있음이여 나의 기업이 실로 아름답도다 나를 훈계하신 여호와를 송축할지라 밤마다 내 양심이 나를 교훈하도다 내가 여호와를 항상 내 앞에 모심이여 그가 나의 오른쪽에 계시므로 내가 흔들리지 아니하리로다 이러므로 나의 마음이 기쁘고 나의 영도 즐거워하며 내 육체도 안전히 살리니 이는 주께서 내 영혼을 스올에 버리지 아니하시며 주의 거룩한 자를 멸망시키지 않으실 것임이니이다 주께서 생명의 길을 내게 보이시리니 주의 앞에는 충만한 기쁨이 있고 주의 오른쪽에는 영원한 즐거움이 있나이다

(시편 16 : 1 - 11)

내게 줄로 재어준 구역

언젠가 3백여 명이 탄 배 한 척이 큰 풍랑을 만나 파선되면서 모두가 그만 바다 밑에 수장되는 비극이 있었습니다. 그런데 한 젊은 선원이 널빤지 한 쪽을 붙잡아 타고 표류하여 어느 작은 무인도에 도착하게 됩니다. 그는 그 섬에 올라가 모래사장에 엎드려 하나님께 감사기도를 드렸습니다. "3백여 명이 다 죽는 그 엄청난 사건 속에서 저 하나를 살려주셔서 감사합니다." 이렇게 감사기도를 드리고, 좌우를 돌아보았는데, 정말로 사람 하나 없는 무인도입니다. 원시림에 짐승들만 있습니다. 그래 그는 거기에서 나무열매를 따먹으며 지냅니다. 그리고 장대 끝에다가 자기 옷 찢은 것을 걸어서 만든 깃발을 하루 종일 흔들어댑니다. 혹시라도 알아보기를 기대하면서 수평선 저 멀리 지나가는 배를 향해 신호를 보내는 것입니다. 여기에 사람이 있으니 제발 와주기를 바라면서요. 그렇게 깃발을 하루 종일 흔들고, 흔들고, 또 흔들며 기다립니다. 그러나 아무리 기다려도 배는 오지 않습니다. 게다가 시일이 흘러 날씨가 점점 추워집니다. 겨울이 다가오는 것입니다. 하는 수 없이 그는 겨울을 나기 위해서 땅을 파고 거기에 꺾어온 나뭇가지를 이 모양 저 모양으로 얽어 움막을 하나 지었습니다. 한데 어느 날 저녁에 불씨를 잘못 간수하여 그만 불이 납니다. 그가 그렇듯 소중하게 만들어놓은 움막집이 홀랑 불타버렸습니다. 이때부터 이 청년은 본격적으로 하나님을 원망하기 시작합니다. "하나님, 다들 죽을 때 저도 같이 죽도록 내버려두시지, 왜 저를 살려주셔서 이 고생을 하고, 이렇듯 외롭고 비참하게 죽음을 맞이하게 하십니까?" 이렇게 하나님을 원망하고 또 원망했습니다. 그러다가 피곤해서 잠이 들었습니다. 그런데 웬일입니까? 큰 배가 커다랗게 고동소리를 울리면서 그 무인도로 다가옵니다. 그는 벌떡 일어나 해변으로 나가서 배를 불렀습니다. 그래 그 배에 올라서 선장한테 인사했습니다. "어떻게 제가 여기에 있는 줄 알고 오셨습니까? 감사합니다." 그랬더니 선장이 하는 말이 이랬습니다. "그건 내 알 바가 아니오. 연기가 나서 웬일인가 해서 왔을 뿐입니다." 자기 움막집이 타버려야 살 길이 열린다는 것을 이 청년은 모르고 있었던 것입니다. 우리가 당하는 많은 불행이 있습니다마는, 그 불행한 사건들이 있어서 오늘 내가 있다는 것, 이걸 잊어서는 안 됩니다.

최근 심리학자들의 유명한 말이 있습니다. '인간은 자신이 생각하는 대로 변화하는 존재다.' 이 말의 뜻은 이것입니다. '변화하는 대로 생각하는 것이 아니고, 생각하는 대로 변화하는 것이다.' 내가 어떻게 생각하느냐에 따라서 내 운명이 바뀝니다. 인간의 지혜가 어디에 있겠습니까? 성경이 말씀하는 소중한 지혜의 근본은 창조주를 아는 것입니다. '천지가 창조되었고, 하나님께서 천지를 창조하셨고, 그 창조의 섭리 가운데 내가 있다.' 창조주를 아는 것이 지혜의 근본입니다. 이것이 바른 생각의 출발점입니다. 다음은 내가 피조물됨을 아는 것입니다. 창조주를 알고, 내가 피조물임을 아는 것입니다. 나는 창조주가 아닙니다. 어디까지나 피조물일 뿐입니다. 역사를 보면 인간은 수많은 잘못과 큰 실수를 저질러왔습니다. 그 실수들 가운데 가장 큰 것이 여러분도 잘 아시는 대로 공산주의입니다. 공산주의라는 사상으로 말미암아 얼마나 많은 사람들이 손해를 보고 피해를 입었습니까. 그 뿌리가 어디에 있습니까? 근본으로 올라가면 니체의 초인간 사상입니다. 그는 신을 부정했습니다. '신이 어디에 있느냐? 사람이 신이다.' 이렇게 창조주를 부정하면서부터 파생된 것이 바로 공산주의 철학입니다. 무신론입니다. 그 무서운 결과를 우리가 보지 않았습니까. 그런고로 가장 중요한 것은 인간은 피조물이지 창조주가 아니라는 사실입니다. 이걸 잊지 말아야 합니다. 그런고로 셋째는 인간은 피조물이기에 주어진 생을 산다, 이것입니다. Limitation, 한계를 아는 것입니다. 주어졌습니다. 우리의 건강도, 우리의 지식도, 우리의 재물도 다 주어진 한계가 있습니다. 이 한계 속에 우리는 살아가는 것입니다.

여러분, 일생을 놓고 볼 때 앞으로 시간이 얼마나 남았다고 생각하십니까? 이제 한계가 우리 앞에 있습니다. 이걸 잊어서는 안 됩니다. 그런고로 할 수 있는 일이 있고, 할 수 없는 일이 있습니다. '뭐든지 하면 다 된다. 노력하면 된다.' 이것은 유치한 소리입니다. 아무리 애써도 안 될 것은 안 되고, 될 것은 되는 것입니다. 한참 새마을운동을 할 때 제가 새마을운동본부에 강사로 많이 나갔더랬습니다. 그곳에 딱 들어서면 벽 위에 크게 써 붙인 것이 있습니다. '하면 된다. 안 되면 되게 하라.' 그래서 제가 들어서서 강의하면서 첫 번째 시간에 말했습니다. "안 될 것은 안 됩니다." 하면 된다는 것은 인간의 의지를 고양하는 동기로는 좋지만, 하면 다 된다고 생각해서는 안 되는 것입니다. 안 될 것은 안 된다는 것을 아는 것, 이것이 바로 우리 인간의 마땅한 도리다, 하는 이야기입니다.

이스라엘 사람들의 지혜를 모아놓은 「탈무드」에 사람의 행복 세 가지가 나옵니다. 첫째, 일이 있는 사람이 행복합니다. 일거리가 있다는 것은 그 사람이 그 일을 할 수 있다는 뜻입니다. 또 어떤 가능성이 있기 때문에 그에게 일거리가 주어지는 것입니다. 여러분, 직장에 다닐 때에는 그저 오늘은 좀 쉬었으면 좋겠다 싶고, 휴일이 돌아오기만 기다리게 되고, 심지어 어떤 때에는 빨리 은퇴했으면 좋겠다 싶지 않습니까. 하지만 막상 은퇴해보십시오. 금세 생각이 바뀝니다. 출근하는 사람들이 그렇게 부러울 수가 없습니다. 일이 있다는 것, 물론 힘들지요. 그래도 일이 있다는 것은 삶의 존재의식을 말하는 것이거든요. 내게 일이 없다는 것, 할 일이 없다는 것은 내가 그만큼 쓸모가 없다는 뜻입니다. 사람은 어쨌거나 일이 있어야 됩니다. 일이 있다는 사실 그 자체가 행복의 요소임을 잊지 말아야 됩니다.

둘째가 중요합니다. 그 일을 즐겨야 한다는 것입니다. 일을 해도 억지로 하고, 죽지 못해서 하고, 만부득이해서 하고, 돈을 벌기 위해서 하고, 목구멍이 포도청이니까 할 수 없이 한다면 곤란합니다. 잘못된 일입니다. 일을 즐겨야 됩니다. 통계학적으로 봐도 일을 즐기는 사람들이 오래 삽니다. 예술가들을 보십시오. 그림 그리는 사람들, 오래 살지 않습니까. 백 세가 되도록 삽니다. 왜요? 일을 즐기니까요. 돈 벌기 위해서 일하는 것이 아닙니다. 그림 그리는 것을 그저 즐깁니다. 음악 하는 사람들도 보십시오. 돈 벌기 위해서 음악을 한다면 그 사람 미치지 않겠습니까. 그러나 그들은 음악 자체를 즐깁니다. 돈은 뒤따라오는 것입니다. 즐기면서 살기 때문에 오래 사는 것입니다. 작곡가, 지휘자, 화가가 다 그런 사람들입니다. 다 일을 즐기는 사람들입니다. 일을 직업으로 생각하지 않고, 노동으로 생각하지 않고, 일을 취미로 생각했습니다. Play, 즐거움입니다. 이렇게 생각하고 사는 것이 행복한 삶의 비결입니다.

셋째도 중요합니다. 가진 것에 만족해야 한다는 것입니다. 얼마를 살든, 주어진 것에 만족해야 합니다. 내게 주어진 건강에 만족하고, 내게 주어진 지능과 지식도 만족하게 여겨야 합니다. 지위든 물질이든, 우리가 소유한 것은 다 주어진 것입니다. 얼마를 가졌든 만족하게 살아야 합니다. 내가 가진 것이 소중한 것입니다. 더 많이 가져야겠다고 욕심을 내지 말고, 가진 바를 소중히 여기는 것이 행복의 근본입니다. 이렇게 랍비들은 가르치고 있습니다.

오늘본문에 중요한 말씀이 있습니다. "내게 줄로 재어 준 구역은 아름다운 곳에 있음이여 나의 기업이 실로 아름답도다(6절)." 여기서 '줄로 재어 준 구역', '나의 기업'은 쉽게 말하면 조강지처입니다. 내게 주어진 건강, 지식, 돈, 물질이 다 마찬가지입니다. 하나님께서 줄로 딱 재어주시면서 이르신 것입니다. "너는 이만큼 가지고 살아라. 이만큼 일하고 살아라. 이만큼 살아라." 이렇게 하나님께서 줄로 재어주신 것, 어떻게 받아들여야 하겠습니까? 아름다운 곳에 있습니다. 하나님께서 내게 주어진 것, 주신 바 아름다운 것입니다. 그런 마음, 그런 감사, 그런 간증이 하나님의 사람의 기본적인 자세라는 말씀입니다. 잠언 16장 9절은 말씀합니다. "사람이 마음으로 자기 길을 계획할지라도 그 걸음을 인도하시는 자는 여호와시니라." 사람이 이 모양 저 모양으로 계획하고 노력하지만, 마지막에 보면 줄로 재어주신 데가 딱 있습니다. '여기까지만 네 것이다. 이것만 네가 할 수 있는 일이다.' 이걸 빨리 알고 그에 합당하게 살았어야 하는 것이지요. 줄로 재어주신 구역에 대해서 감사하고, 행복해하고, 즐기고, 또 나아가 찬양해야 됩니다. 이렇게 하나님을 찬양하는 마음으로 살아갈 것입니다.

유명한 미국의 초대 대통령 조지 워싱턴이 어렸을 때 이런 일이 있었습니다. 어느 날 저녁 그가 어머니의 손을 잡고 장을 보러 갔습니다. 그래 온갖 과일들을 쌓아놓고 파는 가게 앞을 지나는데, 이 어린 워싱턴이 잔뜩 쌓아놓은 빨간 앵두 더미 앞에 딱 멈춰 서서 떠나지를 않는 것입니다. 먹고 싶은 것입니다. 아무리 어머니가 가자고 해도 안 갑니다. 그 모습을 보고 주인이 묻습니다. "애야, 이 앵두 먹고 싶으냐?" "예." "그럼 내가 줄 테니 네 손으로 딱 한 움큼만 집어서 가지거라." 하지만 워싱턴은 가만히 있기만 합니다. 아무리 가지라고 권해도 앵두를 집을 생각을 안 합니다. 결국 주인이 자기 손으로 앵두를 한 움큼 집어서 워싱턴에게 주었습니다. 그제야 워싱턴이 그걸 받아가지고 "감사합니다!" 하고 갑니다. 어머니가 물었습니다. "애야, 너 아까는 그 주인이 앵두를 한 움큼 집어서 가지라고 했는데도 왜 가만히 있다가 주인이 집어서 주니까 그제야 받았느냐?" 그러니까 조지 워싱턴이 대답하는 말을 들어보십시오. "주인의 손이 제 손보다 더 크거든요." 자기 손으로는 조금 밖에 못 집지만, 주인이 집어주면 훨씬 더 많은 앵두를 받게 되는 것입니다. 그걸 기다렸다는 것입니다. 여러분, 여기에 얼마나 상징적인 중요한 의미가 있습니까? 내가 생각하는 것보다 하나님의 생각이 훨씬 더 큽니다. 이걸 잊지 말아야 합니다.

개인적인 간증을 하나 하겠습니다. 제가 미국에서 공부를 마치고 1977년에 한국으로 돌아왔을 때 실은 난감했습니다. 직장을 구할 수가 없었기 때문입니다. 그래 한 5개월 동안 완전히 실직자 신세로 지냈습니다. 가지고 온 몇 푼 안 되는 돈도 금세 다 써버리고, 정말 어려웠습니다. 그때 제 친구들이 만나자고 해서 나가면 헤어질 때 금일봉을 주더라고요. 그래서 제가 "내가 거지냐?" 하면 "입 다물어라. 얻어먹으면 거지지, 무슨 잔소리냐?" 합니다. 그렇게 조금씩 보태줘서 간신히 생활을 하고 있었는데, 마침 남한산성에 계시던 한경직 목사님께서 저를 부르셨습니다. 그래서 갔더니 "아니, 편지라도 좀 하고 한국에 들어오지, 이렇게 불쑥 나타나면 어떻게 하나?" 하십니다. 그래 제가 "아니, 제가 뭐 대단한 사람이라고 '갈 테니까 직장 열어주세요!' 하겠습니까. 그냥 공부 끝났으니 왔지요." "그래." "일자리야 뭐 답답하지만, 하나님께서 열어주시겠지요." 그랬더니 한 목사님이 "그 믿음은 좋은데, 그거 걱정이구만!" 하십니다. 그러더니 "아무리 알아봐도 지금은 시원치 않은데, 한 일주일 뒤에 다시 오게!" 하셔서 일주일 뒤에 다시 갔습니다. 그랬더니 한 목사님께서 제게 직장 몇 곳을 소개해주셨습니다. 하나는 연세대 교목실장이었고, 또 하나는 숭실대 교목실장이었고, 마지막은 숭의여자대학 학장이었습니다. 이 세 가지 직장을 소개해주시면서 그 가운데 하나를 고르라고 하십니다. "뭐든지 좋아. 다 갈 수 있어. 그러니 곽 목사가 선택하게." 그때 제가 뭐라고 했는지 아십니까? "한 목사님, 일자리야 아무래도 저보다 목사님께서 더 잘 아시고, 저에 대해서도 저보다도 목사님께서 더 잘 아시지 않습니까. 그런고로 한 목사님이 선택해주십시오. 어디로 가라고 하시든지 그리로 가겠습니다." 그랬더니 한 목사님이 껄껄 웃으시면서 "아, 이거 책임이 무거운데……" 하시면서 숭의여자대학 학장 자리를 권해주셨습니다. 교목실장은 하다보면 매너리즘에 빠져 헤어나지 못할 수 있다고요. 학장이라는 것 한 4년 동안 하면 좋은 경험도 될 거라고요. 그러니까 한 번 해보라고요. "알았습니다." 그렇게 제가 학장으로 갔습니다. 정말 팔자에 없는 학장을 한 번 하게 된 것입니다. 하다보니 문제가 생겼습니다. 주일에는 놀잖아요? 그래서 주일에 예배드리는 소망교회가 생기는 것입니다. 주일마다 몇 사람 모아놓고 설교하다보니 소망교회가 생긴 것입니다. 그때 제가 연세대학 교목실장으로 가버렸으면 소망교회는 없는 것입니다. 결국은 무엇을 말하는 것입니까? 내가 생각하는 나보다 한 목사님이 생각하시는 내가 더 확실했다는 말입니다. 그분이 인도하시는 대로 가는 것이 옳지, 내가 판단하고 내가 결정하는 것은 좋지 않습니다. 여러분, 다시 말씀드립니다. 하나님께 판단을 맡길 생각 없습니까? 내가 이렇게 할까, 저렇게 할까, 아무리 몸부림 쳐봐야 별것 아닙니다. 내 주여, 뜻대로—'주님 뜻대로 하시옵소서.' 그분의 손이 더 크십니다. 그분이 더 능력이 많으십니다. 그리고 더 잘 아십니다. 그분의 인도하심을 내가 수용해야 합니다. 그러니까 오늘본문말씀대로 하나님께서 줄로 재어주신 구역, 하나님께서 재어주신 구역은 아름답습니다. 이 얼마나 귀한 간증입니까. 그 줄로 재어주신 구역을 사랑해야 합니다. 왜요? 그분이 나를 아시는 고로, 그분이 나를 사랑하시는 고로, 그분에게는 지혜가 더 많으신 고로 줄로 재어주신 구역을 믿고 아름답다고 하는 것이 바로 신앙인의 간증입니다. 나의 나 됨을 아시고, 합당한 길로 인도하십니다.

고린도후서 12장에 보면 사도 바울에게는 참 어려움이 많았습니다. 전도자에게는 좋은 환경을 비롯하여 여러 가지가 필요하겠지만, 가장 절대적으로 필요한 것은 건강입니다. 전도자에게 건강이 없다면 어떻게 하겠습니까. 사도 바울은 건강이 없었습니다. 육체의

가시, 사탄의 사자라고 하는 것을 저는 간질병이라고 생각합니다. 그런 병이 있어서 사도 바울은 가는 곳에서마다 쓰러졌습니다. 그래서 갈라디아서 4장 14절에 이런 말씀이 있습니다. "너희를 시험하는 것이 내 육체에 있으되 이것을 너희가 업신여기지도 아니하며 버리지도 아니하고 오직 나를 하나님의 천사와 같이 또는 그리스도 예수와 같이 영접하였도다." 깊이 감사하고 있는 것입니다. 이렇게 한번 시나리오를 생각해봅니다. 갈라디아 교회에 가서 설교를 하다 말고 간질병이 일어나서 바울이 그만 쓰러진 일이 있었던 것 같습니다. 그는 이렇게나 어려운 형편으로, 이렇게나 불충분한 건강으로 세계선교에 임하고 있었던 것입니다. 그래서 사도 바울은 세 번이나 특별히 하나님께 기도했다는 것 아닙니까. 그럼에도 불구하고 하나님께서는 말씀하십니다. "네게 있는 내 은혜가 족하다(My grace is sufficient for you)." 만족스럽다는 말씀이 아닙니다. Sufficient, 충분하다는 것입니다. '네가 생각한 대로 만족하지는 않아. 그러나 하나님의 일 하기에는 충분하다.' 사도 바울은 이것을 받아들입니다. '나는 약할 때 강하다. 약하므로 나를 더 그리스도 안에 머물게 한다.' 그래서 그는 위대한 사도가 됩니다. 하나님께서 주신 구역, 하나님께서 주신 건강을 그대로 수용합니다. 그리고 하나님께 감사하고 있습니다. 모든 것이 은사입니다. 당연하다고 생각하지 마십시오. 잘못된 사건이라고 생각하지 마십시오. 만사를 은사로 수용하는 거기에 신앙간증이 있는 것입니다. 제가 아버님하고 늘 얘기할 때 보면, 아버님이 뭐라고 말씀하실 때 거기에 제가 제 생각대로 설명을 좀 붙이려고 하면 아버님은 이렇게 말씀하셨습니다. "토를 달지 마라!" 좀 지나치신 것 같긴 하지요? 수없이 들은 말입니다. 여러분, 하나님의 음성을 들으면서 토를 달지 마십시오.

목사가 되면 장례식을 많이 인도하게 됩니다. 그래서 장례식에 갈 때면 제가 유족에게 꼭 이렇게 물어봅니다. “고인이 세상에 계실 때 가장 많이 부르신 찬송이 무엇입니까? 오늘 장례식에서 그 찬송을 부릅시다.” 참 은혜가 됩니다. 그래서 “이 찬송은 고인이 부르던 찬송입니다!” 하고 다 같이 부르면 참 은혜가 되고 좋습니다. 그래서 제가 기회 있을 때마다 물어봅니다. 언젠가 어떤 집의 아버지 장례식에 갔을 때에도 물어보았습니다. 어머니는 신앙이 좋은데, 이 아버지는 교회에는 나오기는 해도 그렇게 신앙이 좋다는 생각은 들지 않는 분이었습니다. 왜요? 집사도 아니고, 장로도 아니니까요. 그저 출석하는 교인일 뿐입니다. 그래서 조금 걱정은 되면서도 기어이 한마디 물어보았습니다. “아버지께서 제일 좋아하시던 찬송이 무엇입니까?” 그랬더니 그 자녀들이 모여 앉아 회의를 하더라고요. “아무리 생각해봐도 우리 아버지가 찬송 부르시는 걸 못 봤는데……” 그때 딸이 말합니다. “아니, 아니, 아니야. 우리 아버지가 늘 흥얼흥얼 부르시던 찬송이 하나 있어.” “그게 뭐야?” “참 아름다워라. 늘 ‘참 아름다워라’를 부르셨어.” 그래 그 장례식에서 ‘참 아름다워라’를 불렀습니다. 물론 장례식에 잘 어울리는 찬송은 아닙니다. 하지만 “이건 고인이 부르시던 찬송입니다!” 하고 불렀더니 얼마나 은혜가 되었는지 모릅니다. ‘참 아름다워라, 주님의 세계는.’ 영어로는 ‘This is My father’s world’입니다. ‘이 세상은 하나님의 세상이다. 하나님께서 만드신 세상이다.’ 그런 찬송입니다.

여러분, 내 한평생 ‘참 아름다워라’를 불렀다면, 그것이 내 마음에 남아 있는 찬송이라면 그는 아름다운 생을 산 것입니다. 여러분이 부르는 찬송은 무엇입니까? '이 세상 험하고'는 부르지 마십시오. '괴로운 세상 가는 길'도 안 됩니다. '참 아름다워라, 주님의 세계는.' 이 얼마나 아름다운 찬송입니까. 주께서 내게 줄로 재어주신 구역은 아름답습니다. 나의 생애는 아름답습니다. 주님께서는 내게 선하셨습니다. 이것이 찬송이요, 찬양이요, 하나님께 드리는 영광입니다. △

선택 받은 자의 확신

우리가 너희 모두로 말미암아 항상 하나님께 감사하며 기도할 때에 너희를 기억함은 너희의 믿음의 역사와 사랑의 수고와 우리 주 예수 그리스도에 대한 소망의 인내를 우리 하나님 아버지 앞에서 끊임없이 기억함이니 하나님의 사랑하심을 받은 형제들아 너희를 택하심을 아노라

(데살로니가전서 1 : 2 - 4)

선택 받은 자의 확신

본회퍼는 38세에 순교한 독일의 유명한 젊은 신학자입니다. 저는 젊은 시절 이분의 책들을 아주 탐독했습니다. 그가 남긴 귀한 말들이 지금까지 늘 가슴에 남아 있습니다. 그는 순교하기 직전, 아마도 죽음을 예상하고 있을 때, 감옥에서 「옥중서신」이라는 책을 썼습니다. 감옥 밖의 교인들에게 보낸 편지들을 모아서 엮은 책입니다. 이 책에서 그는 말합니다. '나는 어떤 존재인가? 나는 무엇을 위해 살아야 하는가? 나는 무엇을 위해 생을 끝내야 하는가? 이런 질문들이 나를 괴롭혔다.' 저를 아주 깊이 감동시킨 말입니다. 여러분은 어떻습니까? 본회퍼처럼 이런 고민, 해보셨습니까? '나는 왜 존재하는가? 나는 무엇을 위해 사는가? 나는 어떻게 생을 마쳐야 하는가?' 이런 질문들 끝에 그는 돌연 이런 말을 합니다. "이런 어리석은 질문들이 나를 괴롭히고 있다. 왜냐하면 이런 질문들은 필요 없는 것이니까. 왜? 나 자신이 하나님의 경륜 속에 붙들려 있다는 사실을 깨닫는 순간, 세상에 이처럼 어리석은 질문은 없기 때문이다." 나 자신이 하나님의 손에 꽉 붙들려 있는 존재라는 사실을 깨닫는 순간 이런 어리석은 질문은 두 번 다시 할 필요가 없다, 이것입니다.

사도 바울도 고백했습니다. "그리스도께 잡힌바 된 것을 잡으려고 좇아가노라." 제가 매우 좋아하는 요절 가운데 하나입니다. '나는 그리스도께 잡힌바 되었다. 날 때부터 지금까지 예외 없이 주님의 포로가 되어서 사는 존재다. 그것을 잡으려고 좇아간다.' 여러분, 인생은 선택입니다. 그러나 깊이 알고 보면 선택은 없습니다. 하나님의 크신 경륜 속에 우리가 붙들려 있기 때문입니다. 다시 말하면, 하나님의 선택 앞에 내 생각은 다 무효로 돌아가는 것입니다. 내 생각보다 훨씬 더 먼저 하나님의 선택이 있었습니다. 나의 선택이란 하찮은 것입니다. 하나님의 사랑과 의지가 훨씬 더 먼저 나와 함께한 것입니다. 하나님의 선택 속에 내가 있음을 깨달아야 합니다. 우리는 늘 이를 한참 나중에야 비로소 깨닫습니다. 모세는 팔십 세에 이르러서야 겨우 깨달았습니다. 아브라함은 칠십 오세에 깨달았고요. 어쩌면 인생을 거의 다 살고 나서야 비로소 '아, 이것이 하나님의 섭리였구나! 하나님의 큰 능력 속에 내가 있었던 것이구나!' 하고 깨닫게 된다는 말씀입니다. 좀 더 일찍 알았으면 더 좋았을 텐데 말입니다. 오늘본문은 말씀합니다. "하나님의 사랑하심을 받은 형제들아 너희를 택하심을 아노라(4절)." 신비로운 말씀 아닙니까. 그래서 하나님께 감사하는 것입니다. 이 얼마나 신비로운 간증입니까.

사도 바울은 고백합니다. '어머니의 태로부터 택정함을 받아 이방인의 사도가 되었노라.' 어머니의 태로부터, 날 때부터, 길리기아 다소에서 태어난 그 사건부터 내 운명 자체가 애당초 어머니의 태로부터 택정함을 받아, 그러니까 선택을 받아서 오늘의 내가 있다는 것입니다. 하지만 조금 더 깊이 생각해야 합니다. 바울은 이 사실을 열 살에 깨달은 것이 아닙니다. 스무 살에 깨달은 것도 아닙니다. 서른이 넘어서 예수 믿는 사람을 핍박하다가 다메섹 도상에서 예수 그리스도를 만나는 순간 이 귀중한 사실을 깨닫게 된 것입니다. 예수를 만난 사람은 선택이 내 몫이 아니라는 사실을 압니다. 본질적으로 하나님께서 나를 선택하셨고, 하나님의 은혜로운 경륜 속에 내가 있음을 깨닫는 것입니다. 조금이라도 더 일찍 깨달았으면 좋았을 것입니다. 사실은 사실이고, 사건은 사건인데, 깨닫는 것이 너무 늦습니다. 조금 더 일찍 알았다면 운명이 달라질 수도 있었습니다. 사도 바울은 어머니의 태로부터 택정함을 받았다는 사실을 이제야 깨닫고, 그 길에 서서 주님의 부름에 응답하면서 한평생을 살게 됩니다.

오늘본문에는 그 신비로운 증거가 있습니다. 믿음 사랑 소망, 사도 바울은 이렇게 아주 논리적으로 우리에게 말씀해줍니다. 여러분, 믿음이라는 것은 하나님의 선물입니다. 고민 가운데 제일가는 고민이 무엇입니까? 어떤 분은 깊이 인생을 음미하면서 이렇게 말합니다. "최고의 고민은 믿을 수 없는 것이에요. 믿어지지 않는 것이에요." 부부간에도 어려운 일이 있어가지고 제 앞에 와서 상담을 하는 분들이 있습니다. 그래놓고는 제 앞에서까지 또 부부싸움을 합니다. 그래 제가 마지막으로 물어봅니다. "그렇게 나쁜 사이로 어째서 오늘까지 살았소?" 그랬더니 대답이 참 간결합니다. "그냥 살았죠. 할 수 없이 살았죠." 다시 묻습니다. "가장 큰 문제가 뭐요?" 대답이 이렇습니다. "이 사람을 믿을 수가 없어요. 그뿐 아니라, 좀 더 나아가서는 나 자신을 믿을 수가 없어요." 인간의 실존적 고민 가운데 가장 큰 것은 믿어지지 않는 것입니다. 믿게 할 도리가 없습니다. 믿음은 어느 교수, 어느 선생으로 되는 것이 아니고, 깊은 체험, 하나님께서 주시는 은총의 경험을 통해서만 얻을 수 있습니다. 그런데 믿어지지 않는 것, 하나님을 믿어야 될 줄 알면서 믿어지지 않는 것, 남편을 믿어야 될 줄 알면서 믿어지지 않는 것, 이거야말로 그 어떤 말로도 형용할 수 없는 고통입니다. 그렇다면 믿어지는 것 자체가 축복 아니겠습니까. 엄청난 사건을 믿을 수 있다는 것, 축복이지요. 믿음은 하나님께서 주시는 선물입니다.

하나님께서는 아브라함에게 믿음을 주셨습니다. 선물입니다. 가버나움의 백부장에게도 위대한 믿음을 주셨습니다. 큰 선물입니다. 분명한 것은 이 믿음이란 지식의 세계가 아니라는 사실입니다. 관념의 세계도 아니고, 철학적 지식도 아닙니다. 이 믿음은 곧 순종으로 직행합니다. 믿으니까 순종하는 것입니다. 믿으니까 행동하는 것입니다. 행동으로 이어질 때 그것이 바로 하나님께서 주신 선물입니다. 믿음은 관념이 아닙니다. 믿는 순간 행동하는 것입니다. 행동이라고 하는 큰 열매를 맺게 되는 것이지요. 큰 모험도 하게 됩니다. 아브라함이 하나님을 믿고, 큰 모험을 하게 됩니다. 아브라함이 하나님을 믿고 갈 바를 알지 못한 채 고향을 떠납니다. 모세가 하나님을 믿고 이스라엘 백성을 애굽에서 인도해냅니다. 이 엄청난 사건들 속에 믿음이 있었습니다. 이 믿음은 하나님께서 주시는 선물이었습니다. 이런 여러 사건들이 있을 때 우리는 결론지을 수 있습니다. 하나님께서 그를 선택하셨다고, 하나님의 선택의 경륜 속에 이 사건이 있었다고 우리는 고백하게 됩니다.

'믿음의 역사'는 헬라어로 '엘고온'입니다. 여기서 '엘고'는 '에너지'라는 뜻입니다. 그러니까 '에너지'의 어원이 '엘고'인 것입니다. 에너지란 무엇입니까? 힘입니다. 보이지 않는 힘입니다. 힘의 원천은 믿음입니다. 믿음 없이는 아무것도 할 수 없습니다. 그런고로 믿음이 생기고, 믿음의 힘이 생기고, 역사가 나타나게 될 때 하나님의 경륜을 믿게 되는 것입니다. 또 한 가지는 사랑입니다. 사랑도 역시 하나님께서 주시는 큰 선물입니다. 사랑하는 마음은 은사라고 성경은 말씀합니다. 성령의 역사입니다. 성령의 역사로 그 마음속에 사랑하는 마음이 생기는 것입니다. 신비롭지 않습니까. 사랑하면 어떻게 됩니까? 자연스럽게 수고가 따릅니다. 희생이 따릅니다.

제가 잘 아는 친구 교수님이 있습니다. 그분이 연애시절에 지금 부인이 되어 있는 여자분하고 한 번 파탄이 난 적이 있습니다. 그 둘을 이어주느라고 제가 중간에서 꽤 많이 애를 썼습니다. 그래 결국은 무사히 결혼을 했지요. 그리고 20년 뒤에 그 내외를 제가 만났습니다. 둘 다 교수입니다. 그때 그 부인이 이렇게 한마디 하더라고요. "목사님, 그때 저희가 헤어지게 된 거, 그냥 내버려두셨더라면 좋았을 걸 그랬습니다. 그걸 맞춰주시느라고 애를 쓰셔서 저희가 결혼은 했지만, 지금 후회막급입니다." 왜요? 그 친구가 알고보면 참 이상한 사람이거든요. 사람은 연애할 때 정신이 좀 나가게 되어 있지 않습니까. 한데 그 둘이 만나 식사를 하게 되면 그 친구는 꼭 햄버거를 먹자고 했다는 것입니다. 그래 햄버거를 먹으러 가면 자기는 맹물을 시키고, 애인에게는 커피를 먹으라고 했답니다. 선물도 좌우간 제일 싼 것을 사주었답니다. 저도 기억이 나는데, 그때 하루는 그 친구가 애인을 만나러 간다고 하기에 제가 한마디 했습니다. "기왕이면 좀 좋은 걸 사다주지? 빈손으로 가면 안 돼!" 그랬더니 딴에는 선물이랍시고 사가지고 와서 자랑을 하기에 어디 좀 보자고 했더니 달랑 세숫비누 하나였습니다. 이쯤 되면 정말 짠돌이 아닙니까. 물론 그 세숫비누는 그 시절에 꽤 좋은 것이긴 했습니다. 달아매놓고 쓰면 한 일 년은 가던 것입니다. 한데 애인한테 세숫비누를 선물한다니요? 세상에 그런 걸 선물이랍시고 달랑 사 왔더라니까요? 제가 하도 어이가 없어서 이렇게 권해주었습니다. "그렇게 하면 못써. 핸드백 하나 사주지." 그러니까 그 부인 이야기는 이런 것입니다. 사랑은 하는데, 마음이 열리지 않는다, 이것입니다. 그 짠돌이 근성에 도무지 변화가 없다, 이것입니다. 여러분은 어떻습니까? 가정생활이든 사회생활이든, 제발 어디 가서 짠돌이 노릇 하지 마십시오. 그저 제일 싼 것, 제일 싼 것…… 이러지 마시라는 것입니다. 집에 가서 먹으면 며칠은 먹을 텐데, 어쩌고저쩌고…… 그만 소리 하지 마십시오. 분위기 깨지 마십시오. 사랑은 수고가 있어야 합니다. 사랑은 마음을 열어야 됩니다. 주고 주고 또 주고도 더 주고 싶은 것이 사랑 아닙니까. 사랑한다면서 그 짠돌이 성격을 일생토록 고치지 못하는 게 무슨 사랑입니까.

사랑에는 활력이 있습니다. 거기에 수고가 자연스럽게 따라옵니다. 그걸 보고 하나님의 선택을 압니다. 또 그런가하면 소망에는 인내가 있습니다. 예수 그리스도께서 십자가를 지시는데, 히브리서의 저자는 그 십자가를 인내로 갈파합니다. 인내란 좋은 것입니다. 참는 것은 귀한 일입니다. 그리고 높은 덕입니다. 하지만 인내의 소망이 없다면 절망입니다. 인내의 소망이 주어질 때 비로소 기쁨이 있습니다. 그 인내가 기쁨이 됩니다. 만일에 인내의 소망이 없다면 그냥 이렇게 살다가 죽는 것입니다. 안 될 일 아닙니까. 이걸 알아야 합니다. 그런고로 소망이 확실해야 참는 일이 순탄하게 되고, 쉽게 되고, 편하게 됩니다. 아니, 영광스럽게 되는 것입니다. 확실한 소망을 바라보고 인내하는 것은 조금도 어려운 일이 아닙니다. 그 자체가 행복일 수 있습니다.

믿음 소망 사랑은 모두 성령의 열매입니다. 성령께서 우리와 함께하실 때에 믿음이 생깁니다. 성령께서 함께하실 때에 우리가 사랑하는 사람이 되고, 사랑의 결실을 맺게 됩니다. 성령께서 우리와 함께 소망을 불러일으키실 때에 참아내지 못할 시련이 없습니다. 여러분, 예수님께서 빌라도 앞에 서 계신 모습을 함께 묵상해보십시다. 빌라도 앞에 서시어 조용히 십자가를 기다리고 계십니다. 그 많은 비난을 참으시고, 묵묵히 십자가의 길을 선택하십니다. 왜 그러셨을 것 같습니까? 겟세마네 동산에서 밤새 기도하십니다. 그리고 이 십자가가 하나님의 뜻이라는 것을 믿게 되십니다. 믿음입니다. 이 십자가가 하나님께서 주시는 것이라는 사실을, 하나님의 경륜, 하나님의 뜻이라는 사실을 믿게 되십니다. "내 뜻대로 마옵시고 아버지의 뜻대로 하옵소서. 십자가가 아버지의 뜻입니다." 이렇게 믿으실 때 그 십자가는 결코 어렵고 무거운 십자가가 아니었습니다.

또한 예수님께서는 십자가를 바라보시며 하나님의 사랑을 느끼십니다. "아버지께서 내게 주신 잔을 내가 마시지 않겠느냐?" 사랑하는 아버지가 사랑하는 아들에게 주시는 십자가입니다. 이 십자가를 앞에 놓고 하나님의 사랑을 느끼시기 때문에 이 어려운 잔을 쉽게 마시게 되시는 것입니다. 좀 더 나아가 예수님께서는 참으셨습니다. "십자가를 참으사……" 어떻게 참으셨습니까? 며칠 뒤에 있을 부활의 아침이 바라보이시니까 그 소망 속에 넉넉하게 십자가를 참으실 수 있었던 것입니다. 여러분, 잊지 말아야 합니다. 세월이 가면서 우리는 점점 더 하나님의 신비로운 역사를 깨닫게 됩니다. '내가 왜 존재하는가? 내가 어떻게 세상을 끝내야 하나?' 이 모든 것보다 먼저 하나님의 경륜이 있었고, 하나님께서 예비하신 사랑이 있었거든요. 그 속에 내가 있음을 깨달아야 합니다. 신비로운 선택을 내 생활 속에서 경험합니다. 순간순간 느끼게 됩니다. 그 속에서 모든 것은, 어두운 그림자는 물러가고, 밝은 마음으로 오늘의 현실을 타개할 수 있다는 말입니다.

사도 바울은 말씀합니다. '너희를 하나님께서 선택하심을 아노라.' 왜요? '믿음의 역사가 있고, 사랑의 수고가 있고, 소망의 인내가 있는 것을 본다. 그런고로 하나님께서 너희를 선택하신 것을 내가 확신하노라.' 이 확신을 확증하며 하루하루를 살아가는 것이 그리스도인의 모습입니다. △

깨어 기도하라

이에 예수님께서 제자들과 함께 겟세마네라 하는 곳에 이르러 제자들에게 이르시되 내가 저기 가서 기도할 동안에 너희는 여기 앉아 있으라 하시고 베드로와 세베대의 두 아들을 데리고 가실 새 고민하고 슬퍼하사 이에 말씀하시되 내 마음이 매우 고민하여 죽게 되었으니 너희는 여기 머물러 나와 함께 깨어 있으라 하시고 조금 나아가서 얼굴을 땅에 대시고 엎드려 기도하여 이르시되 내 아버지여 만일 할 만하시거든 이 잔을 내게서 지나가게 하옵소서 그러나 나의 원대로 마시옵고 아버지의 원대로 하옵소서 하시고 제자들에게 오사 그 자는 것을 보시고 베드로에게 말씀하시되 너희가 나와 함께 한 시간도 이렇게 깨어 있을 수 없더냐 시험에 들지 않게 깨어 기도하라 마음에는 원이로되 육신이 약하도다 하시고 다시 두 번째 나아가 기도하여 이르시되 내 아버지여 만일 내가 마시지 않고는 이 잔이 내게서 지나갈 수 없거든 아버지의 원대로 되기를 원하나이다 하시고 다시 오사 보신즉 그들이 자니 이는 그들의 눈이 피곤함일러라 또 그들을 두시고 나아가 세 번째 같은 말씀으로 기도하신 후 이에 제자들에게 오사 이르시되 이제는 자고 쉬라 보라 때가 가까이 왔으니 인자가 죄인의 손에 팔리느니라 일어나라 함께 가자 보라 나를 파는 자가 가까이 왔느니라

(마태복음 26 : 36 - 46)

깨어 기도하라

성도 여러분, 우리의 마음을 가장 슬프게 하는 일이 무엇입니까? 우리를 절망하게 하는 일, 그것이 무엇입니까? 물질적인 손해입니까? 가난입니까? 질병입니까? 멸시입니까? 고독입니까? 좀 더 깊이 생각해보십시다. 우리를 가장 슬프게 하는 것은 배신입니다. 믿었던 사람으로부터 배신당할 때, 아주 결정적인 배신을 당할 때, 이것만은 견딜 수가 없습니다. 그런가 하면, 다른 사람에게 배신당하는 것은 그런대로 원망이라도 할 수 있습니다. 그러나 자기 자신으로부터 배신당하는 것은 견딜 수가 없습니다. 많은 사람이 절망하는 이유가 바로 여기에 있습니다. 내가 스스로 견딜 수가 없는 고난, 고통을 겪습니다. 왜요? 이럴 줄 몰랐거든요. 내가 이렇게 형편없는 사람인 줄 몰랐거든요. 뭘 안다고 생각했는데, 아는 것이 아무것도 없습니다. 다른 사람한테는 내가 이렇게 많이 공부했노라 하는데, 실은 아무 것도 모릅니다. 많이 벌어들인 줄 알았는데, 손익계산을 해보니 적자라서 아무 것도 없습니다. 그런가 하면 내가 많이 가진 것으로 알았는데, 알고보니 없습니다. 내가 많이 아는 것으로 알았는데, 아는 것도 없습니다. 내가 할 수 있는 줄 알았는데, 할 수 있는 일이 아무 것도 없습니다. 도대체 이렇게 허무할 수가 없습니다. 그럴 때 우리는 절망하게 됩니다. 뿐만 아니라, 때때로 우리는 모질게 결심도 합니다. 하지만 그것도 얼마나 쉽게 무산되는지요? 세상에 가장 못 믿을 것이 자기 자신입니다. 자기 자신을 믿을 수 없을 때에, 자기 자신에게 결정적으로 실망할 때에 우리는 그 고통을 견디기가 어려워서 쓰러집니다.

폴 틸리히라는 유명한 신학자가 쓴 「The Courage to Be(존재의 용기)」라는 명저가 있습니다. 불후의 명작입니다. 그는 이 책에서 사람은 적어도 세 가지 고통으로부터 벗어나야 한다고 말합니다. 그 첫째가 운명입니다. 쉽게 말하면 죽음입니다. 죽음이 점점 가까이 다가오고 있습니다. 이것을 우리는 한 순간도 잊어서는 안 됩니다. 죽음이 눈앞에 다가오고 있으니, 이 죽음의 문제를 해결하기 전에는 우리가 불안에서 벗어날 수 없다, 이것입니다. 둘째는 공허와 허무입니다. 자기 부정입니다. 다 헛된 것 같습니다. 무의미합니다. 의미 있는 것이 하나도 없습니다. 그렇다면 의미를 찾아야 됩니다. 삶의 의미를 잃어버리면 절망할 수밖에 없습니다. 셋째는 가장 실제적인 것으로, 죄입니다. 변명할 수도 있습니다. 아니라고 할 수도 있습니다. 내 책임을 남에게 전가할 수도 있습니다. 그러나 내가 죄인 됨은 내가 누구보다도 잘 알고 있습니다. 이 죄책감로부터 벗어나기 전에는 인간은 절대로 자유할 수가 없습니다.

마태복음 26장에는 아주 귀중한 말씀들이 많습니다. 예수님께서 십자가를 예고하십니다. 스스로 이제 곧 십자가를 지게 되리라고 자세하게 예언하셨습니다. 한데 베드로가 33절에서 이렇게 장담합니다. "모두 주를 버릴지라도 나는 결코 버리지 않겠나이다." 35절에서는 더욱 강조합니다. "주와 함께 죽을지언정 주를 부인하지 않겠나이다." 이렇듯 확실하게 약속하고 장담을 했습니다마는, 베드로는 기어코 예수를 세 번이나 모른다고 부인합니다. 그리고 마침내 닭이 울 때 밖에 나가서 통곡합니다. "밖에 나가서 심히 통곡하니라(75절)." 자신은 절대 주를 부인하지 않겠노라고 예수님 앞에서 그렇게 큰소리를 쳐놓고는 불과 몇 시간 뒤에 예수를 세 번이나 모른다고 부인한 사람이 되고 말았습니다. 이 얼마나 비참한 일입니까. 베드로는 스스로가 얼마나 비참했겠습니까. 정말 초라하기 짝이 없어 베드로는 스스로 절망합니다. 자기 자신에 대해서 엄청난 배신감을 느낍니다. "이에 베드로가 예수의 말씀에 닭 울기 전에 네가 세 번 나를 부인하리라 하심이 생각나서 밖에 나가서 심히 통곡하니라(75절)."

어쩌다 베드로가 이렇게 비참해진 것입니까. 여러분, 스스로 한 번 대답해보십시다. 베드로가 왜 이렇게 초라해졌습니까? 장담도 했고, 큰소리도 쳤고, 결심도 했는데, 왜 이 모양이 된 것입니까? 이유는 딱 하나입니다. 기도하지 않았기 때문입니다. 여러분, 생각해 보셨습니까? 실패의 원인은 기도를 안 했기 때문입니다. 잘못된 원인은 기도를 안 했기 때문입니다. 기도하지 않고 시작한 일, 기도하지 않고 행한 일이 잘 될 턱이 없습니다. 오늘의 실패요? 기도 안 했기 때문입니다. 기도하지 않은 것이 모든 실패의 원인 가운데 가장 확실한 원인입니다. 많은 사람들이 저를 찾아와 어떤 일에 실패했다는 이야기를 할 때 보면 누가 나빠서, 누구 때문에, 은행 때문에, 무엇 때문에 어쩌고 하소연을 하는데, 정작 기도를 하지 않았기 때문에 실패했다는 고백은 참 듣기가 어렵습니다. 꼭 잊지 마십시오. 실패의 원인은 기도 안 한 것입니다.

예수님께서는 분명히 이렇게 경고하셨습니다. '깨어 기도하라. 시험에 들지 않도록 깨어 기도하라.' 지금 제자들은 그 짧은 시간도 예수님과 함께하지 못 한 채 잠들어 있습니다. 예수님께서 세 번이나 찾아와 제자들을 깨웠지만, 그들은 계속 깊이 잠들어 있었습니다. 경고를 무시하고 잔 것입니다. 예수님께서 말씀하십니다. "시험에 들지 않게 깨어 기도하라……(41절)" 저는 이 깨어 기도하라는 말씀이 참 인상적입니다. 제가 어렸을 때 황해도의 돌다리 교회를 다녔습니다. 제 할아버지께서 지으신 교회입니다. 그 교회에는 정면에 십자가가 없습니다. 예배당 정면 강대상 위의 큰 목판에 큰 글자로 '깨어 기도하라!'라고 써놓았습니다. 그래 교회에 들어가면 언제나 그걸 읽을 수 있었습니다. 여러분, 교회가 무엇입니까? 깨어 기도하는 곳입니다. 이 시간이 어떤 시간입니까? 깨어 기도하는 시간입니다.

베드로가 비참해진 원인은 오직 하나, 깨어 기도하지 않았기 때문입니다. 그런고로 여러분, 꼭 기억하십시다. 죄 가운데 가장 큰 죄가 기도하지 않는 죄입니다. 그렇다면 가장 크고 무서운 시험은 무엇일까요? 기도할 마음이 생기지 않는 것입니다. 기도의 능력을 부정하게 되는 순간 그 인생은 마지막 길입니다. 어떤 순간에도 우리는 기도할 수 있어야 됩니다. 사무엘서에서 사무엘이 사울 왕에게 이렇게 말합니다. "나는 기도하기를 쉬는 죄를 범하지 않을 것입니다." 기도하다가 쉬는 것, 그 잠깐 쉬는 것, 아니, 기도를 끝내는 것, 그것이 큰 죄가 됨을 알아야 합니다.

기도하게 되면 첫째, 자기 자신을 알게 됩니다. 종교개혁자 칼뱅은 말합니다. '하나님을 알기까지는 누구도 자기 자신을 알지 못한다.' 여러분, 내가 나를 생각한다고 아는 것이 아닙니다. 누구하고 비교한다고 아는 것이 아닙니다. 손익 계산한다고 내 존재가 나타나는 것이 아닙니다. 내가 나를 아는 길은 오직 하나, 하나님을 아는 것입니다. 하나님을 보고 하나님을 아는 순간, 하나님 안에서 나를 알 수 있는 것입니다. 기도 말고는 자기 자신을 알 길이 없습니다. 아니, 기도하면서 깨닫는 자기 자신, 그것만이 진실합니다. 누구와 비교하지 마십시오. 스스로 생각하십시오. 고민하지 마십시오. 하나님 앞에서 정중하게 기도하면서 내 모습을 살피십시오. 하나님을 아는 순간, 하나님의 큰 사랑과 하나님의 경륜을 아는 순간 나 자신을 알게 됩니다. 또한 기도하면서 하나님의 뜻을 알게 됩니다. 현실의 복잡한 문제가 있습니다. 우리는 지금 남북이 분단되어 서로 대립해 있지 않습니까. 게다가 북한에서는 자꾸만 핵실험을 하지 않습니까. 이 소식을 들으면서 여러분은 무엇을 할 수 있습니까? 무엇을 했습니까? 엎드려 기도하십시오. 기도해야 합니다.

저한테는 일생토록 존경하는 목사님이 한 분 계십니다. 저는 1960년에 인천에서 처음으로 목사가 되었는데, 그때 제가 부목사로 있을 때 당회장으로 계시던 이기형 목사님입니다. 사무실이라야 조그마한데, 다들 옹기종기 모여 앉아 지내던 때입니다. 아침에 신문배달 하는 사람이 와서 "신문이요!" 하고 조간신문을 던져줍니다. 그러면 모두가 하나씩 나눠가지고 신문을 들여다봅니다. 목사님도 그렇게 신문을 보았습니다. 한데 돋보기안경을 끼고 신문을 유심히 들여다보던 목사님이 어느 순간 갑자기 그 신문을 딱 말아쥐고는 밖으로 나가는 것입니다. 아무말씀도 없이 보고 있던 신문을 가지고 나갑니다. 어디서 무엇을 하는지 하도 궁금해서 제가 한번은 목사님을 몰래 뒤따라가 보았습니다. 목사님은 예배당 본당으로 들어가는 것이었습니다. 그리고 이 앞에 무릎을 꿇고 앉아 신문을 딱 펴놓고 기도를 시작합니다. "하나님, 이게 어찌 된 일입니까? 어째서 이런 일이 있습니까?" 그래서 저는 이기영 목사님을 일생동안 존경합니다. 목사님은 그야말로 기도의 사람이었습니다. 여러분, 복잡한 문제가 있습니까? 기도하십시오. 풀리지 않는 문제가 있습니까? 기도하십시오. 정치적으로 불안합니까? 기도하십시오. 쓸데없이 이것저것 걱정하지 마십시오. 예수 믿는 사람은 어떤 문제를 당하든지, 그 문제를 하나님 앞에서 풀어야 됩니다. 하나님과 나와의 관계에서 풀어야 됩니다. 기도해야 됩니다.

지금 예수님 앞에 십자가가 있습니다. 그 뒤에는 가야바가 있습니다. 또 로마 군인이 있습니다. 엄청난 사건이 바로 눈앞에 있는데, 지금 예수님께서 하실 일이 무엇입니까? 기도뿐입니다. '이것이 무엇을 의미합니까? 왜 이런 일이 있어야 합니까? 나는 어떻게 해야 합니까?' 이렇게 기도하시는 것입니다. 여기에 하나의 중요한 미스터리가 있습니다. 기도할 때 비로소 십자가의 능력을 알게 된다, 이것입니다. 십자가가 하나님의 능력이요, 하나님의 지혜요, 하나님의 사랑임을 알게 되는 것입니다. 이것 없이는 만민을 구원할 수 없습니다. 그 놀랍고 신비로운 역사를 깨닫게 되는 것입니다.

사도 바울은 그의 편지 가운데에서 이렇게 말합니다. '십자가로 승리하셨느니라.' 십자가가 어떻게 승리입니까? 십자가는 죽음 아닙니까? 그러나 십자가를 승리로 볼 수 있는 관점, 그런 시각이 바로 바울의 신앙고백입니다. 십자가는 승리입니다. 패배가 아닙니다. 죽음이 아닙니다. 끝이 아닙니다. 십자가는 시작입니다. 그래 예수님께서는 밤새 기도하시고 나서 중요한 응답을 받으십니다. "아버지께서 내게 주신 잔을 내가 마시지 않겠느냐?" 이 십자가는 가야바도 로마군인도 빌라도도 아니고, 바로 사랑하는 아버지께서 내게 주시는 십자가입니다. 그렇게 응답을 받으십니다. 그리고 십자가를 지십니다.

예수님께서 또 유명한 말씀을 하십니다. 아주 귀중한 말씀입니다. "나는 아버지께로 가노라." 아버지께로 가시는 과정이 십자가더라, 이 말씀입니다. 이 신비를 기도 중에 깨달으신 것입니다. 그리고 기도의 응답으로 받아들이십니다. 참 신비로운 일 아닙니까. 겟세마네 동산에서 예수님께서 기도하신 것을 가만히 들어보면 아무래도 하나님께서 응답하시는 것 같지 않습니다. 뭐라고 말씀하시는 것 같지도 않습니다. 그런 것은 나타나 있지 않습니다. 다만 예수님께서는 기도하시고, 하나님께서는 침묵하실 따름입니다. 한데 예수님께서는 그 침묵에서 응답을 들으십니다. "이 잔을 내게서 지나가게 해주세요." 응답이 없습니다. "이 십자가를 꼭 내가 져야 됩니까?" 응답이 없습니다. 하지만 예수님께서는 무응답 속에서 응답을 들으셨습니다. 하나님의 침묵 속에서 들으신 그 신비로운 응답을 우리는 잊지 말아야 합니다. 기도하시는 가운데 예수님께서는 십자가 다음에 있는 부활까지 내다보시게 됩니다. 십자가를 지심으로 말미암아 만백성을 구원하시고, 그 사흘 뒤에 부활의 아침이 있음을 기도를 통하여 확실하게 바라보실 수 있게 되더라는 말입니다.

기도 없는 장담은 소용없습니다. 기도 없는 결심도 소용없습니다. 믿는 사람은 기도해야 합니다. 저는 늘 생각합니다. '예수를 믿는다는 것이 무엇일까?' 기도의 문이 열리지 않았다면 그는 아직도 예수 믿는 사람이 아닙니다. 혼자서 조용하게 수시로 기도할 줄 알아야 합니다. 그리고 기도를 통하여 기쁨을 얻고, 기도를 통하여 응답을 얻고, 기도를 통하여 영광을 얻고, 기도를 통하여 하나님을 찬송하게 되어야 기독교인입니다. 교회에 나온다고 다 교인이 아닙니다. 기도하는 사람이 교인입니다. 어디서든지 하나님 앞에 기도하고 응답받는 사람, 그가 그리스도인입니다.

영국의 유명한 정치가 윈스턴 처칠은 어린 시절부터 희망 없는 아이로 치부되었다고 하지요? 품행도 좋지 않았고, 성적도 나빴습니다. 좌우간 사관학교를 3수해서 겨우 들어간 사람입니다. 그만큼 시원치 않은 사람입니다. 여러분 잘 아시는 대로, 영국사람들이 셰익스피어를 얼마나 존경합니까. 식민지인 인도하고도 바꾸지 않는다고 하지 않습니까. 그 셰익스피어를 제치고 영국에서 최고로 존경받는 사람이 바로 처칠입니다. 그는 기도의 사람이었습니다. 전쟁 중에도 늘 기도했고, 심지어는 중요한 회의를 하다가도 고개 숙여 기도를 했습니다. 그는 항상 기도하는 사람이었습니다. 그가 존경받는 비결이 바로 기도입니다. 그에게는 지혜가 있었고, 용기가 있었습니다. 세계를 움직이는 그의 지도력이 바로 기도에서 나온 것입니다.

미국의 16대 대통령인 아브라함 링컨도 기도의 사람이었습니다. 대통령 집무실 바로 옆에 기도실을 두었습니다. 그래 틈만 나면 기도실에 들어가 기도했습니다. 회의시간도 아랑곳하지 않았습니다. 결국 사람들은 기도실 앞에 모여 서서 대통령이 기도를 끝내고 밖으로 나오기를 기다려야 했습니다. 그만큼 그는 국사를 앞두고 늘 하나님 앞에 먼저 기도하였던 것입니다. 하나님 앞에 기도하는 사람, 기도의 응답을 받는 사람, 그 응답으로 사는 사람, 그가 바로 그리스도인이라는 사실을 잊지 마십시오. 아침에 일어나면 기도하시고, 일하면서 기도하시고, 집을 떠나면서 기도하시고, 저녁에 돌아와서도 기도하시고, 잠자리에 들면서도 기도하십시오. 그리고 죽을 때에도 기도하십시오. 우리의 생활이 기도에서 시작하여 기도로 끝나도록 하십시오. 이것이 그리스도인입니다. 그래서 예수님께서 당부하십니다. “깨어 기도하라. 시험에 들지 않게 기도하라.” 더 말할 것이 있습니까? 예수님께서도 기도하셨습니다. 일 시작하실 때 기도하시고, 오천 명을 먹이실 때에도 기도하시고, 오천 명을 먹이신 다음에도 기도하시고, 십자가를 앞에 놓고 기도하시고, 마지막 세상 떠나실 때에도 기도하셨습니다. 기도로 시작해서 기도로 끝내셨습니다. 그분이 예수님이십니다. 하물며 우리가 기도 없이 살겠습니까? 걱정은 그만하시고 기도하십시오.

요새는 사람들을 만나기만 하면 죄다 “핵실험을 또 했다는데, 어떻게 됩니까?” 하고 물어옵니다. 그래서 제가 말합니다. “그걸 왜 나한테 물어봐요? 그렇게 걱정이 되시면 바로 기도하세요. 그러면 그것이 무엇을 의미하는가를 알 거예요. 분명히 알 거예요.” 범사에, 수시로, 쉬지 말고 기도하는 것이 그리스도인입니다.

오늘 주님께서 겟세마네 동산에서 기도하시면서, 졸고 있는, 잠자는 제자들을 향해서 귀한 부탁의 말씀을 하십니다. “깨어 기도하라. 마음에는 원이로되 육신이 약하도다. 기도하라.” △

이 여인의 믿음

열두 해를 혈루증으로 앓아 온 한 여자가 있어 많은 의사에게 많은 괴로움을 받았고 가진 것도 다 허비하였으되 아무 효험이 없고 도리어 더 중하여졌던 차에 예수의 소문을 듣고 무리 가운데 끼어 뒤로 와서 그의 옷에 손을 대니 이는 내가 그의 옷에만 손을 대어도 구원을 받으리라 생각함일러라 이에 그의 혈루 근원이 곧 마르매 병이 나은 줄을 몸에 깨달으니라 예수께서 그 능력이 자기에게서 나간 줄을 곧 스스로 아시고 무리 가운데서 돌이켜 말씀하시되 누가 내 옷에 손을 대었느냐 하시니 제자들이 여짜오되 무리가 에워싸 미는 것을 보시며 누가 내게 손을 대었느냐 물으시나이까 하되 예수께서 이 일 행한 여자를 보려고 둘러 보시니 여자가 자기에게 이루어진 일을 알고 두려워하여 떨며 와서 그 앞에 엎드려 모든 사실을 여쭈니 예수께서 이르시되 딸아 네 믿음이 너를 구원하였으니 평안히 가라 네 병에서 놓여 건강할지어다

(마가복음 5 : 25 - 34)

이 여인의 믿음

성경에는 기록되지 않았습니다마는, 다음과 같은 재미있는 전설이 초대교회로부터 전해져옵니다. 예수님에 관한 재미있는 전설입니다. 햇볕이 강하게 내려 쪼이는 어느 날 예수님께서 제자들을 데리고 헬몬이라는 높은 산을 오르십니다. 예수님께서 하시는 일에 제자들이 어찌 토를 달 수 있겠습니까. "왜 그리로 가십니까? 왜 그렇게 하십니까? 왜 그렇게 말씀하십니까?" 단 한 마디도 이런 말을 예수님께 할 수가 없는 것입니다. 그저 예수님께서 가자 하시면 가고, 오자 하시면 올 뿐입니다. 이것이 제자들이 취할 마땅한 자세입니다. 그러니 예수님께서 그 높은 산을 오르시겠다고 하셔도 군말없이 그냥 올라가는 것입니다. 왜 올라가느냐고 물을 필요가 없습니다. 그런데 산 밑에서 올라가기 시작할 때 예수님께서 말씀하십니다. "여기 돌들이 많은데, 될 수 있으면 큼지막한 돌을 하나씩 손에 들고 올라가거라." 그래서 제자들이 예수님 말씀을 따라서 돌을 하나씩 손에 들었는데, 가다보니 무겁잖아요? 그래 제자들은 제각기 자기 돌을 내버리고 그보다 조금 작은 돌로 바꾸기 시작합니다. 그렇게 가다가 무거워지면 바꾸고, 또 바꾸고 해서 마지막에는 아주 조그마한 돌 하나씩을 주머니에 넣고 산을 올라가게 되었습니다. 그러나 예수님의 수제자인 베드로는 그러지 않았습니다. 그는 예수님의 말씀을 따라서 베개만 한 큼직한 돌을 걸머지고 땀을 뻘뻘 흘리면서 끝까지 산을 다 올라갔습니다. 산 꼭대기에 이르러 예수님께서 제자들에게 이르십니다. "다 둘러앉아라. 이제 너희들이 가져온 돌을 내 앞에 늘어놓아라." 제자들이 각기 가져온 돌들을 다 예수님 앞에 갖다놓았습니다. 그러자 예수님께서 손을 들고 하늘을 우러러 기도하십니다. 그러고 났더니 그 돌들이 전부 떡 덩어리가 되었습니다. 조그만 것을 가지고 올라간 사람들은 먹을 게 없습니다. 하지만 베드로는 커다란 떡을 가지게 되어 오히려 다른 사람들한테 나누어 주면서 넉넉히 점심식사를 하게 되었습니다. 이런 이야기입니다.

믿음이 무엇입니까? 믿음은 왜라고 물어서는 안 됩니다. 가라 하면 가고, 오라 하면 오고, 버리라면 버려야 됩니다. 그렇게 받아들이는 것입니다. 말씀을 말씀 그대로 받아들이는 것이 믿음입니다. 이걸 잊어서는 안 됩니다. 그래서 믿음이란 하나님의 은혜를 받는 그릇입니다. 마르틴 루터가 바로 이것을 강조합니다. "믿음은 그릇이다. 우리가 하나님께 나아가는 것은 선행이요 율법일 수 있지만, 믿음이라는 것은 하나님의 은혜를 내가 그대로 받아들이는 것이다. 그런고로 그릇이다." 문제는 이 그릇이 있어야 하고, 이 그릇이 커야 하고, 이 그릇이 온전해야 한다는 것입니다. 그래서 예수님께서도 가끔 말씀하셨습니다. "네 믿음이 크다." 스로보니게 여자에게 그런 말씀을 하셨는데, 헬라어로는 '메가스 피스티스'입니다. 뜻이 더 재미있습니다. 우리가 아는 바와 같이 메가톤 급이라는 말입니다. 최고로 큰 믿음이다, 이것입니다. 메가스 피스티스, 이렇게 칭찬하신 것입니다. 또 제자들이 풍랑이 일어날 때 벌벌 떠니까 예수님께서 말씀하십니다. "어찌하여 믿음이 그렇게 작으냐. 이 적게 믿는 자여." 이 작은 믿음, 큰 믿음, 아주 큰 믿음, 통이 큰 믿음, 이런 믿음이 바로 하나님의 은혜를 받아들이는 그릇이라는 말입니다.

히브리서 11장은 아주 간단하고 명확하게 말씀합니다. '믿음이 없이는 하나님을 기쁘시게 할 수 없다.' 그렇습니다. 이쪽 관계에서 가장 기본적인 것은 믿음입니다. 남편도 믿고, 아내도 믿고, 자녀도 믿고, 다 믿어야 됩니다. 현재도 믿고, 미래도 믿어야 합니다. 믿음만이 인격과 인격의 소통을 이루고, 교제를 이루고, 사랑을 이룹니다. 믿는다고 하면서, 사랑한다고 하면서 사랑과 믿음이 따로 있는 것이 아니거든요. 사랑하면 믿어지고, 믿으면 사랑하는 것입니다. 의심했으면 사랑은 아니지요. 이것을 우리가 잊지 말아야 합니다.

그런데 오늘본문에서 예수님께서는 이 여자에게 말씀하십니다. "딸아 네 이 믿음이 너를 구원하였으니 평안히 가라……(34절)" 이 얼마나 귀한 복음입니까. 여러분, 여기에 또 하나의 귀중한 복음이 있습니다. '내 믿음'이 아니고, '네 믿음'입니다. 예수님께서는 "내 믿음이 너를 구원했다!" 하지 않으시고, "네 믿음이 너를 구원했다!" 하셨습니다. 나의 능력과 나의 은총은 여기에 있지만, 네게 이 은혜를 받아들일 그릇이 없다면 이 은혜는 네게 미칠 수가 없는데, 네 믿음의 그릇, 네 온전한 믿음의 그릇이 너를 구원했다, 이것입니다. "네 믿음이 너를 구원했으니 딸아 평안히 가라." 너무나 소중한 말씀입니다. 여러분에게 지금 묻습니다. 예수님께서 여기 계셔서 "네 믿음이 너를 구원했다!" 하고 말씀하시면 과연 몇 사람이나 구원을 얻을 것 같습니까? 우리의 믿음이 지금 어디까지 와 있습니까? 우리의 믿음을 다시 한 번 점검해야 할 것입니다.

오늘본문의 여자는 교부 유세비우스 말에 따르면 가이사랴 빌립보에서 왔다고 합니다. 상당히 먼 거리에서 예수에 대한 소문을 듣고 이렇게 예수님 앞에까지 나타나게 되었다는 것입니다. 그런데 한 가지 알아야 할 것은 제가 생각하는 대로는 예수님을 따라다닌 많은 사람들, 그야말로 군중이, 수많은 사람들이 예수를 둘러싸고 이렇게 늘 따라다녔는데, 그 따라다닌 모든 사람들 가운데에서 이 여자가 가장 불쌍한 사람입니다. 왜요? 장님도 와서 "내 눈을 뜨게 해주세요!" 할 수 있었고, 심지어는 문둥병 환자까지도 "저를 깨끗케 해주세요!" 하고 말할 수 있었습니다. 그러나 이 여자는 예수님 앞에 왔는데도 "내 병을 고쳐주세요!" 하고 말할 수 없었습니다. 너무나 부끄러운 병이었기 때문입니다. 도대체가 누구한테 대놓고 자기 병을 말할 수 없는 사람입니다. 그런고로 저는 이렇게 생각합니다. 많은 제자들이, 많은 사람들이 예수님을 따라다녔지만, 그 모든 사람들 가운데 제일 불쌍한 사람이 바로 이 여자였다고요. 왜요? 예수님 앞에 와서도 말을 할 수가 없었으니까요. "제가 이런 병이 있습니다. 여기다 손을 대고 기도해주세요. 안수해주세요." 이런 말을 차마 부끄러워서 할 수가 없는 사람이었습니다. 부끄러운 여인의 병을 가졌기 때문이지요. 그래서 이 여자는 그 많은 군중 속에 끼어 있었지만, 완전히 소외당한 사람입니다. 누구도 이 여자한테 관심이 없습니다. 갔는지 왔는지, 누구인지, 군중 속에서 완전히 소외당한 고독한 여인입니다. 게다가 홀로 품은 고민이 있습니다. 아무에게도 말할 수 없고, 나타날 수도 없습니다. 이렇게나 불행한 여자가 예수님께 가까이 오고 있었던 것입니다.

이 사람은 병자입니다. 뿐만 아니라 많은 괴로움을 당했습니다. 의사에게도 많은 괴로움을 당했고, 소유된 재산도 다 허비했다고 성경은 분명히 말씀합니다. 그렇지요? 무려 12년 동안이나 환자로 있으면서 자기로서는 할 수 있는 일을 다 해본 것입니다. 재산도 없어졌고, 가정도 없어졌고, 이제는 친구도 없는 완전히 고독한 사람으로 예수님 앞에 왔습니다. 절망적인 사람입니다. 여기에 가장 중요한 문제가 하나 있습니다. 그녀가 부끄러운 병을 가진 사람이라는 점입니다. 그 병이 어디서 왔는지는 모릅니다. 병의 원인을 알 수는 없습니다만, 어쨌든 부인병입니다. 여자로서의 병입니다. 성경에는 혈루증이라고 돼 있는데, 이것은 의학적인 용어입니다. 한마디로 부인병입니다. 그런고로 온 몸에서 냄새가 납니다. 온 몸이 속에서 썩어가고 있습니다. 그런 여자입니다. 그래서 예수님 앞에 가까이 왔지만, 감히 "예수님 제 병을 고쳐주세요. 제가 어디가 아픕니다. 어디가 불편합니다!" 하고 말할 수가 없었던 것입니다. 예수님 앞에까지 왔어도 자기의 병을 예수님 앞에 내놓을 수 없는 사람이라는 말입니다.

여기에 비밀이 있습니다. 왜 이런 말이 있지요? 여자는 조금 아파야 예쁘다고요. 핼쑥하니 예뻐 보인다, 이것입니다. 건강한 여자보다 조금 아픈 여자가 더 예쁘게 보인다는 말입니다. 외모로 볼 때는 그런 여자입니다. 외모로 볼 때는 좋은데, 속에는 벌써 12년 동안이나 고생하는 병이 있습니다. 이 사람이 스무 살에 이 병을 얻었다고 한다면 아마도 결혼했다가 이 병 때문에 이혼을 당했을지도 모릅니다. 그리고 12년 동안 여자로서 젊은 시절을 온통 병을 앓으면서 보냈을 것입니다. 얼마나 불쌍한 사람입니까. 이런 사람이 지금 예수님 앞에 나왔는데, 나오기는 했어도 감히 뭐라고 말씀드릴 수가 없습니다. "제 병을 고쳐주세요!" 하면 예수님께서 "어디가 아프냐?" 하실 것 아닙니까. 예수님 앞에 설명할 수가 없습니다. 모든 사람 앞에서 그렇습니다. 부끄러운 병이었기 때문입니다. 부끄러운 병, 이걸 잊지 말아야 합니다. 이런 병으로 그 고생을 했다는 것입니다.

인격도 마찬가지입니다. 돈이 없는 것은 부끄러운 일이 아닙니다. 공부 못한 것도 부끄러운 일이 아닙니다. 내가 혹 병들어도 그것은 부끄러운 일이 아닙니다. 우리에게 가장 중요한 것은 모든 사람들이 다 나름대로 부끄러운 병을 가지고 있다는 사실입니다. 누구에게도 말할 수 없는 문제들이 다 있다는 말씀입니다.

제가 기가 막힌 경험을 한 일이 있습니다. 인천에서 목회할 때의 일입니다. 그때 제가 시무하던 교회가 인천제일교회인데, 저희 교회의 교인이 아니고, 다른 교인, 그러니까 다른 교회의 장로님 부인이 저를 찾아온 것입니다. 특별히 만나자고 찾아와서 울면서 하는 첫 마디가 이거였습니다. "목사님, 저는 마음대로 울지도 못합니다." 왜요? 그 남편 되는 장로님이 많은 사람들에게 존경받는 분입니다. 성가대 지휘자이기도 합니다. 사람들한테 늘 환영받고 인정받는 훌륭한 장로님입니다. 하지만 알고 보니 7년 전부터 숨겨둔 여자가 있었던 것입니다. 심지어 일곱 살 난 혼외아들까지 있었습니다. 이 사실을 알게 되었을 때 이 사모님은 정말 죽고 싶었답니다. 그러나 아들 3형제가 있는데, 이 아들들은 아버지를 세상에서 제일 좋은 남자, 제일 좋은 아버지로 여긴답니다. 온 교인들이 다 그렇습니다. 하지만 실은 그렇지가 않다는 것입니다. 이 부인은 그 사실을 알고 있었습니다. "저는 마음대로 울지도 못합니다. 마음대로 회개하지도 못합니다. 왜요? 이 사실이 알려지면 너무나 많은 피해가 오기 때문에, 너무나 많은 사람들에게 상처를 주기 때문입니다. 아이들에게도 실망을 주겠고, 교인들에게도 실망을 주겠고, 그래서 말을 못합니다. 마음대로 울지도 못합니다. 회개도 못합니다." 이렇게 고통을 하소연하기에 제가 그분과 함께 한참을 울면서 기도했습니다.

여러분, 숨겨진 죄, 말할 수도 없는 죄, 마음대로 회개할 수도 없는 죄, 그것이 그 속에 있다는 말씀입니다. 이 여인이 가장 불쌍한 사람입니다. 특히 성경을 자세히 보면, 민수기 15장이나 신명기 22장에도 나오지만, 이런 여자는 회당에 나갈 수가 없습니다. 성전에 들어가서도 안 됩니다. 왜요? 냄새가 나니까요. 이런 사람 하나가 들어서면 온 천지에 냄새가 나기 때문에 절대 안 되는 일입니다. 이 사람은 그런 면에서 볼 때 종교적으로도 소외당한 사람입니다. 가정에 배신당하고, 친구에게 배신당하고, 모든 사람으로부터 격리되고, 뿐만 아니라 성전에도 들어갈 수 없는 사람입니다. 종교적으로도 소외당한 불쌍한 사람입니다. 이 여자가 마지막 희망을 걸고 예수님께 나아온 것입니다. 어떻게요? 소문을 듣고요. 여러분, 복음은 소문 가운데 있는 것입니다. '복음'이라는 말이 헬라어로 '유앙겔리온'인데, '기쁜 소식'이라는 뜻입니다.

여러분, 살다보면 이러저러한 소문을 듣게 됩니다. 소문을 잘 들으십시오. 잘 분석해보십시오. 그 소문 속에 복음이 있습니다. 언젠가 말씀드렸습니다마는, 제가 젊었을 때 무좀 때문에 고생을 많이 했습니다. 언젠가는 강단에 신발을 신지 못하고 올라 간 적도 있습니다. 발이 퉁퉁 부어서요. 제가 갖은 방법을 다 써봤지만, 낫지를 않았습니다. 그래 이 고생을 한평생 했는데, 언젠가 TV에서 광고가 한 번 딱 지나가는데, 이름이 라미실원스였습니다. 그걸 한 번만 바르면 된다는 것입니다. 그걸 한 번 바르고 안 나으면 무좀이 아니라는 것입니다. 그래 제가 '아, 그거 참 마음에 드네!' 싶어서 당장 가서 사다가 발랐습니다. 깨끗해졌습니다. 좌우간 25년 동안 그 고생을 했는데, 하루아침에 깨끗해졌습니다. 지금까지도 깨끗합니다. 정말 딱 한 번입니다. 이거 복음 아닙니까. 복음입니다. 이렇게 희한한 복음이 있는데, 여러분, 예수 믿는다는 것이 그런 것 아닙니까. 소문이 났습니다. 예수의 소문을 듣고 가서 이 여자가 딱 한 번 예수님을 만나서 구원을 받지 않습니까. 이것이 복음이라는 말입니다. 소문 속에서 복음을, 하나님의 부름을 들어야 됩니다. 그리고 그리스도를 만나러 가는 것입니다. 가까이 가야 합니다.

다른 사람들은 예수님 앞에 가서 "예수님, 제 병을 고쳐주세요!" 하고 말할 수 있었지만, 이 여자는 그렇지 못했습니다. 만일에 예수님께서 "어디가 아프냐?" 하시면 이 여자는 대답할 말이 없기 때문입니다. 그래서 조용조용히 비밀로 예수님의 옷자락을 만지려고 합니다. '그러면 아실 것이다. 예수님의 옷자락만 만져도 아실 것이다.' 이렇게 확신하고 조용히 와서 예수님의 옷자락을 만집니다. 그 순간 능력이 나타나면서 혈루증이 딱 끊어지고, 몸이 개운해지고 깨끗해지는 것을 느꼈습니다. 그때 예수님께서 "누가 내 옷자락을 만졌느냐?" 하고 물으십니다. 오늘본문을 자세히 보면 제자들이 많은 사람들이 옹위하는 가운데 "아이, 옷자락 좀 스쳤기로서니 그걸 탓하십니까?" 하고 불만을 표하잖아요? 그러나 예수님께서는 그게 아니십니다. "내 옷자락을 만진 자가 있다." 가다 오다가 스친 것이 아닙니다. 어찌어찌 지나가다가 만진 것이 아닙니다. 간절한 믿음으로, 경건함으로 만진 것입니다. 일생에 딱 한 번 있는 기회입니다. 여자는 예수님의 옷자락을 두려움 가운데 만졌습니다. 그 여인을 찾는 것입니다.

오늘본문을 자세히 보십시오. 아주 귀한 말씀입니다. 예수님께서 이 여인을 찾으십니다. 마지막에 이 여인은 자기 소행을 예수님께 숨기지 못할 것을 알고, 예수님 앞에 나아와 무릎을 꿇고 사실대로 다 이야기하게 됩니다. 비밀 없이 다 고백하게 됩니다. 아름다운 장면입니다. 이제는 부끄러움도 없습니다. 비밀도 없습니다. "예수님께서 나를 불러주셨다. 예수님께서 나를 만나주셨다." 예수님과 나와의 은밀하고 신비로운 관계를 느끼는 순간, 그는 아무 비밀도 없습니다. 두려움도 없고, 부끄러움도 없습니다.

그때 예수님께서 마지막으로 하신 말씀이 있습니다. "딸아, 네 믿음이 너를 구원했으니 평안히 가라." 얼마나 자비롭고 귀한 말씀입니까. "딸아, 네 믿음이 너를 구원했다." 주님만 만나면 해결이 될 것이다, 주님만은 나를 아실 것이다, 주님만은 내 비밀을 알아주실 것이다, 하는 믿음입니다. 그 예수님과의 신비로운 만남, 비밀한 만남, 여기에서 기적을 경험하는 것입니다. 예수님께서 말씀하십니다. "딸아, 네 믿음이 너를 구원했으니 평안히 가라!" 여자는 이제 온전한 자유인이 된 것입니다. 이제는 부끄러움이 없습니다. 교부들의 말에 따르면 이 여인은 자기 집에 돌아가서 마당 앞에다가 큰 기념비를 세웠다고 합니다. 그리고 거기에 이렇게 써놓았답니다. '몇 월 며칠 예수님께서 나를 만나주셨고, 내 병을 고쳐주셨다.' 여인은 이렇게 기념비를 세워놓고, 가는 사람 오는 사람에게 일평생 자기 체험과 함께 복음을 전하다가 죽었다고 합니다. 다시 한 번 믿음을 점검해보십시오. 예수님과 나만이 아는 비밀스러운 믿음입니다. 딸아, 네 믿음이 너를 구원했으니 평안히 가라! △

곽선희목사 설교집·강해집·기타

〈설교집〉

08권 물가에 심기운 나무
09권 최종승리의 비결
10권 종말론적 윤리
11권 참회의 은총
12권 궁극적 관심
13권 한 나그네의 윤리
14권 모세의 고민
15권 두 예배자의 관심
16권 이 산지를 내게
17권 자유의 종
18권 하나님의 얼굴
19권 환상에 끌려간 사람
20권 복받은 사람의 여정
21권 좁은문의 신비
22권 내게 말씀을 주소서
23권 약속의 땅을 바라보며
24권 결단이 있는 자의 행로
25권 이 세대에 부한 자
26권 행복한 사람의 정체의식
27권 미련한 자의 지혜
28권 홀로 남은 자의 고민
29권 자기 결단의 허실
30권 자기 십자가의 의미
31권 자기 승리의 비결
32권 자유인의 행로
33권 너는 저를 사랑하라
34권 주도적 신앙의 본질
35권 행복을 잃어버린 부자
36권 지식을 버린 자의 미로
37권 신앙인의 신앙
38권 예수께 잡힌바된 사람
39권 군중 속에 버려진 자
40권 한 수난자가 부르는 찬송
41권 복낙원 인간상
42권 내가 아는 이 사람
43권 한 수난자의 기쁨
44권 스스로 종이 된 자유인
45권 내게 주신 경륜

46권 자유인의 간증
47권 한 신앙인의 신앙간증
48권 그리스도의 침묵
49권 한 알의 밀의 신비
50권 자기 승리의 비결
51권 선으로 악을 이기라
52권 한 아버지의 눈물
53권 진리를 구하는 한 사람
54권 한 고독한 선지자의 기도
55권 자유함의 은총
56권 한 지성인의 고민
57권 그리스도인의 정체의식
58권 그 아버지의 소원
59권 신앙적 경건 수업
60권 한 순례자가 들은 복음

〈강해집〉

(빌립보서 강해) 희락의 복음

(갈라디아서 강해) 은혜의 복음

(고린도전서 사랑장 강해) 진정한 사랑의 의미

(예수님의 이적 강해) 이적으로 계시된 말씀

(사도신경 강해) 사도들의 신앙고백

(야고보서 강해) 참믿음 참경건

(예수님의 잠언 강해) 예수의 잠언

(사도행전 강해)(상) 교회의 권세

(사도행전 강해)(하) 교회의 권세

(로마서 강해) 믿음에서 믿음으로

(고린도전서 강해) 복음의 능력

(고린도후서 강해) 생명에로의 길

(예수님의 비유강해)(상) 하나님의 나라/(중) 이 세대를 보라/(하) 생명에로의 초대

(에베소서 강해) 내게 주신 은혜의 선물

(골로새서 강해) 위엣것을 찾으라

(데살로니가서 강해) 사도의 정체의식

(디모데서 강해) 네 직무를 다하라

〈기타〉

행복한 가정/참회의 기도/영성신학/종말론의 신학적 이해/생명의 길